전의남 목사의 성령론

성령 충만 그리스도인
The Spirit-filling Christian

전의남 지음

신앙과지성사

추천의 글

성령의 본질적인 역할을 삼위일체 안에서 강조한 칼 바르트(K. Barth)는 성령을 성부와 성자 사이의 연결 끈으로, 더 나아가 세상에서 하나님의 활동과 임재를 경험하게 하는 힘이라 역설한 바 있다.

저자 전의남 목사님은 삼위일체의 하나님과 관련하여 책을 시작하고 있다. 오늘날 교회는 바울의 축복, "주 예수 그리스도의 은혜와 하나님의 사랑과 성령의 교통하심이 너희 무리와 함께 있을지어다"(고후 13:13)를 지금까지 사용해오고 있다. 그러나 익숙한 이 구절이 담고 있는 깊은 뜻은 종종 간과되어 왔다.

저자의 성령론은 일반적인 성령 이해로 '성령과 그의 은사, 그리고 성령 충만한 신앙생활'을 말하고 있으나 특별히 성령을 받은 그리스도인의 성령 충만한 일상을 강조하는데 책의 큰 부분을 할애하고 있다. 성령이 충만한 그리스도인의 생활양식은 예수를 닮고, 생활의 변화와 성장을 이루고, 교만을 떠난 겸손을 갖추고, 마귀를 대적하여 승리하고, 선한 청지기로 살고, 조용한 혁명을 이루고, 영적 결단과 행동으로 살고, 그리고 보상과 상급의 보장을 믿는 신앙생활임을 언급하고 있다.

저자는 본문과 주에 많은 성경 말씀을 실었고, 주요한 단어들을 뒷면 '주요 단어 색인란'에 자세히 정리하여 성령론을 이해하는데 많은 도움을 주고 있다. 책에 수록된 주옥같은 주요 내용들이 많이 있으나 그 중 몇 문장을 아래에 소개한다.

"성령 받은 체험은 예수님을 중심에 모신 체험이고, 성령 충만 체험은 예수님을 닮아 사는 매일의 생활 체험이다. 예수님의 인격과 말씀과 교훈과 무관한 성령 체험이나 간증은 의미 없는 일이다." (p.113)

"성령 충만 그리스도인은 지혜로운 건축자와 같이 그리스도 예수님의 터 위에 아름다운 선한 집을 조심하며, 꾸준히 지어가는 건축자들이다." (p.150)

"성도의 거듭남은 구원받은 확신과 기쁨이고 성령 충만한 생활은 '믿음의 역사와 사랑의 수고와 소망의 인내'로 얻는 아름다운 꽃과 열매이다." (p.153)

전의남 목사님의 목회와 신학의 긴 여정이 집약되어 있는 이 책은 우리 신앙생활의 근본적인 물음에 대한 명료한 해석을 담고 있다. 옆에 두고 찬찬히 읽으면 신앙의 성장을 이루어 갈 수 있는 명저라 생각하며 일독을 권한다. 우리 감리교단에 이만한 역량 있는 책이 출판되어 가슴 뿌듯하다.

2023년 7월
연세대학교 명예교수 **서중석**

머리말

이 책은 평소에 알고 지내던 교인과 감리교 서울신학원의 제자들과 전화하거나 만나게 되는 날이면 "혹 그때 성령에 대하여 하신 설교나 강의한 자료가 있으면 부분으로나마 주셨으면" 하는 요청을 한두 번 받고 정리한 것으로 시작이 되어 한 권의 책으로 탄생하였습니다. 본인 역시 목회하는 동안 여러 번의 성령 체험과 성령에 대하여 많은 관심이 있었고, 그리고 하나님이 행하신 성령의 섭리와 도우심으로 책이 만들어졌음을 믿습니다. 여러분에게 이 책이 다소라도 도움이 되셨으면 좋겠습니다.

이 책은 모두 9장으로 작성되었습니다. 제1-3장에서는 삼위일체의 하나님과 관련하여 성령의 상징과 하시는 일, 그리고 하나님의 인간 구원역사가 '의인과 성화와 영화'의 3단계로 진행됨을 설명했습니다. 여기에서는 하나님의 예정된 카이로스의 인간 구원역사가 크로노스의 땅의 시간에 꾸준히 흐르고 있음이 나타납니다. 그리고 지금, 여기에서의 그리스도인들의 신앙생활은 하늘 보좌 생명책의 역사와 함께 진행하는 종말론적 존재임이 강조되어 있습니다.

제4-5장에서는 성령의 19은사와 그 은사의 성경적 이해와 사용지침이 정리되었습니다. 여기에서는 은사를 행할 시 유의할 점과 사용방법이 있고, 특히 그리스도인의 은사 사용 시 지경관, 곧 지혜로운 경영관리자로 진행함이 강조되고 있습니다.

제6장에서는 성령과 교인 생활, 그리고 보상이 언급되었습니다. 여기에서는 그리스도인들의 성령 받음의 일회성과 한한신 일은선생 곧 한무리 한목자 신앙의 일상의 은밀한 선한 신앙 생활인의 모습이 강조되어 나타납니다.

제7-8장에서는 성령 충만함의 의미와 그에 따른 생활양식이 설명되었습니다. 여기에서 그리스도인은 성령, 은사, 성령받음, 그리고 성령 충만의 의미를 이해할 수 있습니다.

제9장에서는 본인의 성령 체험, 마가 공동체의 제자상, 그리고 복음 중심의 자유한 그리스도인 상이 설명되고 있습니다.

이 책이 나오기까지 도움을 주시고 수고하신 김산복 목사님, 권정학 목사님, 백종순 목사님께 감사드립니다. 그리고 또한 박춘희 목사님, 최석홍 목사님, 박광수 목사님께 감사드립니다. 옆에서 도와준 조카 이경애와 아들 전현욱 목사, 그리고 손자 지민에게도 고마움을 전합니다.

그리고 특히 성령의 기술의 은사로 많이 수고하신 '신앙과지성사'의 최병천 장로님을 비롯하여 직원들께 진심으로 고마움을 전합니다.

끝으로 귀한 추천의 글을 써주신 서중석 교수님께 감사드립니다. 처음 학교에서 만난 때부터 교수님의 순수한 영성과 지성의 귀한 말씀에 위로와 용기를 받아 오늘 여기까지 이르게 되었음에 감사드립니다.

주님의 은혜와 사랑이 성령과 동행하는 우리 모두에게 언제나 함께 하기를 기도합니다.

2023년 7월 17일
서울, 상일동에서
전의남

차례

추천의 글·3
머리말·5

제1장 삼위일체의 하나님과 성령

1. 성서적 성령론 교리 ·· 14
2. 성령과 인간의 능력과의 관계 ································· 17
3. 성령의 칭호 ·· 18

제2장 상징을 통한 성령 이해

1. 호흡(breath) ··· 24
2. 창조(creation) ·· 24
    A. 생명(life)과 질서(order)·25 B. 단장(dressing)·25 C. 보존(preservation)·25
3. 옷을 입는 것(clothing) ··· 25
4. 비둘기(dove) ·· 26
5. 보증(earnest) 혹은 담보(pledge) ····························· 26
6. 불(fire) ·· 26
7. 기름(oil) ·· 27
8. 인침(seal) ··· 29
9. 물(water) ·· 30
10. 바람(wind) ··· 30
    A. 성령이 하는 일은 보이지 않는다·30

B. 성령이 하는 일은 주권적이다 · 31
　　C. 성령이 하는 일 곧 중생과 구원의 역사는 하늘 일이다 · 31
　　D. 성령의 일은 강력하다 · 31

제3장 성령이 하시는 일

　1. 창조하심과 살리심 ·· 34
　　A. 창조하심 · 34
　　B. 생명을 주어 살리심 · 34
　2. 사람에게 특별한 재능과 기술을 주심 ································· 35
　3. 사람의 마음을 다스리심 ··· 36
　4. 예수의 일생과 사역에 동행하심 ·· 36
　5. 성경을 기록하게 하심(갈 3:8, 22; 살전 2:13; 딤후 3:15–17; 벧후 1:21) ··· 37
　6. 기적을 행하게 하심 ··· 37
　7. 장래사를 예언하심 ·· 37
　8. 인간을 구원하심 ·· 38
　　A. 의인 · 38   B. 성화 · 40   C. 영화 · 42

제4장 성령과 은사

　1. 성령 ··· 50
　2. 은사 ··· 55

제5장 19은사의 분류와 성경적 이해, 그리고 사용 지침

　1. 19은사의 세 분류 ··· 63
　　A. 말씀선포 은사(the speaking gifts) · 63

B. 봉사 은사(the serving gifts) · 75

　　C. 표적 은사(the signifying gifts) · 88

2. 은사의 사용지침 ··· 94

　　A. 유의할 점 · 94

　　B. 은사를 주신 목적(엡 4:12-16) · 96

　　C. 은사의 사용 방법 · 100

　　D. 성령의 절대주권을 인정하라(고전 12:11, 18) · 102

제6장 성령과 교회

1. 성령과 예수 그리스도 ·· 108
2. 성령과 성령세례 ·· 116
3. 성령과 교회 ··· 122
4. 교회와 봉사와 보상 ·· 130

제7장 성령 충만과 신앙생활

1. 성령 충만을 받으라 ·· 146
2. 성령 충만을 받은 생활양식 ··································· 154

제8장 성령 충만 그리스도인의 생활양식

1. 예수님을 닮는 것이다 ·· 160
2. 생활의 변화와 성장이다 ······································· 171
3. 사회 속의 일원으로 사는 것이다 ···························· 179
4. 교만하지 아니한, 겸손함이다 ································· 190
5. 마귀를 대적하여 승리하는 것이다 ·························· 204

6. 선한 청지기로 사는 것이다 ……………………………………… 216
7. 강한 능력인 동시에 조용한 혁명이다 ………………………… 224
8. 그리스도인 전 존재의 결단과 행동이다 ……………………… 235
9. 보상과 상급의 보장이다 ………………………………………… 241

제9장 성령 충만과 인격

1. 성령 체험 …………………………………………………………… 250
   A. 다양한 성령 체험·251
   B. 성령 체험 간증·252
2. 성령 충만과 인격 ………………………………………………… 259
3. 성령 충만과 마가공동체의 제자상 …………………………… 264
   A. 따름의 제자상(막 1:1-6:29) · 264
   B. 섬김의 제자상(막 6:30-10:45) · 265
   C. 충성의 제자상(막 10:46-16:8) · 265
   D. 공생의 제자상(막 14:28, 16:7) · 267

맺음말·274

주·276

참고도서·288

색인 인명 색인·291/ 성구 색인·292/ 주요 단어 색인·295

부록 전도가·300/ 아프리카 애창곡·301/ 종말론 도표·302

제1장

삼위일체의 하나님과 성령

1. 성서적 성령론 교리

성서적 성령론 교리(biblical doctrine of the Holy Spirit)는 삼위일체의 교리와 연관된다. 삼위일체의 하나님은 한 본질 안에 있는 세 위격, 곧 하나님 안에 있는 세 위격(three persons of the Godhead)을 말한다.[1] 하나님은 한 분이시나 그 하시는 일에 따라 세 분, 곧 성부와 성자와 성령의 역할로 나타나신다. 성경에 삼위일체(the Trinity)라는 낱말이 사용되지 않으나 성경 전체의 내용을 통하여 하나님을 삼위일체적으로 이해하여 믿고 있다.[2] 우리 그리스도인은 삼위일체의 하나님을 믿는다.

오늘 우리와 함께하시는 성령은 창조주 하나님과 성육신(成肉身, incarnation) 예수님과 함께 하나님의 본질을 이루고 있는 세 위격(位格, person) 중 한 분이시다. 창세기 1장 2절(KJV)에 "그 뒤에 땅이 형태(form)가 없었고, 비어 있었으며, 어둠이 깊음의 표면 위에 있었다. 그리고 하나님이신 성령(the Spirit of God)께서 물들의 표면 위에서 움직이고 계셨다"고 하였다. 성령은 처음부터 하나님과 함께하셨다.[3] 오늘날 교회에서는 삼위일체 하나님의 역사가 "예수 그리스도의 은혜와 하나님의 사랑과 성령의 교통하심이 너희 무리와 함께 있을지어다"(고후 13:13)의 말씀과 더불어, 복의 선포와 축도로 계속 행사되고 있다.

성부와 성자와 성령의 삼위일체 하나님은 내부적으로는 일치하여 통일성을 유지하고, 외부적으로는 경륜적, 곧 세상을 다스리는 일에는 기능적으로 구별되어서 나타난다.[4] 성부 하나님은 창조사역(창 1:1; 시 33:6)을, 성자 예수님은 구속사역을,[5] 그리고 성령은 양육사역을[6] 각각 감당하신다. 성령이 구약에는 초월성, 곧 인간의 능력과 자연적인 상태를 넘어선 비범성과 초자연적 성격이, 신약에는 성도의 일상에 역사하는 현재성 곧 동행하는 성령으로의 성격이 강조된다. 성령은 성부 아버지와 함께하시고, 성자 예수님과 함께하시고(마 1:18, 4:1, 12:28), 그리고 오늘 우리 성도와 함께하신다.[7] 사람의 구원이 삼위일체의 하나님(the Triune God) 안에서 진행된다. 베드로전서 1장 2-5절의 말씀에서 보듯이 하나님의 예정, 성령의 거룩하게 하심, 그리고 순종함과 예수 그리스도의 피 뿌림을 얻는 일들이 협력하여 구원을 이룬다.

"곧 하나님 아버지의 미리 아심을 따라 성령이 거룩하게 하심으로 순종함과 예수 그리스도의 피 뿌림을 얻기 위하여 택하심을 받은 자들에게 편지하노니 은혜와 평강이 너희에게 더욱 많을지어다"(벧전 1:2).

오늘날은 성령의 주역 시대 곧 성령시대로 성령이 예수님 중심의 구원 진리를 조명하시고,[8] 교회와 성도를 돌보아 구원에 이르게 하시고,[9] 불신자를 포함한 모든 창조된 만물이 구원받기를 원하시고,[10] 그리고 성도가 예수님 안에서 새로운 피조물의 천국 백성으로 살도록 인도하신다.[11] 연대기적 하나님의 구원 역사(God's 'Salvation History')는 계속되는 영적인 사건으로 창세 전에, 그리고 지금도 진행 중이시다. 하나님은 영원한 구원자(Savior)요, 구속자(Redeemer)이시다.[12] 에밀 브루너(Emil

Brunner)는 그의 책 『우리의 믿음our faith』에서 성령 사역과 관련하여 다음과 같이 말했다.

> "성령은 하나님의 아들이신 예수 그리스도의 말씀으로 지금도 계속 역사하시는 하나님, 구속하시는(Redeeming) 하나님, 그리고 우리에게 찾아오시는 하나님 곧 삼위일체의 하나님(the Triune God)이시다." [13]

하나님은 예수님 안에서 구속자로 행하시고(엡 1:3-14), 예수님은 세상에서 보이는 하나님으로 역사하시고,[14] 그리고 성령은 하나님의 영[15]인 동시에 예수님의 영[16]으로 예수님의 구원 활동을 계속 진행하신다(행 1:1-2; 요 14:16-26). 구약시대는 창조주 하나님이, 신약시대는 구속주(救贖主, redeemer) 예수님과 보혜사 성령이 각각 주역으로 활동하신다. 신약시대는 예수님 시대요, 성령 시대이다. '삼위일체 하나님'의 계속되는 구원역사이시다(행 10:38).[17] 예수님은 승천 전 성령의 구원사역을 예언하셨다.[18] 예수님이 약속하신 성령,[19] 그 약속의 성취인 오순절 날 성령강림으로 성령시대가 시작되고 교회의 탄생과 성장으로 하나님의 구원역사는 계속 진행 중이시다. 사람은 예수님 믿어 구원받고 또한 성령 받는다.[20] 성령으로 중생, 곧 거듭난 그리스도인(The born-again christian)은[21] 성령 동행하며 새로운 피조물(the new creation, 고후 5:17)로, 그리스도에게 속한 자(we belong to Christ, 롬 14:8; 고후 10:7)로, 그리고 그리스도에게 순종하는 자(we are obedient to Christ, 고후 10:5; 히 5:9)로 산다.

예수 그리스도는 영원하신 대제사장이시다. 예수님은 영원히 살아계시는(Jesus lives forever) 대제사장으로 '단번에'(once) 자신을 희생 제물로 드려 속죄를 위한 날마다의 제사를 없이하시고 자기를 힘입어 하나님께 나아가는 자를 온전히 구원하실 수 있게 하셨다.22 성령은 영원한 대제사장이요, 구속주이신 예수님의 구원 사역을 계속 진행하신다. 성령은 구속주 예수님을 알려주시는 증인이요, 계시자로 언제나 성도와 함께하신다(요 14:16-20; 히 13:8).

성령은 '보혜사'(保惠師, the Advocate)로 불리운다(요 14:16-26). 보혜사는 헬라어로 '파라클레토스'(παράκλητος, Parakletos)라 하는데,23 '변호와 위로와 상담의 일을 하는 자'의 뜻이 있다. 성령은 잘못을 깨닫게 하고, 권고하고, 힘을 북돋우고, 위로하고, 그리고 변호하여 주는 대언자로서의 역할을 감당하신다(요일 2:1). 그리고 언제나 성도 안에서, 성도와 함께 하신다.24 그리스도인은 구원받은 하나님의 자녀이지만 여전히 실수와 허물과 죄의 짐을 지고 산다. 그때마다 예수님의 영이신 보혜사 성령이 그리스도인을 위한 대도(代禱, intercession), 곧 중보의 간구를 하시어 구원의 길로 인도하신다.25

2. 성령과 인간의 능력과의 관계

성령은 인간의 능력과 어떤 관계인가? 코너(Walter. T. Conner)는 그의 책 『성령 사역 The Work of the Holy Spirit』에서 그 관계를 다음과 같이 설명했다.

"성령(the Divine Spirit)과 인간 능력(the powers of man)과의 관계는 전기(electricity)와 전선(copper wire), 열(heat)과 강철(steel), 그리고 햇볕(sunlight)과 눈(eyes)의 관계로 비유하여 이해할 수 있다.26

전기가 전선을 타고 흐르듯이, 열이 강철을 녹이듯이, 그리고 햇볕이 눈에 어떤 사물을 보이게 하듯이 성령은 인간적 요소를 사용하여 활동한다. 전선은 짜릿한 전기가 있어야, 강철은 뜨거운 열이 있어야, 그리고 눈은 밝은 햇볕이 있어야 그 기능들을 온전하게 작용한다. 이와 같이 성령은 전기와 열과 햇볕으로 비유된다. 그리고 코너는 성령과 만나는 인간의 모습과 관련하여 "하나님은 허공(vacuum)에서 성도를 만드시는 것이 아니라 죄인에게서 성도를 만드신다"[27]고 했다. 콜린 윌리암스(Colin W. Williams)는 그의 책 『웨슬리 신학John Wesley's Theology Today』에서 마틴 루터(Martin Luther)가 사용하던 "성도는 의로운 동시에 죄인이다"(at the same time justified, but still a sinner)라는 말을 종종 인용하고 있다.[28] 성령은 신자들 안에서(고전 3:16) 그들의 능력을 조명하고(illuminate), 장악하고(interpenetrate), 그리고 들어 쓰신다(use). 그리스도인은 성령의 도우심으로, 그리고 성령과 함께하며 하나님의 구원역사의 길을 꾸준히 걷고 있다.

3. 성령의 칭호

성령(the Spirit, the Holy Spirit)을 히브리어로는 '루아흐'(ruah), 헬라어로는 '프뉴마'(πνεύμα, pneuma)라고 하며 다음과 같이 다양하게 불린다:

① 구원에 이르게 하시는 성령(갈 3:1-5; 빌 1:19; 딛 3:5). ② 그리스도의 영(롬 8:9; 벧전 1:11). ③ 말씀의 영(마 10:20). ④ 모략의 영(사 11:2). ⑤ 몸을 성전으로 만드시는 성령(고전 3:16-17, 6:19). ⑥ 보혜사(요 14:16, 26, 15:26, 16:7). ⑦ 부활의 영(롬 8:11). ⑧ 불태우시는 영(사 4:4). ⑨ 사랑을 부어주시는 영(롬5:5). ⑩ 성결의 영(롬 1:4; 계 21:2). ⑪ 성령(마 3:16, 12:32, 22:43; 막 1:8; 눅 2:27, 11:13; 요 1:32, 3:5-6, 8, 34; 행 1:4-5, 8, 2:33, 6:10,

9:31, 13:2; 롬 5:5, 14:17; 고전 2:10, 12:7, 11, 13; 고후 1:22, 12:18; 갈 3:2, 5, 14, 5:22; 엡 1:13, 4:3-4, 6:18; 빌 1:19; 살전 4:8; 살후 2:13; 딤전 4:1; 딤후 1:14; 딛 3:6; 히 6:4, 9:14; 벧전 1:2, 12; 요일 3:24, 5:8; 유 1:19-20; 계 2:7, 22:17). ⑫ 생명의 영과 하나님의 생기(生氣, 창 2:7; 욥 33:4; 겔 37:8-10). ⑬ 심판하는 영(사 4:4). ⑭ 아들의 영(갈 4:6). ⑮ 아버지의 성령(마 10:20). ⑯ 예수 그리스도의 성령(빌 1:19). ⑰ 예수님 안에 있는 생명의 성령(롬 8:2). ⑱ 약속하신 성령(행 1:4-5, 2:33; 갈 3:14; 엡 1:13). ⑲ 양자의 영(롬 8:15). ⑳ 여호와의 영(사 11:2, 40:13, 42:1, 48:16, 61:1, 63:14; 미 3:8). ㉑ 영광과 존귀의 영(마 28:19). ㉒ 영광의 영(롬 8:16-17; 엡 3:16; 벧전 4:13-14). ㉓ 영원한 성령(히 9:14). ㉔ 예수의 영(행 16:7). ㉕ 예언의 영(계 19:10). ㉖ 오직 살아 계시는 하나님의 영(고후 3:3). ㉗ 은혜를 주는 영과 간구하게 하는 영(슥 12:10; 히 10:29). ㉘ 일곱 영(계 1:4). ㉙ 재능의 영(사 11:2). ㉚ 주님의 성령(시 51:11; 고후 3:17-18). ㉛ 주 여호와의 영(사 61:1). ㉜ 중보의 영(롬 8:26). ㉝ 즐거움의 기름(시 45:7; 히 1:9). ㉞ 지극히 높으신 영(눅 1:35). ㉟ 진리의 영(요 14:17, 15:26, 16:13; 엡 1:17; 골 1:9; 요일 4:6, 5:7). ㊱ 치유와 자유하게 하시는 영(사 61:1; 눅 4:18-19; 고후 3:17). ㊲ 하나님(행 5:3-4) ㊳ 하나님의 성령(마 12:28; 고전 3:16, 6:11; 고후 3:3; 빌 3:3; 벧전 4:14; 요일 4:2). ㊴ 하나님의 생기가 들어감(계 11:11). ㊵ 하나님의 영(창 1:2, 41:38; 출 31:3; 민 24:2; 삼상 10:10; 대하 15:1; 욥 33:4; 시 104:30; 사 11:2, 61:1; 겔 11:24; 롬 8:9; 고전 2:10-11, 3:16, 7:40; 고후 3:3; 엡 4:30; 벧전 4:14).

이제까지 삼위일체(三位一體)의 하나님과 관련하여 성령을 살폈다. 성령은 하나님과 예수님의 영으로, 예수님 승천 후 '하나님이 태초에 예정하신 예수님 중심의 인간 구원역사'를 계속 진행하신다. 영원하신 하나님의 영적 사건으로서의 인간구원의 역사가 오늘 이 시대의 연대기적 사건들과 관련하여 성령과 함께 꾸준히 진행되고 있다. 오늘 지금, 여기는 예수님 승천 후 성령시대로 삼위일체 하나님의 인간구원 역사가 성령의 주역으로 꾸준히 진행되고 있다.

우리 성도는 지금, 여기 현재의 시공간(時空間) 안에서 현재를 초월한 영원한 하나님의 구원 차원과 관련하여 살고 있다. 성령과 함께하며 하나님의 영적 구원역사에 참여하여 사는 것이다. 성도가 천국을 소망하는 천국 백성으로 교회를 중심으로 행하는 선한 신앙생활의 일상은, 창세 전 예정된 하나님의 구원 계획과 관련하여 진행된다(엡 2:10). 하나님이 영원 전부터 행하신 곧 창세전에 하나님과 함께하신 성령의 인간 구원 역사의 진행에 참여하여 그 길을 걷고 있다(엡 1:4-5; 딛 1:1-4). 이와 관련하여 공덕감리교회 최대광 목사는 그 길은 창조 영성의 길로 우리 그리스도인의 삶을 살아가는 길(A Way of Life)이라 했다. 그리고 그의 책『하나님의 창조 안에 머물다』에서 매튜 폭스(Matthew Fox)의 '창조 영성(Creation Spirituality)과 원복(Original Blessing)'의 내용을 참고하여 다음과 같이 정리하여 소개했다.

> "폭스는 영성이란 삶의 길(A Way of Life)이라고 했습니다. 폭스가 말한 영성에 관한 정의를 우리가 지금껏 보아왔던 창조 영성의 4가지 길의 눈으로 살펴본다면, 영성이란 좋을 때나(긍정의 길) 나쁠 때나(부정의 길) 하나님께서 우리의 안과 밖에 있음을 붙들고, 창조하며(창의력의 길) 정의로운 삶을 사는(변형의 길) 과정 혹은 길이라 할 수 있을 것입니다. 자신을 넘어선다는 것은 타락/구속적 내면성과 초월성을 넘어서, 기계록적 세계관을 넘어서, 긍휼과 함께함의 연대적 삶이 곧 영성적 삶이요, 창조 영성은 바로 이것을 추구하는 삶입니다." [29]

오늘날 성령시대의 성도는 삼위일체의 하나님과 함께 곧 **하나님 앞에서, 예수님 중심으로, 그리고 성령의 동행 생활**로 영원한 구원역사의 진행에 참여하여 함께 걸어간다. 예수님의 재림을 소망하며 삼위일체 하나님의 영원하신 구원역사 안에서의 '성령시대'를 성령의 동행으로 살고 있다.

"내가 아직도 너희에게 이를 것이 많으나 지금은 너희가 감당하지 못하리라 그러나 진리의 성령(the Spirit of truth)이 오시면 그가 너희를 모든 진리 가운데로 인도하시리니 그가 스스로 말하지 않고 오직 들은 것을 말하며 장래 일을 너희에게 알리시리라 그가 내 영광을 나타내리니 내 것을 가지고 너희에게 알리시겠음이라 무릇 아버지께 있는 것은 다 내 것이라 그러므로 내가 말하기를 그가 내 것을 가지고 너희에게 알리시리라 하였노라 조금 있으면 너희가 나를 보지 못하겠고 또 조금 있으면 나를 보리라 하시니"(요 16:12-16).

"내가 아직 너희와 함께 있어서 이 말을 너희에게 하였거니와 보혜사 곧 아버지께서 내 이름으로 보내실 성령 그가 너희에게 모든 것을 가르치시고 내가 너희에게 말한 모든 것을 생각나게 하리라"(요 14:25-26).

"그러나 내가 너희에게 실상을 말하노니 내가 떠나가는 것이 너희에게 유익이라 내가 떠나가지 아니하면 보혜사(the Advocate)가 너희에게로 오시지 아니할 것이요 가면 내가 그를 너희에게 보내리니"(요 16:7).

"형제들아 신령한 것(the gifts of the Spirit)에 대하여 나는 너희가 알지 못하기를 원하지 아니하노니 너희도 알거니와 너희가 이방인으로 있을 때에 말 못하는 우상에게로 끄는 그대로 끌려갔느니라. 그러므로 내가 너희에게 알리노니 하나님의 영으로 말하는 자는 누구든지 예수를 저주할 자라 하지 아니하고 또 성령으로 아니하고는 누구든지 예수를 주시라 할 수 없느니라. 은사(gifts)는 여러 가지나 성령은 같고(the same Spirit) 직분은 여러 가지나 주는 같으며(the same Lord) 또 사역은 여러 가지나 모든 것을 모든 사람 가운데서 이루시는 하나님은 같으니(the same God) 각 사람에게 성령을 나타내심(the manifestation of the Spirit)은 유익하게 하려 하심이라 어떤 사람에게는 성령으로 말미암아 지혜의 말씀을, 어떤 사람에게는 같은 성령(the same Spirit)을 따라 지식의 말씀을, 다른 사람에게는 같은 성령으로 믿음을, 어떤 사람에게는 한 성령(one Spirit)으로 병 고치는 은사를, 어떤 사람에게는 능력 행함을, 어떤 사람에게는 예언함을, 어떤 사람에게는 영들 분별함을, 다른 사람에게는 각종 방언 말함을, 어떤 사람에게는 방언들 통역함(the interpretation of tongues)을 주시나니 이 모든 일은 같은 한 성령(one and the same Spirit)이 행하사 그의 뜻대로 각 사람에게 나눠 주시느니라"(고전 12:1-11).

"보라 내가 속히 오리니 내가 줄 상이 내게 있어 각 사람에게 그가 행한 대로 갚아 주리라 나는 알파와 오메가요 처음과 마지막이요 시작과 마침이라"(계 22:12).

마라나타!(Maranatha). 아멘, 주 예수여 오시옵소서!(계 22:20; 고전 16:22).[30]

제2장

상징을 통한 성령 이해

찰스 라이리(Charles C. Ryrie) 교수는 그의 책 『성령론*The Holy Spirit*』에서 여러 가지 상징의 실례(illustrations)와 유형(types)을 들어 성령의 인격과 사역을 설명하고 있다.31 성경에 나타난 성령의 여러 가지 상징(symbols of the Spirit)은 성령의 인격(person)과 사역(work)을 쉽게 이해하도록 도와준다.

1. 호흡(breath)

성령은 '호흡'(숨)으로 상징된다. '기운, 주의 영, 여호와의 영'으로 표현된다(욥 26:13, 33:4; 시 33:6, 104:30). 성령은 히브리어로 루아흐(ruah), 헬라어로는 프뉴마(πνεύμα, *pneuma*)로 '호흡 혹은 바람'의 뜻이다(창 6:17, 8:1; 욥 17:1).

2. 창조(creation)

성령은 창조에서 '생명과 질서', 단장, 그리고 보존으로 상징된다.

A. 생명(life)과 질서(order)

성령은 하나님의 창조사역에서 생명과 질서를 주신다(욥 26:13, 33:4; 시 104:30; 사 40:12; 요 6:63; 고후 3:6).

B. 단장(dressing)

성령은 하나님의 창조 사역에서 하나님의 영광스러운 업적을 꾸미어 표현하신다. 성령은 장식품(adornment)처럼 아름답게 꾸미는 일(dressing)을 하신다. 성령 받아 일하는 그리스도인의 모습은 '**단장한 아름다움**'으로 나타난다(욥 26:13; 시 33:6, 104:30; 계 21:2).

C. 보존(preservation)

성령은 하나님의 창조 사역에 동참하시고, 창조한 이 세상을 예수님과 함께 보존하시고, 그리고 새롭게 하신다(창 1:2; 시 104:30; 히 1:3).

3. 옷을 입는 것(clothing)

성령은 옷을 입는 것에 상징된다. 의와 진리의 거룩한 옷으로 옛사람의 옷을 벗은 새사람의 옷이다(엡 4:22-24). 거룩함과 보호의 상징이다. 성령은 성도를 보호하시고, 거룩하게 하시고, 그리고 새롭게 하신다:

- 성령은 돌아온 탕자가 입은 옷처럼 누군가에게 소속된(belong to) 것을

상징한다. 회사나 학교의 제복처럼 성령의 옷은 신자가 예수님에게 소속되었음을 상징한다.
- 성령은 바라만 보는 것이 아니라 실제 옷을 입는 것처럼 성령과 함께 하는 생활이다(눅 15:22, 24:49; 갈 3:27).

4. 비둘기(dove)

성령은 비둘기로 상징된다. 성령은 순결과 평화의 의미다. 예수님이 요한에게 세례받으실 때 성령이 비둘기같이 임했다(마 3:16; 막 1:9-10).

5. 보증(earnest) 혹은 담보(pledge)

성령은 보증 혹은 담보로 상징된다. 매매의 계약금은 소유의 보증(담보)이다. 성령 받음은 장차 하늘나라를 소유하는 것의 보증이다. 하나님이 성도들에게 성령을 보내심은 구원에 관련된 모든 약속을 실현하신다는 하나님의 보증인 것이다. 보증은 성령의 상징이다(고후 1:22, 5:5; 엡 1:13-14).

6. 불(fire)

성령은 불로 상징된다. 오순절 날 임한 성령은 실제 불이 아닌 불같은 능력이었다. 불은 성령을 상징한다. 불은 하나님의 현존과 임재, 그리고 보호와 함께하심을 의미한다(출 3:2, 13:21; 레 9:24; 행 2:3-4).

불은 하나님의 심판, 거룩함, 그리고 깨끗하게 하시는 능력을 상징한다. 장차 종말에 임할 불 심판은 성도의 생활에서의 선악 간 행위가 근거 되는 것에서 거룩한 생활을 중요하게 한다(레 10:2-3; 사 6:1-7). 요한은 바리새인들과 사두개인들에게 '회개에 합당한 열매를 맺을 것과 또한 자신은 회개를 위하여 물로 세례를 주나 예수님은 성령과 불로 세례를 주신다'고 말했다. 그러므로 오늘날 성도가 물로 세례를 받을 때는 예수님의 성령과 불의 세례, 곧 불 심판을 생각하며 회개에 합당한 열매, 좋은 열매, 그리고 곡간에 들이는 알곡의 삶을 결단하는 시간인 것을 깨닫는 것에 귀한 의미가 있다(마 3:7-12).

7. 기름(oil)

성령은 기름으로 상징된다(행 10:38; 고후 1:21-22). 기름은 하나님의 특별하신 사역을 위임받을 때 사용되었다. 성령은 사역자와 그 사역에 열매 맺게 하신다. 그리고 기름은 제사장과 병자를 깨끗하게, 거룩하게 하는 것으로 성화의 삶을 상징한다(출 40:9-16; 레 8:1-36, 14:17-18; 사 61:1-2; 눅 4:18; 행 1:8).

그리고 구약시대 성막에서 등불에 사용된 기름이 성령을 상징한다(출 27:20-21). 등불을 꺼지지 않게 하려면 계속 기름이 준비되어 있어야 했다. 기름은 성령을, 등불은 예수님을 상징한다. 성령은 예수님을 빛나게 하고, 성령 받은 성도들 역시 예수님을 빛나게 한다. 성도들은 예수님을 자랑 특히 그의 십자가를 자랑한다(갈 6:14; 빌 2:16). 이와 같이 기름으로 상징되는 성령은 예수님을 빛나게 하신다. 기름 곧 성령을 받은 성도 또한 자기 자신의 빛을 내지 아니하고 예수님을 빛나게 하는 것은 자연스러운 일상이다. 성령 받은 그리스도인은 빛 되신 예수님을 닮은 착한 행실로 아버지 하나님께 영광을 돌리며 산다(마 5:14-16; 요 16:13-15; 요일 2:20, 27-29).

이와 관련하여 기적과 신유의 복음전도자 캐트린 쿨만(Kathryn Kuhlman) 여사는 그의 책 『성령의 은사 Gifts of the Holy Spirit』에서 '성령은 예수님의 영광을 나타내심이 그의 사역'이라며 다음과 같이 말했다.32

"우리는 교리에 사로잡혀 버린 나머지 주 예수 그리스도를 완전히 놓쳐 버리게 될 위험성이 있음을 자주 느낍니다. 세례이든, 성령충만이든, 방언이든, 그리고 성령의 다른 어떤 은사이든지 그런 모든 것은 하나님의 아들 예수 그리스도보다도 부차적인 것들입니다. 그리고 우리가 교리라고 부르는 이러한 것들은 모두 예수님에 대한 보조적인 것(complement)이어야 합니다. 기억하십시오. 성경 전체, 창세기부터 요한계시록에 이르기까지 한 분 그리스도의 계시입니다. 성령은 어떠한 상황에서도 예수님을 높이시는 일에 주의 깊은 분입니다. 예수께서는 떠나가시기 전에 자신이 하늘로 들리워 져서, 지상에서 거처를 옮기신 후에 성령께서 오신다고 매우 분명히 말씀하셨습니다. 예수님은 "그(성령)가 내 영광을 나타내리니"(요 16:14)라고 말씀하셨습니다. 이것이 바로 성령의 사역입니다."

그리고 캐트린 여사는 이어서 말했다.

"나는 성경이 가르치는 범위 내에서 교회의 다양한 교리들을 믿습니다. 나는 물세례를 믿습니다. 침례도 믿습니다. 하나님의 능력도 믿습니다. 그렇지만 제가 말씀드리고 싶은 것은 부차적인 이런 몇 가지를 사용하여 가장 중요한 분, 예수 그리스도의 인격을 그림자로 가리워 버린다는 것입니다. 성경은 처음부터 끝까지 예수 그리스도를 분명하게 제시합니다. 하나님의 아들이신 분, 하나님이신 예수님이야말로 교회의 메시지입니다. 그리고 교회는 이 진리의 기둥이자 토대이며 세상에서 이 진리가 위임되어있는 장소입니다. 전체로서의 교회도, 그리스도인들 한 사람 한 사람도 잃어져 가고 죽어가고 있는 세계에 대하여, 살아계신 하나님의 아들을 통하여 구원의 길을 알려주지 않으면 안 되는 것입니다. 예수님보다 더 중요한 것은 아무것도 없습니다."

8. 인침(seal)

성령은 인침으로 상징된다. 성경 말씀에는 인침이나 보증이 같은 의미다. 한 사람이 예수님을 주님으로 영접하여 믿을 때 즉시(immediately), 그리고 영원히(permanently) 성령의 인침을 받는다. 인침은 성령의 상징이다. 매매에서 인치면 거래가 끝난 표식(token)이다. '인친다, 인봉(印封)한다, 그리고 도장을 찍는다'는 말은 같은 의미다. 성령이 성도에게 인을 쳐 주신다. 성령의 인침이나 보증을 받는다는 것, 곧 성령 받음은 성도가 하나님 소유라는 것, 안전이 보장된다는 것, 그리고 종말의 때 약속된 모든 복이 온전히 실현된다는 것을 의미한다(렘 32:9-10; 고후 1:22; 엡 1:13; 4:30).

9. 물(water)

성령은 물로 상징된다. 요한은 나는 물로 세례를 주나 예수님은 성령으로 세례를 주신다(막 1:8) 했고, 베드로는 예수님 이름으로 세례 받고 죄 사함 받으면 성령 받는다(행 2:38) 했고, 출애굽기 30장 20절에 "회막에 들어갈 때에 물로 씻어 죽기를 면할 것이요"라 했고, 에스겔은 '맑은 물로 씻어 성령을 받으리라'(겔 36:25-27) 했고, 그리고 예수님은 '물과 성령으로 태어나야 천국 간다'(요 3:5) 하셨다.

사람이 물로 씻어 곧 예수님 믿고 죄 씻음을 받아 성령을 받는다(엡 5:26). 예수님은 명절 끝날 곧 큰 날에 "나를 믿는 자는 성경에 이름과 같이 그 배에서 생수의 강이 흘러나오리라"(요 7:38)고 하셨다. 예수님의 '생수의 강'은 성령을 상징한다(요 7:39). 물 곧 생명수 샘물은 성령의 상징이다.[33] 그리고 예수님이 주시는 물은 영생의 샘물이시다(요 4:14).

10. 바람(wind)

성령은 바람으로 상징된다. 예수님은 새로운 창조(거듭남)를 바람과 연관 지으셨다(행 2:2; 요 3:1-13). 바람으로 상징되는 성령의 역사는 다음과 같다.

A. 성령이 하는 일은 보이지 않는다.

바람의 결과나 효과는 볼 수 있으나 바람 자체는 볼 수 없다. 거듭난 (born again) 곧 성령으로 난(born of the Spirit) 자 역시 변화된 생활은 보이나,

그에 작용한 성령은 바람처럼 보이지 않는다. 성령 받은 자는 생활에서 나타난다.

B. 성령이 하는 일은 주권적이다.

성령은 그의 뜻대로 행하신다. 바람은 임의로 곧 불고 싶은 대로 분다. 중생 얻을 자에 대한 선택과 그 후의 행사는 전적으로 성령의 임의이다.

C. 성령이 하는 일 곧 중생과 구원의 역사는 하늘의 일이다.

예수께서 육적 출생과 영적 출생을 대조하여 영적 출생을 '위에서 오는 일'이라 하셨다. 성령의 바람은 하늘에서 땅으로 불어온다.

"온갖 좋은 은사와 온전한 선물이 다 위로부터 빛들의 아버지께로부터 내려오나니 그는 변함도 없으시고 '회전하는 그림자'(shadow of turning, 돌이키심의 그림자. KJV)도 없으시니라"(약 1:17).

D. 성령의 일은 강력하다.

바람의 힘은 강력하다(powerful). 오순절 날 강림한 성령은 바람 그 자체는 아니었으나 "급하고 강한 바람 같은 소리"(행 2:2)로 임했다. 제자들은 그 소리를 분명히 들을 수 있다. 실제로 강풍은 불지 않았으나 강풍과 같은 성령의 역사는 일어났다.

이와 같이 여러 가지 상징을 통해 성령을 살폈다. 성령의 상징들 곧 호흡, 하나님 창조 사역에 나타난 현상(생명. 질서. 단장. 보존), 옷을 입는 것, 비둘기, 계약금, 불, 기름, 인침, 물, 그리고 바람은 성령의 인격과 사역을 이해하는 데에 도움이 된다.

제3장

성령이 하시는 일[34]

1. 창조하심과 살리심

A. 창조하심

1. 하나님의 창조 시 그의 영(the Spirit of God)이 수면 위에 운행하심(창 1:2).
2. 주의 영을 보내시어 창조하심(시 104:29-30).
3. 하나님이신 성령께서 나를 만드셨음(욥 33:4, KJV).
4. 여호와의 말씀과 그의 입 기운으로 이루어졌음(시 33:6-7).
5. 주의 영(Spirit)으로 창조하사 새롭게 하시고, 단장하심(욥 26:13; 시 33:6, 104:30; 계 21:2).

B. 생명을 주어 살리심

1. 생기를 그 코에 불어 넣으심(창 2:7).
2. 심령을 주심(욥 32:8).
3. 생명과 호흡을 주심(욥 33:4; 시 33:6; 사 40:7).

4. 생명의 원천이 되신 주(시 36:9).

5. 주의 영을 속에 두어 살아나게 하심(겔 37:14).

6. 우리 속에 하나님의 영이 거하심(롬 8:9).

7. 살리는 것은 영이심(요 6:63).

8. 영은 의로 인하여 생명이 됨(롬 8:10).

9. 영이 내주하심(롬 8:11).

10. 영으로 몸의 행실을 죽이면 살게 됨(롬 8:13).

"내가 또 내 영(my Spirit)을 너희 속에 두어 너희가 살아나게 하고 내가 또 너희를 너희 고국 땅에 두리니 나 여호와가 이 일을 말하고 이룬 줄을 너희가 알리라 여호와의 말씀이니라"(겔 37:14).

2. 사람에게 특별한 재능과 기술을 주심

A. 하나님의 영으로 성직자의 의복을 짓게 하심(출 28:3).

B. 하나님의 영으로 정교한 기술(skills, 출 31:2-6), 곧 지혜와 총명과 재주로 공교(工巧)한 일들을 하게 하심.

C. 하나님 영을 충만케 하여 지혜와 총명과 지식과 기술로 조각, 직조(織造), 그리고 수(繡)놓는 정교한 일들을 하게 하심(출 35:31-35).

3. 사람의 마음을 다스리심

A. 자원하는 심령을 주심(시 51:12).
B. 통치자적 기백을 주심(삼상 16:13).
C. 승리한 용사의 감동(삿 3:10).
D. 정한 마음의 창조와 정직한 영을 새롭게 하심(시 51:10-11).
E. 새 마음을 주시고 새사람이 되게 하심(삼상 10:6-9; 겔 36:26).
F. 한 마음과 부드러운 마음을 주심(겔 11:19).
G. 마음의 눈을 밝히심(엡 1:13, 18).
H. 심령을 새롭게 하심(엡 4:23-24).
I. 거룩한 분노(삼상 11:6).

4. 예수의 일생과 사역에 동행하심

A. 예수님을 잉태케 하심(마 1:18; 히 10:5-7).
B. 성령으로 잉태됨을 천사가 알림(마 1:20).
C. 마리아에게 성령이 임함(눅 1:35).
D. 세례받을 때 비둘기같이 성령강림(마 3:16).
E. 성령께 이끌리어 마귀에게 시험받으신 예수님(눅 4:1-2).
F. 성결의 영으로 부활하게 하심(롬 8:11; 엡 1:20; 고후 4:14).
G. 성결 무흠(聖潔無欠)의 생애를 보내시게 함(히 9:14).
H. 선한 일과 마귀축출을 위해 기름 부음을 받으심(행 10:38).
I. 성령이 주님께 임하심(눅 4:14, 18).
J. 성령의 충만함을 입으신 예수님(눅 4:1).

K. 성령을 주실 이로 지적하여 준비하게 하심(요 1:33).

L. 영적 지혜를 받으심(사 11:1-2).

M. 하나님의 성령 받은, 예수님 말씀은 곧 하나님 말씀(요 3:34).

N. 사도들에게 성령으로 명하심(행 1:2).

O. 성령을 힘입어 마귀를 축출함(마 12:28).

P. 여호와의 종에게 성령이 임하심(사 42:1).

Q. 심판을 이방에 알릴 메시아를 준비하심(마 12:17-18).

5. 성경을 기록하게 하심(갈 3:8, 22; 살전 2:13; 딤후 3:15-17; 벧후 1:21)

6. 기적을 행하게 하심

A. 성령을 힘입어 귀신을 쫓음(마 12:28).

B. 이적을 행하는 은사를 주심(고전 12:4, 10).

C. 능력으로 처녀에게서 잉태케 하심(마 1:23; 눅 1:35).

D. 성결의 영으로 부활하신 예수님(행 2:24; 롬 1:4; 벧전 3:18).

7. 장래사를 예언하심

A. 장래의 일들을 알리심(요 16:13).

B. 흉년을 예언하심(행 11:28).

C. 야곱의 예언(창 49:1).

D. 장래사를 예언함(민 24:14).

E. 예언의 은사를 주심(고전 12:10).

F. 구체적인 예언(눅 1:69).

G. 참된 예언(벧후 1:21).

H. 그리스도의 수난 예언(행 1:16).

I. 여호와의 영이 말씀하심(삼하 23:2-3).

8. 인간을 구원하심

A. 의인

의인(義認, justification)은 죄로 죽어 진노의 자녀이던 사람이 예수님 믿고 성령을 받아, 구원받은 하나님의 자녀가 되는 것이다. 의인을 칭의(稱義, justification)나 이신득의(以信得義, justification by faith)라고도 한다. 사람은 죄와 사망의 법, 즉 죄(sin)를 지어 죽을 수밖에 없는 존재가 되었다 함이 성서의 말씀이고, 또한 생명의 성령의 법, 즉 사람이 예수님을 믿으면 의인이 되어 영원히 산다는 것 역시 성서의 말씀이다(롬 8:1-11). 마귀로 인한 하나님께 불순종한 아담의 죄가 인류에게 유전되어 모든 사람이 죄와 사망의 법 아래 놓이게 되었고 죄로 죽어 진노의 자녀가 된 것이다. 이것이 성서에서 말하고 있는 원죄(original sin),[35] 곧 하나님의 은혜를 배반한 마귀의 반역 행위로 비롯된 죄이다. 의인은 원죄에서 벗어난 상태이다. 이와 같이 마귀로 인한 원죄로, 본질상 진노의 자녀로 살던 자가 거기서 벗어나는 방법은 예수 믿고 구원받아 하나님의 자녀로 사는 것뿐이다. 하나님 사랑의 은혜, 곧 구세주 예수님 안에 있는 생명의 성령의 법의

역사로 말미암아 죄로 죽은 죄인이 의인으로 변하여 구원받는다.36

　　죄는 관계개념으로 창조주 하나님과 피조물 인간과의 관계가 깨진 것을 의미한다. 그러나 완전히 깨진 것은 아니다. 선악을 알게 하는 열매를 먹으면 죽는다고 했으나, 아담은 930세를 향수했다. 영적으로 죽은 것이다. 완전히 죽지 않았고 하나님을 알만한 것(plain)이 사람 속에 남아 있다. 하나님의 영원하신 능력과 신성의 요소가 타락한 사람들과 만물에 분명히 남아 있으며 그 요소로 하나님을 인식하고, 교통하고, 그리고 접촉할(contact) 가능성이 언제나 열려 있다. 특히 하나님은 지혜와 계시의 영을 주시어 자신을 알게 하시고 마음의 눈을 밝혀 부르심의 소망과 영광과 그의 크신 능력을 알게 하신다(창 2:17, 3:3, 5:5; 롬 1:19-20; 엡 1:17-19).

　　"그러므로 이제 그리스도 예수 안에 있는 자에게는 결코 정죄함이 없나니 이는 그리스도 예수 안에 있는 생명의 성령의 법(the law of the Spirit)이 죄와 사망의 법에서 너를 해방하였음이라"(롬 8:1-2).

　　"긍휼이 풍성하신 하나님이 우리를 사랑하신 그 큰 사랑을 인하여 허물로 죽은 우리를 그리스도와 함께 살리셨고(너희는 은혜로 구원을 받은 것이라) 또 함께 일으키사 그리스도 안에서 함께 하늘에 앉히시니"(엡 2:4-6).

　　하와(Hawwāh)와 아담이 하나님처럼 전지한 존재가 된다는 뱀(마귀)의 유혹에 넘어가 하나님께 반역하고 불순종한 것이 원죄(original sin)이고, 이는 하나님과 같아지려는 교만과 불순종이요, 인간의 대(代)를 이어 내려온 죄이다(사 14:12-20; 겔 28:13-19; 롬 5:12-21). 이 유전된 죄에서 벗어나는 길은 예수님 믿어 멸망하지 않고 영생(eternal life)을 얻는 길뿐이다(요 3:16).

곧 죄와 사망에서 벗어나는 길은 예수님 안에 있는 생명의 성령의 법으로 가능하다(롬 8:1-2, 21). 사람이 성령의 법의 역사로 의인으로 인정받는 하나님 구원역사는 계속 성화, 영화의 단계로 진행한다. 여기에서는 의인(義認)의 구원역사를 다음 18가지 말씀으로 정리한다:

① 죄와 사망에서 해방(롬 8:1-2). ② 죄 사함을 받고, 사탄의 권세에서 벗어남(행 26:18). ③ 불신의 죄(sin)를 깨닫고, 죄 씻음과 의롭다 하심을 받음(요 16:7-9; 행 2:38; 고전 6:11). ④ 하나님의 자녀로 하나님 아버지께 기도하게 하심(요 1:12, 14:16; 롬 8:9, 14, 16; 갈 4:6; 엡 6:18). ⑤ 거듭나게 하심(중생, 요 3:3-6; 딛 3:5). ⑥ 대도(代禱)하여 주심(롬 8:26-27; 빌 1:19). ⑦ 구속(救贖)의 인치심(엡 4:30). ⑧ 구원에 이르게 하심(엡 2:8). ⑨ 은혜로 구원받게 하심(엡 2:5; 딤전 1:15; 딤후 1:9). ⑩ 예수님을 주님이라 말하게 하심(고전 12:3). ⑪ 영원 전에 은혜로 부르심을 받음(딤후 1:9). ⑫ 자유를 얻게 하심(고후 3:17). ⑬ 그리스도 예수님을 증거 하게 하심(요 8:14-17, 15:26, 16:14, 17:21). ⑭ 예수님을 주로 고백하게 하심(행 4:18-20; 고전 12:3). ⑮ 진리를 믿어 구원받게 하심(살후 2:13). ⑯ 복음을 확신하게 하심(살전 1:5). ⑰ 생명의 떡을 주심(요 6:33). ⑱ 승천하신 그리스도를 알게 하심(엡 1:20).

B. 성화

성화(聖化, sanctification)는 구원받은 의인의 성도가 예수님 닮아 사는 거룩한 생활이다. 꽃을 피우고 열매를 맺는 생활, 곧 공력(功力, works)으로 얻는 성화(sanctification by works)이다.[37] 성서에는 사람이 마귀로 인한 원죄에서 벗어나 구원받은 하나님의 자녀가 되었으나 마귀의 세력으로부터 완전히 벗어나지 못한 상태를 알려주고 있다. 마귀는 세상과 성도에게서 완전히 사라지지 아니하고 여전히 접근한다. 성도가 온전한 의인의 자리에 계속 머물러 있기 어렵다.38 여기 성화 단계의 시작이다. 하나님은 성도가 예수님을 믿고 따를 때 아직은 온전한 의인이 아닐지라도 의로운 자녀로 인정하여 악한 마귀에게서 벗어나 선한 신앙생활을 진행하도록 은혜로 인도하시고 보살핌이 필요하다. 이와 관련하여 윌리엄 바클레이(William Barclay)는 그의 책 『로마인들에게 보낸 편지 The Letters to the Romans』에서 다음과 같이 말했다.

"하나님께서는 아직은 온전한 의인이 아닐지라도 의로운 사람으로 인정하여 주신다. 사람의 의인(義認)은 도덕적으로 정당하고 의로운 사람이 되었다는 것이 아니라 부족하고 연약한 사람일지라도 하나님에 의하여 정당하고 의롭다고 선언된 사람이다. 신자가 의롭게 되었다는 것은 어떤 사람의 의로움을 증명하거나 그를 의롭게 만드는 것이 아니라 하나님께서 '대단한 인물의 신분으로'(as something) 대우하여 주신다는 것을 의미한다."39

영생 구원이 창세 전 하나님의 예정이듯이 예수님 닮아 사는 거룩한 생활 역시 하나님의 예정이다. 하나님의 인도하심을 믿고 의인(義認)의 은혜와 굳은 믿음으로 악한 일 아닌 선한 일로 계속 진행이다. 성령이 성도의 기도와 간구를 들으시고, 대도(代禱)하여 주시고, 그리고 모든 것이 합력하여 선한 신앙생활의 일상이 되도록 진행하신다(롬 8:26-30; 갈 2:20; 엡 1:4-5, 2:10, 22; 빌 1:6, 19; 딤후 1:9).

"너희 안에서 착한 일(a good work)을 시작하신 이가 그리스도 예수의 날까지 이루실 줄을 우리는 확신하노라"(빌 1:6).

당시에 삭개오는 부자이고 세리장(chief tax-collector)이었으나 동족에게서 죄인의 부류로 따돌림받고 있었다. 그는 예수님이 어떤 분이신지 보려고 했으나, 키가 작고 사람이 많아 볼 수 없었다. 마침내 삭개오는 뽕나무에 올라갔고, 예수님을 만났고, 그리고 자기 집에 즐겁게 영접하였다. 그는 **주님이 계신 그 자리에서**("Look, Lord! Here and now", 눅 19:8) "내 소유의 절반을 가난한 자들에게 주겠사오며 만일 누구의 것을 속여 빼앗은 일이 있으면 네 갑절이나 갚겠나이다"(눅 19:8)라고 서원했다. 예수님은 즉시 삭개오를 구원하셨다. '구원의 기쁨과 생활의 변화와 선행의 길'이 예수님 앞에서 한순간에 환하게 펼쳐졌다. 예수님을 만나 새로운 삶을 시작한 삭개오는 계속 봉사와 선한 일 중심으로 살았으리라 추정된다(눅 3:12-13, 5:27-32, 19:1-10).

성령께서 신자의 생활에 열매를 맺게 하신다. 그리스도인은 예수님을 본으로 사는 신앙생활로 성화(sanctification by good works) 된다. 성령은 열매 맺게 하시고, 봉사하게 하시고,[40] 주님과 말씀 안에서 성장하게 하시고,[41] 그리고 교회를 설립하시고 보전(保全)하신다.[42] 또한 성령은 경건 생활로 인도하시고, 책임과 의무를 서로에게 담당시키시고, 길 잃은 자에게 갈 길을 지시하시고, 그리고 백성을 지도하시고 보호하신다(민 11:17; 사 30:21, 48:16-17; 겔 36:27; 행 16:6-7; 갈 5:22-23; 엡 4:13).

C. 영화

영화(榮華, glorification)는 예수님의 재림으로, 실낙원(Paradise Lost), 곧 에덴동산에서 잃었던 낙원을 다시 찾아 복낙원(Paradise Regained)의 천국에서 영화로운 삶을 영원히 사는 것이다.[43] 실낙원(失樂園)의 슬픔이 복낙원(復樂園)의 기쁨으로 변한 구원의 완성이다. '아멘, 주 예수여 오시옵소서'의 실현인 예수님과 함께 누리는 천국에서의 영원한 삶(the eternal life)이다(계 21:1-7, 22:1-5, 20-21).

허셀 홉스(H. Hobbs)는 영화(榮華)의 단계는 "구원 과정의 절정, 천국에서 받을 축복과 은전(恩典)의 합계, 그리고 예수님께 충성한 모든 성도에게 나누어질 몫이다"[44]라고 하였다. 그리고 폴 틸리히(Paul Tillich)는 "궁극적인 구원, 곧 천국에서의 크리스천은 그리스도 안에서의 참된 '새로운 존재'(a new being)이다"라고 했다.[45] 그리스도인은 천국의 영화를 소망하며 대적 마귀가 완전히 사라질 때까지, 곧 '주께서 자기를 사랑하는 자들에게 약속하신 생명의 면류관을 얻을 때까지' 죽도록 충성이다(약 1:12).[46] 종말의 날 그리스도 예수님 재림 시 성도는 온전히 새로운 존재이다. 성경에는 예수님이 승천하시고 다시 오심, 곧 재림(再臨, the second coming)[47]과 동시에 공중에서 휴거(携擧, rapture) 성도와의 만남이 다음과 같이 기록되었다.

"이 말씀을 마치시고 그들이 보는데 올려져 가시니 구름이 그를 가리어 보이지 않게 하더라 올라가실 때에 제자들이 자세히 하늘을 쳐다보고 있는데 흰옷 입은 두 사람이 그들 곁에 서서 이르되 갈릴리 사람들아 어찌하여 서서 하늘을 쳐다보느냐 너희 가운데서 하늘로 올려지신 이 예수는 하늘로 가심을 본 그대로 오시리라 하였느니라"(행 1:9-11).

"우리가 예수께서 죽으셨다가 다시 살아나심을 믿을진대 이와같이 예수 안에서 자는 자들도 하나님이 그와 함께 데리고 오시리라 우리가 주의 말씀으로 너희에게 이것을 말하노니 주께서 강림하실 때까지 우리 살아남아 있는 자도 자는 자보다 결코 앞서지 못하리라"(살전 4:14-15).

"주께서 호령과 천사장의 소리와 하나님의 나팔 소리로 친히 하늘로부터 강림하시리니 그리스도 안에서 죽은 자들이 먼저 일어나고 그 후에 우리 살아남은 자들도 그들과 함께 구름 속으로 끌어 올려 공중에서 주(the Lord in the air)를 영접하게 하시리니 그리하여 우리가 항상 주와 함께 있으리라"(살전 4:16-17).

그리고 요한계시록 21장 1-7절에 휴거 시 종말 곧 영광의 날 이기는 자가 된 성도의 영화로운 모습이 다음과 같이 은혜롭게 묘사되어 있다.

"① 새 하늘과 새 땅의 거룩한 성 새 예루살렘이 신부가 남편을 위해 단장함 같고(1-2절), ② 하나님의 온전한 백성이 되어 눈물과 사망과 아픈 것이 다시는 없게 되고(3-4절), ③ 보좌에 앉으신 하나님으로부터 '내가 생명수 샘물을 목마른 자에게 값없이 주리니' 라는 말씀에서 위로를 받고(5-6절), 그리고 ④ 이 모든 것들을 상속받고 '나는 그의 하나님이 되고 그는 내 아들이라' (7절)는 영광을 얻는다. 그리고 또한 이기는 자가 된 성도는 천국 성전의 기둥이 되어, 주 그리스도의 재림 시 그의 영광을 함께 한다.⁴⁸

그리스도인은 종말의 그날에(in that day)⁴⁹ 예수님의 재림과 공중에서 그를 만남, 그리고 최종 승리자(victor)의 '기쁨과 위로와 영광'을 희망하며 오늘을 산다. 성령이 예수님 이름으로 오시어 예수님의 모든 말씀을 생각나게 하시고 가르치신 일은(요 14:26), '하나님께서 예수 그리스도 안에서 행하신 구원 활동' 이시다. 이는 하나님의 구속사(heilsgeschichte, history of redemption)로 하나님의 인간 구원역사이시다. 성삼위(聖三位) 하나님의 목회이시다. 하나님의 목회(God's ministry)에서의 성도는 매일 종말론적 교회공동체에서 종말론적인 존재로 살고 있다. 성도는 의인, 성화, 그리고 영화의 단계와 관련하여 천국 백성으로 계속 진행한다.[50] 구원받은 그리스도인은 의인의 단계를 지나고, 믿음을 굳게 하여 영화의 단계를 소망하고, 그리고 지금, 여기에서 성화의 단계를 꾸준히 진행한다. 의인은 거듭남(요 3:3; 행 16:31; 롬 3:22-24), 성화는 성결한 삶(마 5:16; 골 1:10; 딛 3:8), 그리고 영화는 천국 새 예루살렘 성의 승리자로서의 입성이다(요 3:16, 36; 계 21:1-7).

그리스도인들에게 의인은 하나님의 자녀됨(요 1:12), 성화는 선한 사람됨(엡 2:10; 딛 2:14), 그리고 영화는 영원한 천국 백성됨이다(딛 2:14). 성도들이 받는 구원으로는 의인은 영생구원, 성화는 생활구원, 그리고 영화는 완전구원이다.

"하나님이 세상을 이처럼 사랑하사 독생자를 주셨으니 이는 그를 믿는 자마다 멸망하지 않고 영생을 얻게 하심이니라"(요 3:16)는 말씀은 하나님의 사랑과 계시의 구원 역사(the 'Salvation History')로 성도들 안에 계속 흐른다. 그리스도인은 종말론적 교회공동체에서 종말론적 존재로 세상에서, 그리고 카이로스의 의미 있는 역사(meaningful history)[51] 안에서 성령 동행하며 살아가고 있는 것에 큰 의미와 보람이 있다.

성령은 성경을 기록하게 하시어 하나님의 인간 구원역사를 진행하신다. 모든 성경은 하나님의 감동으로 된(God-breathed) 것, 곧 하나님이신 성령의 감동으로 된 것으로 예수님을 믿는 믿음으로 구원에 이르는 지혜와 또한 교훈과 책망과 바르게 함과 의로 교육하기에 유익하므로 모든 선한 일을 행할 능력을 갖추도록 인도하신다(요 3:34; 롬 8:9, KJV; 갈 3:5-8, 22; 살전 2:13; 딤후 3:15-17; 벧후 1:21). 성서는 1,600여 년 동안 하나님의 감동을 받은

40여 명의 왕, 왕자, 시인, 철학자, 선지자, 그리고 정치인의 다양한 저자의 기록이다. 성서학자는 다양한 저자들의 다양한 말씀에서 하나의 통일성, 곧 중심 주제가 있음을 발견했다. 음악에서 말하는 주선율(主旋律)이 성서의 말씀에도 들어있다는 것이다. 그것은 성서의 주선율, 곧 성서의 중심 주제로 '예수님 안에서 행하신 하나님의 구원'(God's salvation in Jesus)이다.

구약과 신약의 관계는 약속과 성취라기보다 하나님 구원역사 안에서 약속과 성취를 가진 살아계신 하나님의 지속적 자기계시라고 할 수 있다. 성서에는 역사적 과정에서의 하나님 구원 활동이 들어있다. 하나님의 영감을 받은 다양한 저자의 '구원역사 안에서의 하나님의 활동에 대한 리사이틀'52이다. 곧 다양한 저자가 체험한 구원의 사실(fact)에 관한 이야기요, 신앙고백이다. 그리고 모든 성경의 말씀은 그리스도를 대신한 사신(使臣, ambassadors)을 통하여 전달되고 선포된다(고후 5:20). 하나님은 자신의 계시와 영감을 받은 사신들을 구체적 장소에서, 구체적 방법으로 들어 쓰셨다.53 하나님의 '예수님 복음'은 선지자들을 통하여 성경에 미리 약속하신 것이다(롬 1:1-2).

웨슬리(John Wesley)는 "나의 근거는 성서다. 그렇다. 나는 성서 고집쟁이다. 오직 성서만이 우리의 삶의 지침이요, 기준이다"(My ground is the bible. Yea, I am a bible-begot. I follow it in all things, both great and small)라 했고 또한 "신구약 성서는 하나님의 영감으로 기록된 살아계신 하나님의 말씀으로 내용에 오류가 없다(infallible)"고도 하였다.54 그리고 그는 성서의 문자적 권위에 무조건 복종하는 축자영감설(verbal inspiration theory)이나 성서 저자가 마치 신들린 상황에서 기록했다는 기계적 축자영감설을 배제(排除)한다. 웨슬리는 성서 영감설(biblical inspiration theory), 즉 성서가 하나님의 영감으로 기록된 것임을 믿으며 성서의 본문 비판이나 고등 비판과 같은 연구를 인정한다.

성서에서 중요한 것은 하나님의 창세 전 예정된 인간구원의 지속적 자기 계시이다. 하나님께서는 그의 인간 구원역사(God's 'Salvation History')를 능동적으로 나타내신다. 하나님 자신의 능력과 영광, 본질과 속성, 뜻과 방법, 그리고 창조의 계획과 그 완성을 인간이 알 수 있도록 확실하게 보여 주신다. 성서에는 한 개인의 구원이 하나님의 예정된 계획에 따른 진행, 곧 "오직 자기의 뜻과 영원 전부터 그리스도 예수 안에서 우리에게 주신 은혜대로 하심이라"(딤후 1:9)는 것과 또한 그에 따른 성도들의 선한 신앙생활의 진행 곧 "하나님의 사람으로 온전하게 하며 모든 선한 일을 행할 능력을 갖추게 하려 함이라"(딤후 3:17)는 것을 밝히 나타내어 주고 있다. 하나님의 태초에 예정된 성도의 구원과 그에 따른 선한 신앙생활이 지금, 여기에서 계속 진행되고 있는 것이다.[55]

종말론(eschatology)에서 계시(revelation)와 묵시(默示, apocalypse)가 나온다. 계시가 종말론을 넓은 의미로 다루는 반면에 묵시는 주로 좁은 의미에서 말세를 다룬 다니엘서와 요한계시록과 관련된 용어로 사용된다. 계시는 하나님이 역사를 통하여 인류에게 구속(救贖), 곧 구원의 계획을 어떻게 나타내어 보여 주시느냐 하는 문제를 다루고 있다. 계시는 구약에서 이미 선포되었고 신약에서 구체화 되었다. 구원의 선포와 그 선포된 내용을 신학적인 헬라어 용어로 케리그마(κήρυγμα, kerygma)라고 한다.[56]

성도는 성삼위 하나님의 목회, 곧 하나님이 예수님 안에서 행하신 구원의 역사와 계시를 실현하기 위해 성령과 함께하며 일하는 하나님의 자녀요, 선한 청지기요, 천국 백성들이다(눅 17:20-21; 빌 3:20-21; 벧전 2:9-10).

"그러나 우리의 시민권은 하늘에 있는지라(But our citizenship is in heaven) 거기로부터 구원하는 자 곧 주 예수 그리스도를 기다리노니"(빌 3:20, NIV).
"왜냐하면 우리의 생활이 하늘에 있으며(For our conversation is in heaven), 거기서부터 또한 우리가 구원자, 곧 주 예수 그리스도를 찾기 때문이다"(빌 3:20, KJV).

우리의 생활이 하늘에 있다. **하늘 보좌 생명책**(the book of life)의 기록은 지금 여기 **성도의 일상**과 함께 진행되고 있다(계 20:11-15). 우리의 시민권이 하늘에 있고(Our citizenship is in heaven), 또한 여기에서의 매일의 생활과 대화가 하늘에 있다. 그곳 천국에 예수님이 기다리고 계신다. 그리스도인에게 오늘은 매우 중요하다. 오늘, 지금은 '**영원한 지금**'(the eternal now)이다.57 천국 입성의 때는 미래이나 그 입성과 보상 여부는 지금, 여기의 신앙생활에서 결정된다. 그러므로 성도에게서의 매일은 종말 체험의 나날이다. 성도는 지금, 여기 성령과 함께 천국에서의 영화로운 삶을 소망하며 악한 일 아닌 선한 일 중심의 신앙생활을 진행하는 하나님의 자녀요, 천국 백성이요, 종말론적 존재(apocalyptic existence)이다.

"이러므로 우리가 그리스도를 대신하여 사신(使臣, ambassadors)이 되어 하나님이 우리로 너희를 권면하시는 것 같이 그리스도를 대신하여 간구하노니 너희는 하나님과 화목하라"(고후 5:20).
"이러므로 우리가 하나님께 끊임없이 감사함은 너희가 우리에게 들은 바 하나님의 말씀을 받을 때에 사람의 말로 받지 아니하고 하나님의 말씀으로 받음이니 진실로 그러하도다 이 말씀이 또한 너희 믿는 자 가운데서 역사하느니라"(살전 2:13).

제4장

성령과 은사

예수님은 승천 전에 "성령을 받으라"(요 20:22)고 하셨고, 그 성령은 오순절 날 기다리는 신자들(the tarrying believers)에게 임했다. 그런데 "우리가 성령을 받는다"고 할 때 다음 두 가지로 이해된다. 하나는 삼위일체 하나님의 한 분이신 성령을 받는 것이고, 다른 하나는 그 성령의 기능적인 성격(functional character)이 강조되어 나타난 은사, 곧 성령의 은사(gifts of the Spirit)를 받는 것이다(창 1:26; 마 28:19; 고전 12:4-11; 고후 13:13).

1. 성령

성령은 성삼위 중 한 분으로 헬라어로는 '프뉴마'(πνεύμα, pneuma)라고 하며 성도의 구원받음에 본질적(essential) 요소이다. 에베소서 1장 13절에 "그 안에서 너희도 진리의 말씀 곧 너희의 구원의 복음을 듣고 그 안에서 또한 믿어 약속의 성령으로 인치심을 받았으니"라고 했고, 사도행전 10장 44절에는 "베드로가 이 말을 할 때 성령이 말씀 듣는 모든 사람에게 내려오시니"라고 했다. 본래부터 영(the Spirit)이신 예수님은 그 성령의 자유로움으로 인간의 믿음과 일상에 작용한다. 예수님을 믿는 자는 구원받고 또한 성령을 받아 언제나 성령과 함께한다. 프레드릭 델리 브루너(Frederic Dale Bruner)가 그의 책 『성령신학 A Theology of the Holy Spirit』에서 언급한 믿음과 성령의 내용을, 다음과 같이 정리한다.

> "성령 받는 방법은 오직 하나, 예수님을 믿는 믿음뿐이다. 성령의 약속(행 1:4-5)은 오직 믿음(faith, 갈 3:1-5, 14)으로 받는다. 순종(obedience, 행 1:4, 12, 5:28-32), 회개(repentance, 행 2:37-38), 그리고 하나님의 말씀을 읽고 들음(reading and listening to the word of God, 벧후 1:20-21; 눅 24:32; 행 10:43-47)은 믿음이 없이는 불가능한 일이므로 언제나 성령은 믿음과 함께 진행된다. 성령은 오직 믿음으로 받는다(요 7:37-39; 행 2:38-39, 19:2-7; 롬 10:9-10; 갈 3:14; 엡 1:13-14)." [58]

사람의 구원은 성령의 도우심과 예수님을 믿는 믿음으로 이루어진다.[59] 곧 하나님이 행하시는 인간의 구원역사는 성령의 도우심과 예수님을 이 세상에 보내신 하나님 사랑의 역사이시다.[60] 빌립보서 1장 19절에 "이것이 너희 간구와 예수 그리스도의 성령의 도우심으로 나를 구원에 이르게 할 줄 아는 고로"의 말씀이 있다.

예수님 세상에 계실 때 "내가 아직 너희와 함께 있어서 이 말을 너희에게 하였거니와 보혜사 곧 아버지께서 내 이름으로 보내실 성령 그가 너희에게 모든 것을 가르치시고 내가 너희에게 말한 모든 것을 생각나게 하시리라"(요 14:25-26)고 하셨다. 성령은 예수님 영으로 오시어 복음의 완성을 향하여 계속 활동하시고 역사하신다. 오늘날 진리의 보혜사 성령은 교회와 세상에 예수님의 진리와 장래의 일을 알리시고, 예수님의 영광을 나타내시고, 그리고 예수님을 이 세상에 보내신 하나님 사랑의 역사를 계속 진행하신다(요 3:16, 14:6, 16:13-15).

"성령이 친히 우리의 영과 더불어 우리가 하나님의 자녀인 것을 증언하시나니 자녀이면 또한 상속자(heirs) 곧 하나님의 상속자요 그리스도와 함께한 상속자니 우리가 그와 함께 영광을 받기 위하여 고난도 함께 받아야 할 것이니라"(롬 8:16-17).

성령은 성도들이 예수님을 주[61]와 그리스도로 모시고 하나님의 자녀로, 이삭과 같이 약속의 자녀로, 하나님 성품의 상속자로, 그리고 하나님의 권속으로 살아가는 일상에 도우시고 인도하신다.[62] 그러므로 성령과 함께 세상을 이기며 사는 성도는 십자가에 못 박힌 예수님은 하나님의 능력이요, 지혜임을 믿고, 예수님을 닮아 십자가를 지는 삶이 유익이 됨을 체험하며 매일을 산다(시 119:71; 롬 8:14-37; 고전 1:23-24; 히 2:9-10, 12:2; 요일 4:4).

사람은 예수님을 믿어 구원받고, 성령을 받는다. 고린도전서 3장 16절에 "너희는 너희가 하나님의 성전인 것과 하나님의 성령이 너희 안에 거하시는 것을 알지 못하느냐"라고 했다. 성령으로 거듭난 그리스도인(The born-again Christians by the Spirit)은 이제 새로운 피조물로서의 새로운 삶의 출발이다. '중생의 씻음과 성령의 새롭게 하심'의 선한 신앙생활의 시작이다(고후 5:17; 딛 3:4-11).[63] 성령으로 거듭나 새로운 피조물로 사는 성도들의 일상은 태초 예정된 하나님 구원역사의 진행이시다. 성삼위 하나님의 인간 구원의 역사는 오순절 날 임하신 성령으로 말미암아 구체적인 현실로 다가왔다. 오순절 날 예수님이 받으라고 하신 성령과 성령으로 충만함을 받은 사도들은 성령을 증거하기 시작했다. 베드로는 '너희가 회개하여 예수 그리스도의 이름으로 세례를 받고 죄 사함을 받으라 그리하면 성령의 선물을 받으리라'는 말씀을 전했다(행 2:38-39).

사도들의 간증을 들은 '동료들'(their own people)이 함께 모여 한마음으로 하나님께 소리를 높여 예정된 하나님의 권능과 뜻이 자신들을 통하여 이루어지는 것, 담대히 하나님의 말씀을 전할 수 있는 능력, 그리고 손을 내밀어 병을 낫게 하는 표적과 기사들(signs and wonders)이 일어나기를 원하는 기도를 한 후에 모두 성령의 충만함을 받고 담대히 하나님의 말씀을 전했다(행 4:23-31). 빌립의 전도로 사마리아 성의 마술사 시몬과 일행이 믿고 세례를 받았고, 그 후 사도 베드로와 요한에 의하여 예수님의 이름으로 세례만 받은 자들이 안수를 통해 성령을 받았다(행 8:9-17). 베드로와 함께한 사람들이 성령 받고, 베드로가 하나님 말씀을 전할 때 성령이 말씀을 듣는 모든 사람에게 내려왔다.

베드로와 함께 온 할례받은 신자들은 이방인들에게도 성령이 부어지시게 된 것에 놀랐다. 그들은 방언을 말하며 하나님을 높이었다. 베드로는 그들 또한 성령 받았으니 "누가 세례 베풂을 금하리요" 하고 물로 세례를 받도록 했다. 그들은 먼저 성령을 받고, 후에 세례를 받았다(행 10:44-48).

어떤 열두 사람쯤 되는 제자들이 에베소에서 바울을 통하여 성령을 받았다(행 19:1-7). 그 제자들이 '우리는 요한의 세례만 받고 성령이 있음도 듣지 못하였노라'고 바울에게 말하였다. 그들은 그 후에 곧 예수님의 이름으로 세례를 받았다. 바울의 안수를 통하여 성령을 받고 방언과 예언을 했다.

이와 같이 성령은 하나님의 절대적 주권의 행사로 다양한 시기와 방법으로, 그리고 같은 한 분 성령(one and the same Spirit, 고전 12:11)의 역사로 임하신다. 성령은 예수님을 믿는 자들에게 어제나 오늘이나, 그리고 언제나 임하여 함께하신다. 예수님이 승천 전 "성령을 받으라"(요 20:22)고 하신 성령은 삼위일체의 하나님 중 한 분이신 그 성령으로 오늘날 지금, 여기 예수님을 믿는 자에게 임하여 언제나 함께하시고 역사하신다. 삼위일체 하나님(the Triune God)의 인간 구원역사의 진행에는 '약속된 성령과 권능을 받는 것, 그리고 그것을 전할 증인'이 필요하다(행 1:8). 하나님은 성령과 그 능력 받은 증인과 함께 일하신다. 그리스도인은 성령과 그 권능을 받아 예수님의 증인으로, 그리고 계속되는 구원 활동의 참여자가 된다. 사도 바울은 다음의 말씀을 전한다.

"심는 이와 물주는 이는 한가지이나 각각 자기가 일한 대로 자기의 상을 받으리라 우리는 하나님의 동역자들(co-workers)이요 너희는 하나님의 밭(God's field)이요 하나님의 집(God's building)이니라"(고전 3:8-9).

레슬 플린(L. B. Flynn)은 성령의 8가지 열매(갈 5:22-23)를 사랑 하나로 이해하여 성령의 본질을 강조하며 "하나님의 구원역사가 인간에 대한 사랑의 역사인 것처럼 성령의 역사 또한 한마디로 말하면 '하나님 사랑의 역사'(God's works of love)이다"[64]라고 했다. 그리스도인에게서 사랑의 역사는 계속 사랑의 실천(love in action)으로 진행한다(요 3:16; 롬 5:6-8, 12:1-21).

예수님을 믿어 받는 성령을 '구원 성령'(the Spirit of salvation)이라 부를 수 있다. 구원 성령과 함께하는 복음의 선포는 천사들도 자세히 살펴보기를 원한다(벧전 1:7-12). 그리스도인이 성령을 받으면 다음과 같은 현상이 나타난다:[65]

- 구원의 확신과 기쁨이다. 하나님의 자녀 된 확신과 기쁨을 얻는다(행 2:46; 롬 8:14-17; 벧전 1:8).

- 성령으로 임한 하나님의 사랑을 믿는다. 하나님의 사랑이 우리 마음에 넓게 쏟아 부어져 있음을 믿는다. 그리고 그 사랑으로 인간을 구원하여 주시는 분으로서의 하나님의 존재를 확신한다(요 3:16; 롬 5:5-11).
- 담대함과 권위를 얻는다(행 4:8, 31, 33).
- 능력이 나타난다(행 1:8, 4:33, 11:15-18).
- 복음을 전하는 증인이 된다(행 1:8; 벧전 1:12).
- 전과는 다른 단장(dressing)의 아름다운 모습이 나타난다. 성령은 장식품(adornment)처럼 아름답게 드레싱하신다. 태초 타락 전의 모습과 천국의 아름다운 모습이 성도의 희망이다. 성령과 동행하는 그리스도인의 언행심사(言行心事)는 아름답다(욥 26:13; 시 33:6, 104:30; 계 21:2).

2. 은사

그리스도인이 성령을 받으면 생활에 나타난다. 성령의 나타남이 은사이다(고전 12:7). 은사(gift)는 헬라어로는 '카리스마'(χάρισμα, charisma)라고 하는데 '하나님의 은총과 권위'의 의미가 있다. 월터 코너(Walter Thomas Conner)는 그의 책 『성령의 사역 The Work of the Holy Spirit』에서 성령의 나타남인 은사에 관하여 다음과 같이 언급했다.

"성령은 구원을 받는 것에서 본질적(essential) 요소로 즉시(immediately) 받아 영원히(permanently) 지속이 되지만 은사는 일시적(temporary)이고 기능적(functional)이다. 그리고 성령은 '예수를 믿는 자'에게(to the believer) 주어지는 것이요, 은사는 '예수를 믿고 성령을 받은 자' 위에(on the believer) 더하여 주어지는 것이다.[66]

카리스마의 은사는 효과적인 교회 봉사와 선교와 성화의 삶을 위한 하나님의 선물(present)이시다. 그리스도인은 다양한 성령의 은사(gifts of the Spirit) 중 자신이 받은 은사로 봉사한다(고전 13:8; 고후 1:21-22).[67]

"나는 모든 사람이 나와 같기를 원하노라 그러나 각각은 하나님께 받은 자기의 은사(his own gift)가 있으니 하나는 이러하고 하나는 저러하니라"(고전 7:7).

"하나님의 영(the Spirit of God)을 그에게 충만하게 하여 지혜와 총명과 지식으로 여러 가지 일을 하게 하시되 금과 은과 놋으로 제작하는 기술을 고안하게 하시며(artistic designs)"(출 35:31-32, 참고: 출 31:3-5).

출애굽기 35장 35절에 다음의 말씀이 있다.

"지혜로운 마음을 그들에게 충만하게 하셔서 여러 가지 일을 하게 하시되 조각하는 일과 세공하는 일과 청색과 자색과 홍색실과 가는 베실로 수(繡) 놓는 일과 짜는 일과 그 외에 여러 가지 일을 하게 하시고 '정교한 일을 고안하게'(skilled workers and designers) 하셨느니라."

하나님은 성막 일꾼에게 성령 충만하게 하시어 여러 기술로 성막을 짓게 하셨다. 봉사의 '지혜와 총명과 지식'의 기술 은사(a technical gift)이다. 은사는 하나님께서 성령을 받은 그리스도인들에게 주시는 봉사의 '장인(匠人)과 디자이너'(skilled workers and designers)가 되게 하시는 선물이시다. 성도는 여러 기술의 은사들로 봉사한다. 우리는 성령의 은사를 '봉사 성령'(the Spirit of service)이라 부를 수 있다(출 31:1-11, 35:30-35; 엡 4:12).

그리스도인들은 구원받은 확신과 기쁨[68]으로 성령의 나타남인 은사를 통하여 효과적인 봉사와 선교와 성화의 삶을 진행한다. 은사는 성도(聖徒, saint),[69] 곧 '거룩한 자'(the holy ones)라는 이름에 어울리는 하나님의 선물(present)이시다. 우리 성도는 헬라어로 '하기오스'(ἁλιος)라 하는데, '거룩하다'는 뜻이다. 하기오스의 성도는 은사의 선물로 행하는 소금과 빛, 꽃과 열매,[70] 변화와 성장,[71] 그리고 선한 청지기[72]의 생활 모습을 나타내 보이며 진행한다. 은사 받은 성도들의 아름다운 모임이요, 신앙생활이다(레 11:44; 시 89:5; 마 5:13-16; 요 17:9-19; 롬 12:1; 고전 1:2; 골 3:12-14; 벧전 1:15-17).

하나님은 성령의 은사로 봉사하게 하신다. 은사는 성령 받은 성도에게 봉사의 '장인과 디자이너'(skilled workers and designers, 출 35:35)가 되게 하시려는 하나님의 선물이시다. 생활에 나타나는 봉사로 자신의 카리스마가 인정된다. 성도는 각각 받은 은사로 '카리스마 있게' 살아가는 하나님의 자녀요, **카리스마 그리스도인**이다.

은사는 성령이 주신 능력(Spirit-given ability)이므로 성령의 열매들(사랑, 희락, 화평, 오래 참음, 자비, 양선, 충성, 온유, 절제. 갈 5:22-23)과 관련하여 사용되고, 8가지의 열매는 한마디로 '사랑'으로 요약된다. 사랑의 봉사가 아름답다. 성령과 은사, 사랑과 봉사는 함께 간다. 은사는 봉사와 헌신을 위한 하나님의 선물이시다. 하나님에게서 '성령과 능력'을 받은 예수님은 "두루 다니시며 선한 일을 행하시고 마귀에게 눌린 모든 사람을 고치셨다"(행 10:38). 성도는 받은 은사로 효과적인 교회 봉사와 선교, 그리고 예수님 닮은 성도는 사랑의 실천(love in action)을 카리스마 있게 행한다. 성도는 사랑의 선한 봉사를 인간적 이기심이나 그 권세로 행하지 아니하고 카리스마, 곧 성령의 권위로 행하는 **카리스마 그리스도인**(The charismatic christian)이다.

제4장 '성령과 은사'의 정리를 마치며 리차드 개핀(Richard B. Gaffin, Jr.) 교수의 책 『성령 은사론Perspectives on Pentecost』의 첫 장에 실린, '성경에 나타난 성령에 관한 말씀들의 권위를 인정하는 내용'을 소개한다.

"성령께서 말씀과 더불어 자유롭게 역사하신다는 것이 필자의 첫 번째 확신이고, 필자의 두 번째 확신은 체험 자체가 기독교 지식과 교리의 원천이 될 수 없다는 점이다. 그뿐만 아니라 여러 신자가 여차여차히 체험했다고 해서 그것이 모든 신자의 체험을 측정하는 기준이 될 수도 없다는 것이다. 우리는 체험을 앞세울 것이 아니라, 우리의 모든 생각과 체험을 그리스도와 그의 말씀에 사로잡혀 복종하는 위치에 두어야 한다(고후 10:5). 성경은 모든 참된 신자의 경험 표준이다. 따라서 필자는 감히 독자에게 이렇게 당부해 두고 싶다. 요즈음 성령을 체험했다고 주장하는 사람들이 많은데, 필자가 그러한 성령 체험담의 서로 엇갈리는 혼선 위에 성경교훈의 서치라이트를 똑바로 밝히 비출 때, 독자는 그 혼란한 주장들을 성경의 빛에 비추어 평가할 뿐만 아니라, 독자 자신의 경험까지도 성경의 권위에 굴복시키기를 바라며 당부하는 것이다.[73]

"각각 은사를 받은 대로(whatever gift you have received) 하나님의 여러 가지 은혜를 맡은 선한 청지기같이 서로 봉사하라"(벧전 4:10).

"우리를 구원하시되 우리가 행한바 의로운 행위로 말미암지 아니하고 오직 그의 긍휼하심을 따라 중생의 씻음과 성령의 새롭게 하심으로 하셨나니 우리 구주 예수 그리스도로 말미암아 우리에게 그 성령을 풍성히 부어주사 우리로 그의 은혜를 힘입어 의롭다 하심을 얻어 영생의 소망을 따라 상속자가 되게 하려 하심이라 이 말이 미쁘도다 원하건대 너는 이 여러 것에 대하여 굳세게 말하라 이는 하나님을 믿는 자들로 하여금 조심하여 선한 일을 힘쓰게 하려 함이라 이것은 아름다우며 사람들에게 유익하니라"(딛 3:5-8).

"우리 각 사람에게 그리스도의 선물의 분량대로 은혜를 주셨나니 그러므로 이르기를 그가 위로 올라가실 때에 사로잡힌 자를 사로잡으시고 사람들에게 선물을 주셨다 하였도다 올라가셨다 하였은즉 땅 아래 낮은 곳으로 내리셨던 것이 아니면 무엇이냐 내리셨던 그가 곧 모든 하늘 위에 오르신 자니 이는 만물(the whole universe)을 충만하게 하려하심이라 그가 어떤 사람은 사도로, 어떤 사람은 선지자로, 어떤 사람은 복음 전하는 자로, 어떤 사람은 목사와 교사로 삼으셨으니 이는 성도를 온전케 하여 봉사의 일(works of service)을 하게하며 그리스도의 몸을 세우려 하심이라 우리가 다 하나님의 아들을 믿는 것과 아는 일에 하나가 되어 온전한 사람을 이루어 그리스도의 장성한 분량이 충만한 데까지 이르리니 이는 우리가 이제부터는 어린아이가 되지 아니하여 사람의 속임수와 간사한 유혹에 빠져 온갖 교훈의 풍조에 밀려 요동하지 않게 하려 함이라. 오직 사랑 안에서 참된 것을 하여 범사에 그에게까지 자랄지라 그는 머리니 곧 그리스도라 그에게서 온몸이 각 마디를 통하여 도움을 받음으로 연결되고 결합되어 각 지체의 분량대로 역사하여 그 몸을 자라게 하며 사랑 안에서 스스로 세우느니라"(엡 4:7-16).

"내게 주신 은혜(the grace)로 말미암아 너희 각 사람에게 말하노니 마땅히 생각할 그 이상의 생각을 품지 말고 오직 하나님께서 각 사람에게 나누어주신 믿음의 분량대로 지혜롭게 생각하라 우리가 한 몸에 많은 지체를 가졌으나 모든 지체가 같은 기능을 가진 것이 아니니 이와 같이 우리 많은 사람이 그리스도 안에서 한 몸이 되어 서로 지체가 되었느니라 우리에게 주신 은혜대로 받은 은사가 각각 다르니 혹 예언이면 믿음의 분수대로, 혹 섬기는 일이면 섬기는 일로, 혹 가르치는 자면 가르치는 일로, 혹 위로하는 자면 위로하는 일로, 구제하는 자는 성실함으로, 다스리는 자는 부지런함으로, 긍휼을 베푸는 자는 즐거움으로 할 것이니라 사랑에는 거짓이 없나니 악을 미워하고 선에 속하라"(롬 12:3-9).

제5장

19은사의 분류와 성경적 이해, 그리고 사용 지침

성경에는 여러 은사가 나타나 있다.[74] 레슬 플린(Lesile B. Flynn)은 이 은사들을 그의 책 『성령의 19은사 *19 Gifts of the Spirit*』에서 아래와 같이 세 가지로 분류하여 설명하고 있다. 여기에서는 그 책의 내용을 참고로 하여 19은사의 성경적 이해를 모색한다:[75]

- 말씀선포 은사(the speaking gifts): 사도, 선지자(예언), 복음 전하는 자(복음 전도), 목사, 교사, 권위, 지식, 지혜. – 8 은사
- 봉사 은사(the serving gifts): 서로 돕는 것, 손 대접하는 일, 구제, 다스리는 것, 긍휼, 믿음, 영들 분별함. – 7 은사
- 표적 은사(the signifying gifts): 능력 행함, 병 고침, 방언, 방언 통역. – 4 은사

1. 19은사의 세 분류

A. 말씀선포 은사(the speaking gifts)

1. 사도 은사

사도 은사(the apostolic gift, 엡 4:11)는 예수님 세상에 계실 때, 곧 생존 시 임명한 열두 제자의 정신을 계승한 선교적 의미에서의 은사들이다.[76] 레슬 B. 플린(Lesile B. Flynn)은 열두 제자(사도)가 받은 은사를 선교 은사 (the missionary gift)라고 한다.[77] 예수님께서 자기 제자들(disciples)을 부르시어 그들 중 열둘을 택하시고 그들에게 사도(apostles)라는 이름을 주시어 사도라 칭하셨다(눅 6:13-16). 예수님의 사도가 될 수 있는 자격은 처음부터 예수님과 함께 있던 자(눅 22:28; 행 1:21-22), 예수님의 임명을 받은 자(막 3:13-19; 요 20:21), 부활의 증인(행 1:22), 그리고 영생 천국에서 보좌에 앉아 이스라엘 12지파를 다스릴 특권을 가진 자[78]이다.

예수님 부활하신 후 사탄의 유혹을 받아 예수님을 배반하고 죽은 가룟인 유다 대신 맛디아가 열두 사도의 반열(班列)에 포함된다(눅 22:3; 행 1:22-26). 사도행전 1장 26절에 "제비 뽑아 맛디아를 얻으니 그가 열한 사도의 수에 들어가니라"고 하였다. 공식적인(the official) 열두 제자와 그들이 행하던 직무(the office)는 열두 제자가 모두 죽은 후에 사라졌다. 오늘날 예수님 생존 시의 열두 제자 외에 어느 제자도 그들의 직무를 똑같은 의미와 형태로 계승할 수 없고 또한 공식적인 의미에서도 사도 됨을 주장할 수 없다(계 2:2). 오늘날 사도 은사는 공식적인 열두 제자의 사도가 행하였던 직무를 그대로 계승하는 것이 아니라 그들의 선교적인 사명을 계승하여 감당하도록 주시는 하나님의 은사이다. 예수님 열두 제자의 선교적인 사명을 계승한 자들을 사도(the apostles)라고 불렀다. 바나바(행 14:4, 14), 실라(실루아노)와 디모데(행 17:14; 살전 1:1), 안드로니고와 유니아(롬 16:7), 그리고 예수님의 동생 야고보(갈 1:19)는 모두 은사 받은 사도이다. 바울 또한 사도이다(롬 1:1; 고전 9:1-5).

플린(Lesile B. Flynn)은 그의 책 『성령의 19은사 19 gifts of the Spirit』에서 우리나라의 대구지역에서 초기 선교사로 사역하셨던 사무엘 모펫(Samuel H. Moffett, 馬三樂)의 선교 활동을 다음과 같이 소개하고 있다.

"두 명의 의료 선교사와 한국의 120여 명의 의사들이 대구지역, 특히 농촌을 중심으로 하여 치료(healing)와 복음 선포(heralding)를 병행한 선교로 백여 개 이상의 교회를 설립하였다."[79]

의술 치료가 복음 선포의 매개체가 된 좋은 예이다. 우리나라 선교 초기에 외국의 선교사들이 기독교 계통의 학교와 병원을 함께 설립하여 복음 선포와 교회 성장에 커다란 영향을 주었다. 우리나라의 미션스쿨(mission school)이 그러하다. "겉치레로 하나 참으로 하나 무슨 방도로 하든지 전파되는 것은 그리스도이시다"(빌 1:18). 국내외에서 복음을 전하는 일은 '천사들도 살펴보기를 원하는 것'으로 귀하고 복된 일이다(벧전 1:12).

사도 은사는 선교사의 직무들을 가능하게 한다. 레슬 플린은 선교 은사의 본질을 "보냄을 받음, 문화를 초월하여(transculturally) 사역함, 그리고 선교한 지역의 교회 설립(church-planting)을 목적함"[80]들로 규정했다. 교회를 개척하고 설립하는 목적으로 타지역, 타문화권에 가서 복음을 전파하는 선교사역은 예수님의 제자로 그의 증인이 되는 일이다. 열두 제자는 오순절 날 성령 받은 후 예수님의 증인으로서의 사명을 감당할 수 있었다.

2. 예언의 은사

선지자(prophet), 곧 예언의 은사(the gift of prophesy, 롬 12:6; 엡 4:11)는 장차 될 일을 미리 말함(forth-telling)은 물론, 성서와 자연에 나타난 하나님의 계시와 뜻을 깨달아 사람에게 대언자(代言者)의 입장에서 말할 수 있는 능력이다. 예언의 은사에는 미리 말함(forth-telling)의 의미가 있다. 예언자는 하나님이 하신 것같이 장차 일어날 일을 말했다. 꿈과 환상과 계시로 앞일을 미리 말하는 자(forth-teller)이다(출 4:14-16; 행 11:27-28; 21:9-14).

예언의 은사는 미리 말함 외에도 사람에게 말하여 덕을 세우고, 권면하여 굳게 하고, 그리고 위로하는 일을 한다. 특히 예수 그리스도를 증거하며 교회의 덕을 세운다. 하나님의 말씀을 깨닫고 그 말씀을 사람에게 대언하여 바른길로 가게 한다(행 15:22-32; 고전 14:1-25; 계 19:10). 이런 의미로 설교 또한 예언이다. 설교자는 예언의 은사로 설교한다. 예언의 은사는 교회공동체에서 중요한 은사 중 하나이다.

예언의 은사를 받은 자는 "예언을 멸시하지 말고"(살전 5:20) 받은 환상과 계시와 말씀과 꿈들을 예언해야 한다. 그리고 가장 중요한 것은 받은 예언이 성경의 말씀에 근거하여야 한다는 사실이다. 기적적인 성령 사역의 증인으로 알려진 캐트린(Kathryn Kuhlman) 여사는 그의 책『성령의 은사 Gifts Of the Holy Spirit』에서 다음과 같이 경고한다.

"자기에게는 하나님의 말씀에 있는 내용을 초월하여 예언하는 어떤 은사가 주어져 있다고 하는 환상에 사로잡혀 있는 사람들이 있습니다.

거기에서부터 잘못된 가르침이 파고 들어오게 됩니다. 사랑하는 성도 여러분, 성령은 하나님의 말씀에 기록된 이상의 것을 누군가 개인에게 주시는 일은 결코 없습니다. 그러므로 누군가가 자신은 예언의 은사를 가지고 있다고 말하며 하나님의 말씀들에 반(反)하는 뭔가를 말하거나, 하나님의 말씀에 뭔가를 덧붙인다면 그 사람은 큰 죄를 범하는 것이며, (그 사람을 통해) 예언되는 것과 같은 성령은 전혀 관계가 없는 것입니다. 거짓 교리나 거짓 종파 등은 그러한 가르침으로부터 생겨납니다. 요한 계시록 22장 18절에 우리가 미혹되지 않도록 경고하고 있습니다. '만일 누구든지 이것들 외에 더하면 하나님이 이 두루마리에 기록된 재앙들을 그에게 더하실 것이요.'" [81]

사람의 예언은 완전한 하나님 말씀으로 확정된 정경(cannon)으로서의 성경 말씀에 위배 되면 안 되는 것이므로 그 예언 이외에 더하거나 제하여 버릴 수 없다(계 22:18-19). 그러므로 사적 계시(private revelation)와 예언은 인정되지 않는다. 베드로후서 1장 20-21절에 "먼저 알 것은 성경의 모든 예언은 사사(私私)로이 풀 것이 아니니 예언은 언제든지 사람의 뜻으로 낸 것이 아니요 오직 성령의 감동하심을 받은 사람들이 하나님께 받아 말한 것임이라" 하였다. 예언은 사람의 뜻이나 이기적인 욕심으로 만들어 내는 것이 아니라 하나님께 받아 말한 것으로 어둠을 비추는 등불 같은 예언은 특별히 주의를 기울이어야 한다(벧후 1:19).

로마서 12장 6절에는 "우리에게 주신 은혜대로 받은 은사가 각각 다르니 혹 예언이면 믿음의 분수대로 하라"고 했다. 사람에게서 분수(分數, the proportion of faith)는 자기의 처지에 마땅한 한도를 말하는 것으로 믿음의 분수대로 예언을 한다는 것은, 이미 완전하게 계시 된 성경의 테두리를 벗어나지 않는 것은 물론 인간의 불완전한 한계를 수용하는 겸손한 태도를 유지하면서 예언해야 함을 의미한다.

예언을 하는 자나 듣는 자는 그 예언이 성경에 합당한 것인지를 분별함이 지혜이고 사적 계시나 거짓 선지자의 예언과 꿈을 분별함이 반드시 필요하다. 피리나 거문고의 악기는 그것을 연주할 수 있는 자격 있는 연주가를 만나지 못하면 제대로 소리를 내지 못한다. 좋은 악기는 좋은 연주가를 만나야 한다. 예언의 은사를 행할 때는 성경 말씀을 풀어서 설명하거나 자세한 의미를 부연(敷衍)하는 것에 지혜와 겸손으로 행한다(렘 23:25-40; 고전 14:7).

교회는 오늘날 예언하는 자의 예언의 터 위에 새로 세워지는 것이 아니라 근본적으로 먼저 모퉁이 돌이 되신 예수님과 그를 믿고 따른 사도와 선지자들의 터 위에 이미 세워졌다(막 12:10; 엡 2:20). 예언의 은사는 이미 세워진 교회가 모퉁이 돌이 되신 예수님을 중심으로 바르고 복되게 성장하도록 돕는 은사이다. 예언의 은사는 미래의 예언에 한정되지 아니하고 받은 은사로 하나님의 말씀인 성경을 연구하고, 주석(註釋)하고, 그리고 부연(敷衍)하여 듣는 자로 생활에 적용할 수 있는 실제적 교훈을 주는 능력을 함께 행한다.

"너희는 사도들과 선지자들의 터 위에 세우심을 입은 자라 그리스도 예수께서 친히 모퉁이 돌이 되셨느니라"(엡 2:20).

"예언은 언제든지 사람의 뜻으로 낸 것이 아니요 오직 성령의 감동하심을 받은 사람들이 하나님께 받아 말한 것임이니라"(벧후 1:21).

예언의 은사 받은 자는 그 은사를 소홀히 여기지 않고 예수님과 열두 사도와 선지자의 복음적 전통에 따라 믿음의 분수대로 겸손하게 예언한다(롬 12:6; 딤전 4:14).

3. 복음 전하는 은사

복음을 전하는 자(evangelists), 곧 복음 전도의 은사(the gift of evangelism, 엡 4:11)는 불신자에게 하나님의 아들, 예수 그리스도의 복음(막 1:1)을 선포하며 그들과 대화하는 특별한 능력이다. 전도 은사는 사도 은사, 곧 선교 은사처럼 문화를 초월하여 활동하지 않고, 예언 은사처럼 사람을 책망하거나 심판하지도 않는다. 예수님께서 복음을 선포하셨다. 그 선포의 내용을 '케리그마'(kerygma)라고 하는데 예수님의 구원의 복된 소식이다.[82] "그 아들 안에서 우리가 구속(救贖) 곧 죄 사함(the forgiveness of the sins)을 얻었도다"(골 1:14)가 복음의 핵심 내용이다.

복음(the gospel)은 하늘에서 보내신 성령을 힘입어 복음을 전하는 자들에 의하여서 선포된다. 복음은 '복음 전하는 자'의 은사를 받은 자가 전한다. 복음 전하는 은사는 사람에게 구원의 좋은 소식(눅 2:10, good news)을 효과적으로 선포하여 구원을 얻게 하는 능력으로, 이것은 천사들도 살펴보기를 원한다(벧전 1:12). 그리고 복음 전도의 은사는 선포하는(speaking) 은사로 말하지 않고 마음에 품고만 있는 은사가 아니다. 기회 있는 대로 복음을 전한다. 사람의 구원은 처음부터 하나님의 택하심, 성령의 도우심, 신자의 믿음, 그리고 때를 얻든지 못 얻든지 항상 힘써 복음을 전하는 자들의 선포가 합력하여 진행된다(살후 2:13-14; 딤후 4:2). 복음 전도의 은사를 받은 자는 언제 어디서나 기회 있는 대로 예수님 구원의 복음을 선포한다.

"요한이 잡힌 후 예수께서 갈릴리에 오셔서 하나님의 복음을 전파하여 이르시되 때가 찼고 하나님의 나라가 가까이 왔으니 회개하고 복음을 믿으라 하시더라"(막 1:15).

성경에 복음 전도(evangelism)라는 말은 없고 복음 전도자(evangelist)는 있다(행 21:8; 엡 4:11; 딤후 4:5). 이 은사를 받은 자가 복음을 선포함으로 듣는 자들이 회개하여 교회의 일원이 되도록 인도한다. 그리고 복음 전도자는 교회의 일원이 된 신자를 예수님의 제자로 살아가도록 계속 안내하고 인도한다. 새 신자의 양육이다.

레슬 플린(Leslie B. Flynn)은 그의 책, 『성령의 19은사 19 Gifts of the Spirit』에서 "이 은사와 능력에는 교회 설립(church-planting), 새 신자(new converts)를 위한 조직적인 세밀한 추적 프로그램(follow-up procedure), 그리고 교인을 위한 생활 지도(way of life plan)가 포함된다. 복음을 전하는 은사에는 심령의 회개(conversion)와 생활상의 제자직(discipleship)의 교훈은 둘이 아니라 하나로 이해된다"고 했다.[83]

디모데후서 4장 5절 말씀에는 "그러나 너는 모든 일에 신중하여 고난을 받으며 전도자의 일(the work of an evangelist)을 하며 네 직무를 다하라"고 했다. 한 사람이 예수님을 믿어 그의 제자가 되게 하는 것, 곧 '예수님 구원의 복음을 선포하는 능력으로서의 복음 전도의 은사'는 신자라면 누구나 이 은사와 관련되어 있다. 신자는 누구나 전도한다(막 1:17). 그리고 은사 유무는 전도 중 자연스럽게 나타난다.

4. 목사 은사

목사 은사(the gift of pastor, 엡 4:11)는 목회 은사(the gift of pastoring)이다. 성경에 '목사'라는 말이 한번 나오며(엡 4:11), 헬라어로 포이멘(ποιμήν)이라고 한다. 교회의 한 직책으로서 감독과 장로와 비슷하다. 성경에 목사를 목자의 의미로 사용한다.[84] 그러므로 목사 은사는 목회 은사(the pastoral gift)나 목자 은사(the shepherding gift)라고도 한다. 이 은사로 목사는 선한 목자이신 예수님을 닮아 양들을 돌본다(요 10:11-12).[85] 목자는 양을 인도하고(to guide), 먹이고(to feed), 그리고 보호한다(to guard). 목사 은사를 받아 목회(ministry)를 감당하는 목사는 사역의 주체가 예수님이심을 믿고, 그 믿음을 따라 진행한다. 앤드류 퍼브스는 그의 책에서 예수님 중심의 목회를 강조하며 다음과 같이 말하고 있다.[86]

"우리가 사역을 한다고 말할 수는 있지만 그 사역의 주인은 예수님이시다. 우리가 사역기술을 탁월하게 사용하거나 소위 wwJd 신학(What would Jesus do? 예수님 모방신앙)을 행하여도 그 속에는 구속력이 없다. 목회는 지금도 여기에서 일하시고 계시는 그리스도의 역사에 동참하는 일이다. 곧 성삼위 하나님의 사역에 동참하는 일이다(고후 13:13). 복음의 사역자인 목사들은 요술봉을 흔들면서 모자 속에서 예수님을 끄집어 내는 교회의 마법사가 아니다. 우리의 사역에는 구속력이 없다. 오직 그리스도의 사역만이 구속력이 있다. 만일 우리가 자기 사역에만 초점을 맞추면서 그분의 사역에 걸림돌이 된다면 마땅히 치워져야 하고, '내 사역'이라는 자기망상에 빠져 있다면 그 사역은 당연히 십자가에 처형되어야 한다(갈 2:20)."

이어서 퍼브스는 '예수님 계신 곳이 교회이다'라고 하며 교회 안이나 교회 밖에서의 목회에서 예수님의 대리사역(代理使役)의 개념을 소개한다.

"그리스도의 대리 사역은 그리스도가 우리를 대신하여 일하시고 우리는 그 일에 동참한다는 뜻이다. 예수께서는 지금도 여전히 기도하고 가르치고 일하신다. 그리스도는 성소에서 섬기시고, 성찬에 임재하시고, 설교하신다. 그리스도는 가르치시고(요 14:6), 먹이신다(막 6:34). 그리고 예수님은 오늘도 사역의 짐을 대신 져 주신다. 또한 교인들에게 필요한 것은 목회자의 섬김이 아니라 예수님의 섬김이다. 오직 예수님의 사역만이 구속력이 있다. 성령 안에서 목회자와 주님이 연합되었다는 사실이 중요하다."

목사 은사를 받아 사역에 임하는 목사는 특히 성경의 어느 부분이나 목회의 어느 분야에서도 예수님이 중심이심을 깨닫고 있어야 한다. 목회는 목회 은사를 받은 목사가 행하는 것이나 목회의 실제 주인은, 내가 아닌 예수님이시다. 스토트(John R. W. Stott) 또한 목회는 언제 어디서나 예수님을 주님으로 모시고 예수 그리스도 중심(Jesus Christ the center)으로 진행되어야 함을 강조한다.[87]

이 은사 받은 목사는 예수님 중심의 목회 생활(the pastoral life)에서 그 '규모와 성공과 공로, 그리고 보상'이 하나님의 목회와 관련하여 진행되고 있음을 믿고 사역한다. 하나님의 주도적인 진행하심에 따라 순종과 겸손함으로 자신에게 위임된 영역과 직임에 충성하여 일할 뿐이다. 은사 받아 사역하는 목사는, 퍼브스의 말대로 **'내 사역이란 자기 망상'**을 이미 십자가에 처형시킨 자들이다.

은사로 사역하는 목사는 예수님 중심의 성삼위 하나님의 목회(God's ministry)에 참여하여 일하는 동역자요, 일꾼이다. 언제나 사역의 주체는 목사 자신이 아닌 하나님이시다. 은사 받은 목사는 하나님 앞에서 성령과 함께하며 겸손한 자세로 사역에 임한다. 선한 목자이신 예수님을 본으로 양들을 인도하고, 먹이고, 그리고 보호한다.

5. 교사 은사

교사 은사(the gift of teacher, 롬 12:7; 엡 4:11)는 가르침(teaching)의 은사이다. 이 은사는 하나님 말씀의 진리를 분명하게 설명하고 효과적으로 삶에 적용하는 초자연적 능력(supernatural power)이다.[88] 모든 은사가 그러하듯이 교사의 은사 또한 노력과 수고와 기술이 필요하다. 받은 은사를 계속 사용하고, 유지하고, 그리고 개발하여 더 진보한 단계로 나가야 한다.

"내가 이를 때까지 읽는 것과 권하는 것과 가르치는 것에 전념하라 네 속에 있는 은사 곧 장로의 회에서 안수 받을 때에 예언을 통하여 받은 것을 가볍게 여기지 말며 이 모든 일에 전심전력하여 너의 성숙함(진보)을 모든 사람에게 나타나게 하라. 네가 네 자신과 가르침을 살펴 이 일을 계속하라 이것을 행함으로 네 자신과 네게 듣는 자를 구원하리라"(딤전 4:13-16).

교사 은사를 받은 자는 예수님의 교육 방법이나 구약시대의 지도자들, 특히 예언자들에게서 배울 점을 찾는다. 현대 일반 교육의 방법 또한 참고로 하면 도움이 된다.

교회에서 교사의 봉사로 성숙함의 열매를 얻는다. 예수님은 온 갈릴리에 두루 다니사 회당에서 가르치셨다. 그리고 사도들은 언제 어디서나 예수께서 그리스도이심을 가르치고 전도하기를 그치지 아니하였다. 은사 받은 교사는 교회의 교육적 사명에 따라서 예수님 가르침의 봉사를 계속한다(마 4:23; 행 5:42, 28:30-31; 벧후 1:2-15).

교사 은사는 예언과 복음 전도의 은사와 깊은 관계가 있으므로 함께 진행함이 효과적이다. 이 은사는 모든 다른 은사가 그러하듯이 하나님의 초자연적 능력이 함께함으로 하나님의 능력을 믿고 은사 받은 자로서의 가르침의 직책을 소홀히 여기지 말고 전념하여야 한다. 그리고 예수님에게도 '교사'(랍비, Rabbi)의 칭호가 있음을 기억하고,[89] 예수님을 본으로 하여 그를 닮아 가르침에서 사람을 감화시킬 수 있는 지혜롭고 성숙한 자로서의 모습을 나타내어야 한다. 장성한 그리스도인은 지각을 사용함으로 연단을 받아 선악을 분별한다(마 4:23; 히 5:12-14).

6. 권위 은사

권위 은사(the gift of exhortation, 롬 12:8)는 권면이나, 또는 권고[90]의 의미로 사람을 격려하며 용기를 준다. 권위나 권면, 그리고 권고의 은사는 도움이 필요한 자를 도와주고, 약한 자를 강하게 하고, 시험당한 자를 위로하고, 그리고 낙심한 자에게 용기를 주는 초자연적 능력이다.

성경에 권위의 은사를 받은 자로 바울,[91] 바나바(행 4:36, 9:27-28), 그리고 유다와 실라(행 15:31-32) 등이 등장한다. 권위의 은사를 받은 자는 은혜와 겸손으로, 그리고 하나님의 위로로 봉사한다(고후 1:3-7; 히 13:22-25; 벧전 5:1-5). 권위 은사로 "찬송하리로다 그는 우리 주 예수 그리스도의 하나님이시오 자비의 아버지이시오 모든 위로의 하나님이시며 우리의 모든 환난 중에서 우리를 위로하사 우리로 하여금 하나님께 받는 위로로써 모든 환난 중에 있는 자들을 능히 위로하게 하시는 하나님이시다"(고후 1:3-4)의 말씀을 믿고 봉사한다.

예수께서는 수가라 하는 동네의 한 사마리아 여인이 자신의 허물과 인종 차별의식으로 인하여서 불편해하고 있는 형편에 샘물로 상징되는 영생의 진리를 차별 없이 친절하게 들려주셨다. 권위 은사를 받은 자는 허물과 죄를 지은 자라 하여도 그리스도의 대속의 은혜 안에서 위로하며 격려함이 은혜로운 처사이다(요 4:5-30; 롬 3:23-26; 마 20:28).

7. 지식의 은사, 8. 지혜의 은사

지식의 은사(the gift of knowledge, 고전 12:8)는 하나님 진리를 이해하고 체계화하여 연구할 수 있는 은사이고, 지혜의 은사(the gift of wisdom, 고전 12:8)는 그 지식을 실제 생활에 적용하여 어떤 목적을 바르게 이루어가는 능력, 곧 배운 지식을 최대한 생활에 응용할 수 있는 능력(ability)의 은사이다. 지식은 전에는 모르던 것을 알게 되는 정보(Information)이고, 지혜는 그 정보를 실제 생활에 바르게 사용하는 것이다. 지식이 원리를 아는 은사라고 하면, 지혜는 응용하는 은사이다. 지혜는 지식을 이용한다(Wisdom uses knowledge).[92]

"지혜로운 자의 마음은 그의 입술을 슬기롭게 하고 또 그의 입술에 지식을 더하느니라 선한 말은 꿀송이 같아서 마음에 달고 뼈에 양약이 되느니라"(잠 16:23-24).

성도는 지식의 은사로 말씀 안에서 이성을 초월한 하나님의 영적 능력을 깨닫는다. 지혜의 은사로는 원수의 법정에서 성령의 변호로 나타나고,[93] 사람을 지혜로운 대화로 인도하고,[94] 그리고 어려운 문제들을 해결한다.[95]

지식과 지혜의 은사는 모든 19은사가 그러하듯이 하나님의 초자연적인 능력(supernatural ability)이 나타남으로 하나님의 영적 비밀인 그리스도를 깨닫고, 그를 닮아 살도록 인도한다. 그리스도인들은 이 은사로 하나님의 뜻을 아는 지식으로 충만하여 지혜와 지식의 모든 보화가 감추어져 있는 예수님을 영접하여 예수님을 닮아 산다. 특히 그리스도 예수님 안에서 곧 "그 안에 뿌리를 박으며 세움을 받아 교훈을 받은 대로 믿음에 굳게 서서 감사함을 넘치게 하라"(골 2:7)는 말씀을 따라 지식과 지혜의 은사로 믿음을 굳게 하며 살고 있다(골 1:9-12, 2:2-7; 벧후 3:18).

B. 봉사 은사(the serving gifts)

1. 서로 돕는 은사

서로 돕는 은사(the gift of helps, 롬 12:7; 고전 12:28)는 남을 돕는 능력을 말한다. 서로 돕는 것과 능력 행함, 그리고 병 고침의 은사는 사회사업과 관련된 봉사 은사이다. 서로 돕는 일은 **인간의 연민이나 동정심의 감정만으로는 한계가 있고** 은사로 인하여 더 은혜로운 도움이 된다. 돕는 은사로 서로 유익하고 덕이 된다(고전 10:23-24; 딛 3:8-9). 서로 돕는 은사요, 봉사이다.

서로 돕는 은사로 사도바울과 오네시모의 관계가 무익하지(useless) 아니한 유익한(useful) 방향으로 진행되었다(몬 1:11). 그리고 디모데와 에라스도(행 19:22), 마가(딤후 4:11), 바울과 바나바의 수종자(helper)가 된 마가

요한(행 12:25, 13:5), 그리고 로마교회의 일군들(롬 16:1-16)과의 관계 또한 그러했다. 은사로 진행하는 서로 돕는 일이 서로에게 유익한 방향으로 진행됨이 아름다운 일이다.

"소망 중에 즐거워하며 환난 중에 참으며 기도에 항상 힘쓰며 성도들의 쓸 것을 공급하며 손 대접하기를 힘쓰라 너희를 박해하는 자를 축복하라 축복하고 저주하지 말라 즐거워하는 자들과 함께 즐거워하고 우는 자들과 함께 울라 서로 마음을 같이하며 높은데 마음을 두지 말고 도리어 낮은 데 처하며 스스로 지혜 있는 체하지 말라 아무에게도 악을 악으로 갚지 말고 모든 사람 앞에서 선한 일을 도모하라 할 수 있거든 너희로서는 모든 사람과 더불어 화목하라 내 사랑하는 자들아 너희가 친히 원수를 갚지 말고 하나님의 진노하심에 맡기라 기록되었으되 원수 갚는 것이 내게 있으니 내가 갚으리라고 주께서 말씀하시니라"(롬 12:12-19).

어느 날 지하철 객실에서 한 남자가 주위 승객에게 ○○ 병원을 찾는 질문에 대답해 주는 사람이 없기에, 내가 선뜻 나서서 다음 역에서 함께 내리면 자세히 알려주겠다고 말하고 함께 내렸으나, 그 승객은 혼자 서둘러서 개표구를 나가더니 사라졌다. 도와줄 의사를 밝혔으나 그 남자 승객이 그냥 간 것이 "그날 나의 컨디션과 태도에 어떤 문제가 있지 않았을까?" 하고 생각해 보았다. 서로 돕는 일에는 서로의 신앙과 태도에 문제가 있을 수도 있겠다는 생각이 들었다.

그리고 또한 이와 관련하여서 한 성도가 돕는 선한 일에 겸손한 자세로 예의와 격식을 갖추어 봉사의 일을 열심히 했으나, 동료 신자나 불신자나 다른 사람에게서 '**만만한 사람**'(a pushover)으로 취급받는 일이 있을 수도 있다는 생각이 들기도 했다.

그러므로 돕는 일을 행할 때는 '지혜로운 경영 관리', 곧 '지경관'[96]으로 임할 필요가 있다. 서로 돕는 일에 신앙과 동정심을 포함하여 지경관, 곧 은사로 진행하는 지혜로운 경영 관리이다. 돕는 은사에 지혜의 은사가 필요하다. 돕는 일에는 인간의 연민이나 동정심의 감정만으로는 한계가 있다. 은사 받은 그리스도인은 지혜롭게, 그리고 겸손한 자세로 받은 은사를 행한다. 예수님은 열두 제자를 세상으로 보내실 때,

"너희는 나가서 전지전능하신 하나님을 믿고 복음을 전하기만 하라 나머지는 하나님과 내가 다 알아서 해 줄 것이니라."

라고 말씀하지 않으셨다. 복음 선포를 위한 권능을 주신 것을 비롯하여 **전도 여행에 필요한 준비물, 복음 선포의 대상, 그리고 가정 방문 시 주의할 점들을 자세하게 말씀**하셨다(마 10:5-16). 마태복음 10장 5-15절에 다음과 같이 말씀하셨다.

"예수께서 이 열둘을 내보내시며 명하여 이르시되 이방인의 길로도 가지 말고 사마리아인의 고을에도 들어가지 말고 오히려 이스라엘 집의 잃어버린 양에게로 가라 가면서 전파하여 말하되 천국이 가까이 왔다 하고 병든 자를 고치며 죽은 자를 살리며 나병환자를 깨끗하게 하며 귀신을 쫓아내되 너희가 거저 받았으니 거저 주라 너희 전대에 금이나 은이나 동을 가지지 말고 여행을 위하여 배낭이나 두 벌 옷이나 신이나 지팡이를 가지지 말라 이는 일꾼이 자기의 먹을 것 받는 것이 마땅함이라 어떤 성이나 마을에 들어가든지 그중에 합당한 자를 찾아내어 너희가 떠나기까지 거기서 머물라 또 그 집에 들어가면서 평안하기를

빌라 그 집이 이에 합당하면 너희 빈 평안이 거기 임할 것이요 만일 합당하지 아니하면 그 평안이 너희에게 돌아올 것이니라 누구든지 너희를 영접하지도 아니하고 너희 말을 듣지도 아니하거든 그 집이나 성에서 나가 너희 발의 먼지를 떨어 버리라 내가 진실로 너희에게 이르노니 심판 날에 소돔과 고모라 땅이 그 성보다 견디기 쉬우리라."

그리고 이어서 마태복음 10장 16절에 예수님은 다음과 같이 말씀하셨다.

"보라 내가 너희를 보냄이 양을 이리 가운데 보냄과 같도다. 그러므로 너희는 뱀같이 지혜롭고 비둘기같이 순결하라."

복음 선포나 서로 돕는 은사에 '지혜와 순결'이 요구된다. 존 웨슬리 신학을 정리한 책에 '하나님은 불신자, 보통 그리스도인, 그리고 참 그리스도인에 따라 하나님 은혜의 섭리를 각각 그에 적합하도록 하신다'는 웨슬리의 말을 소개하였다. 웨슬리의 하나님의 삼중원적 섭리의 내용이다. 돕는 은사는 자신과 대상의 형편, 곧 그들 직업과 환경과 장소 등에 따라 지혜롭게 함이 바람직하다. 예수님은 복 있고 지혜 있는 진실한 청지기를 소개하셨다(눅 12:42).

예수님은 어린아이처럼 겸손한 자가 천국에서 큰 자로 인정받고 **또한 죄를 범한 형제의 처리 과정에서 이방인과 세리같이 여길 자가 누구인지** 자세하게 일러 주시었다. 바울은 **사귀거나 교제를 끊거나, 결별해야 할 불신자가 누구인지 정리**했고, 그리고 **이단인 사람은 한두 번 훈계 후 거절하라** 했다. 성도는 서로 돕는 은사를 지혜와 순결로 진행한다(마 18:1-17; 고후 6:14-18; 딛 3:10).

돕는 은사를 '**지혜로운 경영 관리**'(지경관)로 행하므로 성도의 서로 돕는 관계가 바울과 오네시모 관계처럼 무익하지(useless) 아니한 유익한(useful) 방향으로 흐른다(롬 12:3; 살후 2:17; 몬 1:10-16). 지혜와 순결로 진행하는 서로 돕는 은사를 비롯한, 일상의 모든 선한 은사의 역사가 하나님의 초자연적 능력 안에서 아름답게 진행되고 있다.

2. 손 대접의 은사

손 대접의 은사(the gift of hospitality, 롬 12:13)는 손님 대접하는 능력이다. 손 대접의 은사로 나그네를 대접하고, 그리고 대접하기를 원망 없이 한다.[97] '어려울 때의 친구가 진짜 친구'(A friend in need is a friend in deed)라는 말이 있고, 히브리서 13장 2절에는 "손님 대접하기를 잊지 말라 이로써 부지중에 천사들을 대접한 이들이 있었다"고 하였다.

예수께서는 손 대접이나 잔치를 베풀 때 나중에 갚음이 어려운 사람에게 행하라시었다. 그래야 갚을 것이 없어 복이 되고 장차 보상이 된다고 하셨다(눅 14:12-14).

성경에는 손님 접대의 은사를 잘 감당한 자들이 많이 등장하고 있다. 그들 중에 예수님을 영접한 마르다와 삭개오(눅 10:40, 19:9), 사도 바울을 대접한 루디아(행 16:15), 빌립보 사람인 간수(Jailer, 행 16:34), 제자들(행 21:4-5, 7-8, 16), 온 교회들을 잘 돌보는 가이오(롬 16:23), 다메섹의 아나니아(행 9:10-21), 멜리데섬의 보블리오(행 28:7-10), 그리고 베드로를 대접한 무두장이 시몬과 백부장 고넬료(행 9:43, 10:21-22, 48) 등이 있다.

3. 구제의 은사

구제의 은사(the gift of giving, 롬 12:8)는 하나님의 영광과 인간 유익을 위하여 물질로 남을 돕는 능력(ability)을 말한다. 구제하는 자는 성실함으로 한다. 예수님은 구제를 할 때 '오른손의 하는 것을 왼손이 모르게 은밀하게 하라'고 하셨다. 하나님께서 즐겁게 주는 자를 사랑하신다. 초대교회에서 유무상통(有無相通)의 상부상조(相扶相助) 생활이 아름다운 모습으로 나타났고, 고린도 교회는 가난한 중에서도 성도들을 섬기는 일들을 열심히 하였다(마 6:3; 행 4:32-37; 롬 12:8; 고후 8:1-5, 9:7).

"너는 구제할 때에 오른손이 하는 것을 왼손이 모르게 하여 네 구제함을 은밀하게 하라 은밀한 중에 보시는 너의 아버지께서 갚으시리라"(마 6:3-4).

구제의 은사는 넉넉한 물질이나 구제 은사를 받았다고 확신한 신자만 하는 것이 아니다. 모든 선한 일의 주체는 하나님이심을 믿고 자신의 형편과 처지에서 구제를 포함한 신앙생활의 일상을 열심히 하다 보면 자신의 구제 은사의 유무가 확인된다. 성도는 하나님의 자녀요, 선한 청지기로 악한 일 아닌, 선한 일 중심으로 살도록 창세 전에 예정된 자들이다. 하나님께서는 우리의 믿음의 분량이나 준비한 그릇에 합당하게 구제를 비롯한 모든 선한 일을 예비하시고 또한 그의 뜻대로 은사를 주시어서 진행하신다(롬 12:3; 고전 12:11; 엡 2:10; 벧전 3:11; 요삼 1:11).

"큰 집에는 금과 은의 그릇이 있을 뿐 아니요 나무 그릇과 질그릇도 있어 귀히 쓰는 것도 있고 천히 쓰는 것도 있나니 그러므로 누구든지 이런 것에서 자기를 깨끗하게 하면 귀히 쓰는 그릇이 되어 거룩하고 주인의 쓰심에 합당하며 모든 선한 일에 예비함이 되리라"(딤후 2:20-21).

4. 다스리는 은사

다스림의 은사(the gift of government, 롬 12:8; 고전 12:28)는 사람이나 어떤 일을 관리하는 능력이다. 효과적인 행정의 능력이며, 지도력(leadership)과 관계된다. 이 은사로 유능한 행정가나 지도자가 배출된다. 다스리는 자는 다스려 권하는 사람으로 부지런히 섬기는 자세로 행한다(막 9:34-37; 엡 6:7-8; 살전 5:12; 벧전 5:3). 예수님은 섬기는 삶을 살라고 하셨고, 그 삶을 몸소 실천하셨다.[98]

성경에는 집사와 목사(장로)와 감독을 지도자의 위치에 있는 자들로 보고 그들의 자격을 말하고 있다(행 6:1-6; 딤전 3:1-13; 딛 1:5-9). 이들 말씀에서 섬김의 자세로 수고하는 자에게 필요한 덕목을 찾을 수 있다.

5. 긍휼의 은사

긍휼의 은사(the gift of showing mercy, 롬 12:8)는 어려운 처지에 있는 사람들에게 실제적 도움을 주는 능력을 말한다. 긍휼의 은사를 받은 자는 그 은사를 행할 때, 곧 자비를 베풀 때 즐거운 마음으로 행한다.

"여호와여 주의 긍휼하심과 인자하심이 영원부터 있었사오니 주여 이것들을 기억하옵소서"(시 25:6).

"긍휼이 여기는 자는 복이 있나니 저희가 긍휼이 여김을 받을 것임이요"(마 5:7).

"긍휼을 베푸는 자는 즐거움으로 할 것이니라"(롬 12:8).

6. 믿음의 은사

믿음의 은사(the gift of faith, 고전 12:9)는 불가능(impossible)을 가능(possible)하게 하는 믿음에 의한 능력이다. 예수님은 의심 없이 믿고 간구하면 그대로 된다고 하셨다. 이 은사는 초자연적 기적의 능력으로 기적을 체험하며 살도록 인도하고 또한 그 은사로 서로 봉사하게 한다. "믿음은 바라는 것들의 실상이요 보이지 않는 것들의 증거니"(히 11:1)의 말씀을 체험하고, 그 체험으로 봉사한다(막 9:23, 11:23-24).

『적극적 사고방식The Power of Positive Thinking』이라는 책으로 널리 알려진 노만 빈센트 필(Norman Vincent Peale, 1898-1993) 목사는 그의 방송 설교에서 다음과 같이 말했다.

> "세상의 모든 삶에서 크리스천은 헌신하는(dedicate) 삶을 목표(goal)로 세우고, 그 믿음으로 살고, 그리고 그 목표를 눈에 나타나 보이도록(visualize) 하라. 또한 진 자가 아닌 이긴 자(not born to lose, but born to win)의 믿음을 굳게 하여 하나님의 형상대로 지으심을 받은 하나님의 자녀로 세상을 살아야 한다."99

그리고 "적극적 사고는 기적을 행한다"(Positive thinking works wonders)와 "여러분은 할 수 있다고 생각하면, 할 수 있다"(You can if you think you can)는 말씀을 강조하며, 다음의 말씀을 매일의 양식으로 삼아 살 것을 권고했다.

"내게 능력 주시는 자 안에서 내가 모든 것을 할 수 있느니라"(빌 4:13).

"대저 하나님께로서 난 자마다 세상을 이기느니라 세상을 이긴 이김은 이것이니 우리의 믿음이라"(요일 5:4).

버트너(Robert W. Burtner)와 칠레스(Robert E. Chiles)는 그들 책 『웨슬리 신학 개요 A Compend of Wesley's Theology』에서 존 웨슬리(J. Wesley)의 믿음에 대한 언급을 소개했다.

"믿음은 눈에 보이지 않는 것에 대한 증거와 확신(evidence and conviction), 인간 영혼에 비쳐진 일종의 영적 광명(spiritual light), 그리고 초자연적 시각 혹은 지각(a supernatural sight or perception)이다."[100]

성도는 믿음의 기적을 체험한다. 그런데 기적은 죄의 삭제, 곧 '그리스도 대속의 사역'(Christ's atoning work) 은혜와 같이 간다. 그리스도의 놀라운 은혜(amazing grace)이시다. 예수님은 대속물(ransom)로서 십자가를 지셨고, 인간을 마귀의 지배에서 해방시키셨다.[101] 성도에게 믿음의 은사는 대속의 은혜와 그리고 기적은 겸손과 함께 아름답게 진행되고 있다. 그리스도인은 많은 기적을 행하면서 대속의 은혜를 생각하며 겸손히 행한다(사 57:15; 히 11:1-32; 요일 2:1-2, 5:1-21).

성도는 예수님 대속의 은혜 안에서 '죄에 대하여 죽고 의에 대하여 사는' 신앙(벧전 2:24)으로 낙심에서 용기, 절망에서 희망을 체험한다. 그리고 믿음의 은사로 악한 영들과 귀신들과 싸워 승리하는 승리자로, 곧 이 세상에서 믿음의 기적을 체험하며 긍정과 희망, 그리고 용기를 나누며 승리자로 산다.[102]

7. 영들 분별함의 은사

영들 분별함의 은사(the gift of discernment, 고전 12:10)는 영(spirits)을 분별하는 능력의 은사이다. 선과 악, 진리와 거짓, 그리고 하나님 영과 마귀 장난을 분별하는 은사이다. 로마서 12장 2절에 '하나님의 선하시고 기뻐하시고 온전하신 뜻이 무엇인지 분별하도록 하라'고 했다. 플린(Lesile B. Flynn)은 그의 책, 『성령의 19은사 *19 Gifts of the Spirit*』에서 이 은사 받은 자의 분별 능력을 다음과 같이 소개한다.

> "영 분별 은사를 소유한 크리스쳔은 책을 읽다가 어떤 오류(error)가 있으면 곧 포착해 내고, 설교를 듣다가 진리의 결함(deficiency) 있는 부분을 지적하기도 한다. 그는 진리와 오류가 뒤섞여 있는 사교적(邪敎的, cultic) 교훈에 미혹되어 빠져들지 아니하고 잘못된 부분을 감지(sense)하여 찾아낼 수 있다. 그리고 예배의 분위기가 단순한 감정인지, 아니면 성서적 진리(biblical truth)에 기초한 감정인지도 구분할 수 있다." [103]

예수께서는 베드로의 고백이 하나님에게서 온 것을 아셨고, 바울은 박수 엘루마의 거짓과 악행을 밝혀냈고, 그리고 베드로는 아나니아와 삽비라 부부의 속임수를 알아냈다(마 16:16-17; 행 5:1-10, 13:8-12). 영 분별의 가장 확실하고 중요한 판단 기준은 하나님의 아들 예수 그리스도 복음에 있다(막 1:1).

> "사랑하는 자들아 영을 다 믿지 말고 오직 영들(the spirits)이 하나님께 속하였나 시험하라 많은 거짓 선지자가 세상에 나왔음이라 이로써 너희가 하나님 영(the Spirit of God)을 알지니 곧 주 예수 그리스도께서 육체로 오신 것을 시인하는 영마다 하나님께 속한 것이요 예수를 시인하지

아니하는 영마다 하나님께 속한 것이 아니니 이것이 곧 적그리스도의 영이니라 오리라 한 말을 너희가 들었거니와 이제 벌써 세상에 있느니라 자녀들아 너희는 하나님께 속하였고 또 그들을 이기었나니 이는 너희 안에 계신 이가 세상에 있는 자보다 크심이라"(요일 4:1-4).

성육신(incarnation) **예수님**을 시인하는 영은 하나님께 속한 것이요, 부인하면 적그리스도의 영이다. 영혼은 선하고 몸은 악하다는 이원론(二元論, dualism)은 적그리스도의 영이다. **영혼의 일에는 감격하고 몸의 일에는 소홀히 함은** 잘하는 일이 아니다. 성도는 하나님 앞에 영, 혼, 몸의 전인적 존재로 서 있다. 예수님은 자신의 십자가 수난을 만류하던 베드로에게 '사탄이라' 책망했다(마 16:21-27). 성도의 십자가 없는 신앙은 예수님으로부터 사탄이라는 책망을 받을 수 있다. **십자가 없는 믿음은 거짓 영의 장난**이다. 귀신들은 십자가를 두려워하고, 그 형상만 보아도 두려워 떤다. 위급할 때는 소위 '직통 계시'가 필요하다. 그러나 평상시는 받은 계시가 성서의 말씀과 안정된 감정에서 나온 것인지를 분별함이 중요하다. 하나님의 영적 뜻과 계획은 위에서 내려오는 것으로 사람이 사사로이 만들어 내는 것이 아니다(벧후 1:20-21).

알란 워커(Alan Walker)는 성령의 인도를 따라 살기 위해서는 현재 나를 중심으로 하여 돌아가고 있는 주위의 환경(막 1:14), 하나님의 말씀(시 119), 교우의 조언, 출석 교회의 방침, 그리고 기도 중의 계시를 고려할 것을 강조했다.[104]

성도는 영을 다 믿지 말고 시험(test)하여 악령이면 싸우고 대적해야 한다. 거짓 사도, 속이는 일꾼, 그리고 그리스도의 사도로 가장하는 자가 많이 있고 때론 사탄(마귀)이 광명의 천사로 가장하여 나타난다. 사탄의 일꾼이 의의 일꾼으로 가장하여 접근하므로 속기 쉽다. 영 분별의 은사는 대적 마귀가 우는 사자같이 다니며 삼킬 자를 찾아 헤매는 현실에서 매우 필요한 은사이다.105 예수님을 굳게 믿고 생활하는 성도 앞에 마귀는 한풀 꺾인 상태다. 성도는 영 분별 은사로 엑소시스트(exorcists), 곧 마귀 축출자로 산다. 성도는 **크리스천 엑소시스트(christian exorcists)**이다(고후 2:11, 11:13-15; 엡 6:12; 딛 2:14; 벧전 5:8-9; 요일 4:1).

> "그런즉 너희는 하나님께 복종할지어다 마귀를 대적하라 그리하면 너희를 피하리라"(약 4:7).

> "근신하라 깨어라 너희 대적 마귀가 우는 사자같이 두루 다니며 삼킬 자들을 찾나니 너희는 믿음을 굳건하게 하여 그를 대적하라 이는 세상에 있는 너희 형제들도 동일한 고난을 당하는 줄을 앎이라"(벧전 5:8-9).

우리 그리스도인들은 오직 예수님 중심 신앙으로 적그리스도의 영과 싸워 승리한다. 복음에 합당한 생활이 승리의 비결이다. 예수님이 육신의 모양으로 세상에 오신 것을 믿는, 곧 **성육신(成肉身, incarnation) 신앙**으로 산다. 귀신들과 악한 영들은, 그리고 그들에게 사로잡힌 자들은 예수님 십자가 형상이나 십자가를 닮아 사는 것을 싫어하고 두려워한다. 사도 바울은 십자가 외에 자랑할 것이 없다는 신앙으로 살았다. 예수님이 생활의 중심이심을 보지 못하는 자는 그 눈이 잘못된 자들이다(롬 8:3; 갈 6:14; 빌 1:27-28; 딤전 3:16). 칼 바르트(K. Barth)와 함께 20세기 위대한 신학자로 알려진 에드워드 트루나이젠(Edward Thurneysen)은 그의 책 『목회학 실천론』에서 다음과 같이 말했다.

"우리는 예수님에게서 한순간도 눈을 팔아서는 안 된다. 그렇지 않으면 우리의 전체적 희망은 물거품이 되고 말 것이다. 자기가 크리스천이라고 내세우는 자 중에는 예수가 산상설교에서 언급하신 저 성한 눈을 가지고 있지 않은 자들이 있다. 예수께서는 '눈은 몸의 등불이니 그러므로 네 눈이 성하면 온몸이 밝을 것이요 눈이 나쁘면 온몸이 어두울 것이니'(마 6:22-23)라 말씀하셨다. 크리스천은 성한 눈으로 예수 그리스도가 역사와 삶의 중심인물임을 발견하여야 한다."[106]

다음 8문항을 통하여 오직 예수님 중심(Jesus Christ the center)의 신앙생활을 다시 한번 정리하여 확인한다. 영들 분별함에 도움이 된다.

① 우리는 예수님을 닮아 특히 그의 십자가를 중심으로 산다. 성경말씀 어디에서나 매일의 신앙생활에서 예수님을 발견하고 그의 빛 안에서 산다.
② 우리는 삼위일체의 하나님(the triune God)을 믿는다.[107] 예수님은 하나님이시고,[108] 육체로 세상에 오시었고,[109] 그리고 성령은 하나님과 예수님에게서 나온 영이시다.[110] 그리스도인은 **하나님 앞에서, 예수님 중심, 그리고 성령과 동행**하며 산다.
③ 우리는 하나님의 창조, 인간의 타락, 그리고 예수님을 믿는 믿음에 의한 인간 구원을 믿는다. 천당과 지옥과 최후 심판을 믿는다. 또한 성경말씀과 그에 따른 신앙생활이 '예수님 안에서 행하신 하나님의 은혜와 인간 구원의 역사', 곧 구속사적(救贖史的) 역사로 진행됨을 믿는다.
④ 우리는 하나님이 태초에 예정하신 교회와 교회의 머리 되신 예수님의 지체로서의 교인으로 매일을 산다(고전 12:27; 엡 1:22, 3:9-12).

⑤ 우리는 기독교의 기본진리인 구원론에 나타난 의인과 성화와 영화의 세 단계의 진행에 따라 산다.

⑥ 우리는 예수님을 닮아 자신이 져야 할 십자가는 감당하고, 고난과 고통에서 다시 태어나는 십자가와 부활의 능력을 체험하고, 그리고 긍정과 희망의 믿음으로 산다. 성도들에게는 현실 도피주의나 비관주의는 없다.

⑦ 우리는 인간 이해에서 헬라적 사고가 아닌 히브리적 사고의 전통에 따라 인간을 '전 존재'(whole being)로, 곧 하나님 앞에서 영과 혼과 몸을 지닌 '통전적 존재'(統全的 存在)로 이해하며 산다.

⑧ 우리는 율법과 복음에서, 복음 중심으로 율법과 성경을 이해하여 복음에 합당한 '예수님 중심 신앙'으로 산다(갈 1:8-9, 3:8-29; 빌 1:27-28).

C. 표적 은사(the signifying gifts)

1. 능력 행함의 은사

능력 행함의 은사(the gift of miraculous powers, 고전 12:10, 28)는 성경적인 의미에서의 기적(奇蹟, miracles)을 말한다. 기적, 곧 능력 행함의 은사는 하나님께서 계획하신 구원의 역사가 이루어지는데 필요한 초자연적인 능력(supernatural ability)이다. 성경에 등장하는 많은 기적에는 예수님이 하나님의 아들 그리스도이심과 또한 그를 믿어 생명을 얻게 하려는 목적이 있음을 발견함이 가장 중요하다(요 20:30-31).

기적은[111] 기사(奇事, wonder)와[112] 표적(表蹟, sign)과[113] 같은 의미를 지니고 있다. 예수께서는 치유, 귀신축출,[114] 광풍진압,[115] 물로 포도주를 만듦, 오병이어로 오천 명을 먹이심, 물 위를 걸으심, 그리고 죽은 자들을 살리심[116] 등등의 기적을 행하시었다(마 8:2-33, 10:8, 14:14; 막 6:30-52; 요 2:1-11). 베드로는 죽어서 이미 시체가 된 도르가를 살렸고, 사울 곧 바울은 "네가 맹인이 되어 얼마 동안 해를 보지 못하리라"고 하며 박수 엘루마의 눈을 멀게 하는 기적을 행하였다(행 9:36-42, 13:8-12).

기적은 하나님 구원의 주권적 섭리와 역사 안에서, 그리고 성도의 성령과 함께하는 신앙생활에 언제 어디서나 일어난다. 하나님은 그의 구원 계획과 섭리의 진행에 따라 원하는 시간과 장소에서 기적을 행하시고, 성도는 일상에서 그 기적을 체험하며 산다. 그런데 예수님은 당시 서기관과 바리새인들이 표적을 보기 원한다고 할 때 다음의 말씀을 하셨다.

"예수께서 대답하여 이르시되 악하고 음란한 세대가 표적(sign)을 구하나 선지자 요나의 표적 밖에는 보일 표적이 없느니라 요나가 밤낮 사흘 동안 큰 물고기 뱃속에 있었던 것 같이 인자도 밤낮 사흘 동안 땅속에 있으리라"(마 12:39-40).

기적의 은사와 관련한 다음의 교훈이 있다.

① 기적의 은사를 사모하고, 기적이 일어나기를 원한다.
② 기적을 보아야 믿는다는 것보다 믿으면 기적이 일어난다는 신앙이 바람직하다. 예수님은 악한 세대에 요나의 표적밖에는 보일 표적이 없다고 하시며 그 표적을 강조하셨다. **요나의 표적은 예수님의 죽으심과 부활을 예시(豫示)한 사건이요, 기적**이다 (마 12:38-42; 눅 11:29-32; 요 4:48).
예수께서 육체로 세상에 오시고, 십자가에서 대속의 죽으심을

행하시고, 부활하시어 천국에서 하나님 보좌 우편에 앉으시고, 그리고 성령의 이름으로 다시 오시어 성도를 천국으로 인도하시는 일은 모두 놀라운 기적이다. 요나의 표적이 예수님의 표적이고 또한 우리 성도의 표적이다. 베드로가 욥바의 여제자 도르가가 죽어 시체가 된 상태에서 살려낸 것(행 9:36-42)이 기적이듯이 오늘날의 성도가 자신의 십자가를 지고 부활의 승리를 체험하고 살아가는 일상에서의 작게 보이는 '작은 기적들'(small miracles) 또한 놀라운 나날의 기적이다. 우리 성도가 예수님을 본으로 성령과 함께하며 날마다 자신의 십자가를 지고 살아가는 매일은 요나의 표적 같은 기적의 연속이다(눅 9:23).

③ 다른 은사 받은 자가 그러하듯이 기적의 은사로 기적을 체험하는 성도는 겸손하게 산다. 기적의 은사로 자신을 높이지 않고 혹시 자신의 기적 체험을 간증하더라도 예수님을 높이어 듣는 사람과 교회에 덕을 끼친다.

원죄로 인하여 지옥에 갈 사람이 예수님 믿어 천국 간다는 말씀을 믿고 천국 백성으로 살아가는 일상은 기적의 나날이다. 성도가 바울의 고백처럼 '예수님의 십자가 외에 결코 자랑할 것이 없다'는 신앙을 굳게 하여 기쁘게 십자가를 지고 그것을 자랑하며 사는 일상은 신비한 기적이다(갈 6:14). 성도들이 '방언과 천사의 말을 할지라도, 예언하는 능력으로 모든 비밀과 모든 지식을 알고 또 산을 옮길 만한 믿음이 있을지라도, 그리고 내게 있는 모든 것으로 구제하고 또 내 몸을 불사르게 내줄지라도 예수님을 닮아 사는 **십자가의 희생과 사랑이 없으면 내가 아무것도 아니요**(I am nothing), **내게 아무 유익이 없는 일**(I gain nothing)이다(고전 13:1-3). 예수님을 닮아 부당하게 고난을 받아도 계속 진행하는 일상은 십자가의 신비하고 아름다운 기적이다(벧전 2:19-25).

2. 병 고침의 은사

병 고침, 곧 치유의 은사(the gift of healing, 고전 12:9, 28)는 병을 고치기 위하여 주시는 하나님의 능력이다. 성경에는 많은 치유 은사를 받은 자가 등장하고 있다. 70인의 전도자, 베드로, 빌립, 그리고 사도 바울 등등이 있다(눅 10:1, 9, 17; 행 3:6-8, 5:15-16, 8:5-8, 9:32-34, 14:8-11, 19:11-12, 28:8-9).

야고보서 5장 14-18절에 나타난 치유 은사의 진행순서와 방법의 한 예(例)이다.

① 교회의 장로들을 청하라(14절). 환자는 그때 합당한 자들과 함께 병 낫기를 위해 기도한다.
② 주님의 이름으로 기름을 바르라(14절). 기름은 의약품을 의미한다. 기도하며 동시에 필요하면 약을 사용한다.
③ 기도하라(13-15절).
④ 죄 사함을 받으라(15-16절). 병든 것이 언제나 그 신자 자신의 죄와 잘못이나 벌로 인한 결과가 아니나, 혹시 그럴 가능성이 있으므로 사죄를 위한 기도를 하라는 것이다. 사죄의 기도는 위로와 평안을 가져온다.
⑤ 하나님 앞에서 서로 죄를 고백하고, 사죄의 은총을 사모하고, 그리고 위하여 치료의 기적을 구하라(16-18절). 심방한 자나 심방을 받은 환자나 모두 주님의 사죄 은총으로 의인의 간구를 하면 치유에서 엘리야처럼 기적을 체험할 수 있다(왕상 17:1-18:1; 요일 2:1-2).

치유의 은사를 받은 자는 병든 자들을 고친다. 그러나 결과를 놓고 볼 때 병이 나을 때가 있고 그렇지 못할 때도 있다. 다만 치유 은사를 받은 자들은 치유됨을 확실하게 믿고 위로와 동정과 사랑으로 환자를 위해 기도하고 돌볼 뿐이다. 그 이상은 하나님이 하신다. 또한 치유되었음도 하나님께 영광이다.

3. 방언의 은사, 4. 방언 통역의 은사

방언(方言)의 은사(the gift of tongues, 고전 12:10, 28)는 기도 중에 평상시와 달리 황홀한 상태에 들어가 다른 사람들이 알아들을 수 없는 말로 하나님과 교통하는 능력이며, 방언 통역의 은사(the gift of interpretation, 고전 12:10)는 그 말(소리)을 우리가 알아들을 수 있도록 해석하여 주는 능력이다.

"방언 말하는 자는 사람에게 하지 아니하고 하나님께 하나니 이는 알아듣는 자가 없고 영으로 비밀을 말함이라"(고전 14:2)고 했다. 방언은 하나님께 하는 것으로 다른 방언하는 사람과 하나님 영을 매개로 서로 소통하기도 한다. 사도 바울은 "방언을 말하는 자는 통역하기를 기도할지니"(고전 14:13)라 했고, "내가 너희 모든 사람보다 방언을 더 말하므로 하나님께 감사하노라"(고전 14:18)라고도 했다.

레슬 플린(Leslie B. Flynn)은 그의 책 『성령의 19은사』*19 Gifts of the Spirit*』에서 방언의 은사를 "무아지경의 소리"(ecstatic utterances)라고 규정하고 방언 하나의 은사에만 지나치게 집착하고 있는 자에게 다음의 여섯 가지로 방언의 한계성(limitations)을 제시하고 있다.[117]

"방언의 은사만이 성령 받은 징표(sign)가 아니며, 그리스도인 성장에 유일하게 효과적인 성서적 방법이 아니며, 기독교만의 전유물(exclusive domain)이 아니며, 온전한 성숙(maturity)과 영성(spirituality)의 징표가 아니며, 교회를 세우는 은사(church-building gift)가 아니며, 그리고 방언은 교회 연합(ecumenicity)을 위한 시금석이 아니다."

이와 같이 L. B. 플린은 방언을 사회문화적인 관점과 부정적인 표현으로 정리하고 있다. 그러나 우리는 방언이 하나님께서 주신 귀한 은사 중 하나로 특히 자기의 덕을 세우는 필요한 은사로 이해된다(고전 14:4).

오순절 날 방언이 화려하게 등장하여 이후에 방언이 성령 체험의 대표적 징표로 나타나기도 했다. 방언은 성령의 나타남인 귀한 은사 중 하나이다. 방언 은사로 깊은 기도를 오래 할 수 있고, 강한 믿음과 내적 평안을 소유하고, 그리고 하나님께 방언하는 은사를 통하여 기쁨을 맛볼 수 있다.

오순절 날 120여 명의 신자는 다른 방언으로 말하고 듣는 자는 가 사람의 난 곳 방언으로 들었다. "그런데 어떻게 우리 모든 사람 하나하나가 우리가 태어난 곳의 우리 자신의 언어로 듣느냐?"(행 2:8, KJV)고 놀라워했다. 오늘날의 방언은 현존하는 지상의 언어가 아니어서 통역하는 자 없이는 알아듣지 못한다. 방언하는 자신도 통역 은사가 없으면 영적 감지(感知, sense)는 있으나 내용은 모른다. 통역 은사 받은 자는 다른 신자의 방언을 통역한다. 방언 은사는 바울이 말한 대로 통역 은사나 영들 분별의 은사를 포함한 다른 은사를 함께 받는 것이 유익하고 바람직하며 특히 방언 은사로 교회에 덕을 세울 것이 강조된다(고전 14:1-28). 그리고 방언이 다른 거짓 영에 의해 잘못 나타날 때도 있다. 이는 거짓 방언이다. 거짓 영을 받지 않도록 주의하고 거짓 방언이라 판명되면 즉시 중단하고 참된 방언을 받아야 한다.

2. 은사의 사용지침

19은사를 실제 사용함에서 유의할 점을 살핀다. 베드로전서 4장 10절에 보면 "각각 은사(the gift)를 받은 대로 하나님의 여러 가지 은혜를 맡은 선한 청지기(as good stewards) 같이 서로 봉사하라"고 했다. 하나님의 은혜의 선물에서 성령은 한 분이시지만, 그 성령의 나타남(the manifestation)인 은사는 많으므로 선한 청지기로서의 성도는 받은 은사를 사용할 때 지혜롭게 행함이 요구된다.

성령이 커다란 하나의 공장이나 창고라고 한다면 은사는 그 공장의 물건들을 유익하게 활용하는 여러 매점(outlets)이라고 할 수 있다. 하나님 창고에서의 각양 은혜의 물품(items)은 여러 매점에서 활용된다. 공장은 하나, 매장은 여럿이다. 하나님의 무한하신 성령의 역사 중 성령과 19가지의 은사로 한정하여 비유로 말하면, 하나님은 성도에게 19개의 은사 점포들 가운데서 하나 혹은 그 이상의 점포를 주시어 개인 특성에 따른 효과적인 선교와 교회 봉사와 선한 신앙생활을 진행하게 하신다고 말할 수 있다.

A. 유의할 점

은사(gifts) 사용 시 유의할 점을 다음 다섯 가지로 살핀다.

1. 자신의 받은 은사를 발견하고 확신하라

성도는 누구나 19가지 은사 중 하나 또는 그 이상을 받았다. 성도는 받은 은사도 있고 받지 못한 것도 있다. 혹 내가 받지 못한 은사인 것 같아 해야 할 그 분야의 봉사를 피하는 것은 잘하는 일이 아니다. 하나님의 예정된 선한 일을 위하여 지으심을 받은 성도는 마땅히 해야 할 일이면 언제나 감당하여야 한다(엡 2:10). 봉사 중 이미 받은 은사를 자신이 의식하지 못했거나 아니면 하나님께서 다른 분야의 봉사에 은사를 주실 계획이 있음을 깨달을 수 있다. 하나님은 각각의 성도에게 성령의 나타남인 은사를 같게 또는 다르게 주시어 유익하게 하신다. 성도는 매일 은사의 진행에서 성령과 함께하며 모든 것이 합력하여 선을 이루는 역사를 체험하며 산다(롬 8:27-28; 고전 12:7-12).

받은 은사가 있으면 은사로 혹 받지 못한 은사로 생각되어도 일단 그대로 봉사하는 것이 유익하고 성서적이다. 봉사에서 자신이나 교회나 다른 사람에게 '은혜와 감사와 덕'이 되고, 그리고 '기쁨과 평안'이 있으면 은사로 진행되고 있음을 알 수 있다. 성도가 교회에서의 임명받은 봉사의 부서나 교회 밖에서의 봉사에서 은사 유무의 확인을 떠나 봉사를 열심히 하는 하나님의 친 백성으로 살아가는 일상은 하나님의 은혜요, 복이다(딛 2:14). **봉사하는 중에 은사 유무는 자신이나 다른 사람에게 자연스럽게 나타나기 마련이다.** 당장 열매가 나타나지 않는 일이거나 십자가를 지는 고난의 유익한 어려움도 많이 있으므로 받은 은사의 유무를 떠나 하나님의 예정된 선한 신앙생활의 길을 꾸준히 진행함이 지혜로운 성도이다(시 119:71-78; 빌 1:20-22; 고후 12:9-10).

2. 받은 은사를 사용하라

받은 성령은 지속이 되나 그의 은사는 기술이어서 쓰지 않으면 소멸한다. '장로의 회에서 안수받을 때 예언을 통하여 받은 것을 가볍게 여기지 말라'는 말씀에 있는 것처럼 받은 은사를 귀히 여기어 기술자가 기술을 계속 사용하여 성장하듯이 장인(匠人)의 길로 꾸준히 진행함이 필요하다(살전 5:19-22; 딤전 4:14-15).

3. 받은 은사에 열심하라

한 교인이, 다른 교인이 받은 은사로 행하는 봉사를 부러워하여 시기심으로 따라 하거나 방해가 되지 않도록 조심하여야 한다. 자신의 받은 은사로 자신의 맡은 일에 충성하라. 은사를 많이 받으면 많은 회사나 점포를 운영하는 주인처럼 바쁘다. '바쁘다 바빠 성도'이다. 받은 은사가 많은 성도는 그만큼 봉사할 일이 많아진다.

4. 성도가 받은 은사에는 하나님의 특별한 영적 요소(supernatural element)가 있으므로 사용 시에 기적의 현상으로 종종 나타난다. 성도는 은사를 겸손히 행한다. 은사로 진행되는 모든 봉사와 헌신, 곧 신앙생활의 주체는 하나님이시다. "너희 속에 착한 일을 시작하신 이가 그리스도 예수의 날까지 이루실 줄을 우리가 확신하노라"(빌 1:6)의 말씀을 믿는 성도는 은사로 행한 모든 일의 꽃과 열매가 아름답고 하나님의 영광이다(고전 10:31).

B. 은사를 주신 목적(엡 4:12-16)

1. 성도를 온전케 함이다(엡 4:12)

모든 은사는 성도가 받은 그 은사로 진행할 때 "온전하게 하여" 곧 '가장 좋은 상태에서' 118 봉사의 일(works of services)을 감당하도록 가르치고, 지도하고, 그리고 도우신다.

2. 봉사의 일을 하게 함이다(엡4:12)

성도는 받은 은사로 봉사한다. 그런데 봉사의 일(works of service)은 한두 가지가 아니다. 그 대상과 분야와 할일이 매우 많고 그에 따른 은사들 또한 19은사로 감당하기에는 다양하고 복잡하다. 성도는 지혜롭게 선택하여 선한 일에 힘쓴다. "선한데 지혜롭고 악한데 미련하여야 한다"(롬 16:19). 그리고 받은 은사로 행하는 봉사에는 **지경관, 곧 지혜로운 경영 관리**가 꼭 필요하다. 이와 관련하여 캐트린 여사는 다음과 같이 권고하고 있다.

"하나님께서는 매우 현대적이고 진보한 시대에 우리 자신들 이상으로 우리를 잘 알고 계시어, 우리 개개인에게 적합한 은사를 주실 것이니 하나님의 능력을 제한하지 말아 주시오"라고 권고하고 있다.[119]

복잡한 현대 사회에서 하나님의 구원역사와 은사들을 통한 봉사의 신앙생활은 다양한 흐름(streams)과 형태(types)로 계속된다. 하나님이 시작하시고 성취하시는 예정된 성도의 신앙생활은 그의 주권적 섭리로 계속 그 길로 인도하신다(엡 2:4-10; 빌 1:6). 하나님 앞에서의 인상은 "머든지 마시든지 무엇을 하든지 다 하나님의 영광을 위한 일"(고전 10:31)로 다양하게 진행된다.

"그들의 마음은 살져서 기름 덩이 같으나 나는 주의 법을 즐거워 하나이다. 고난당한 것이 내게 유익이라(It was good for me) 이로 말미암아 내가 주의 율례들을 배우게 되었나이다. 주의 입의 법이 내게는 천천 금은 보다 좋으니이다"(시 119:70-72).

여기에 지속적인 봉사의 여건과 관련한 본인의 간증을 소개한다:

- 1년 전 몸의 한 부분에서 암 발견을 위한 조직검사를 했으나 별 이상은 없었고, 다만 검사한 부위에 염증이 생겨 2주 동안 병원에서 입원치료를 했다. 가볍게 시작된 치료였으나 차차 심해졌고 입원 중 병 낫기를 위하여 계속 기도했으나 전혀 호전되지 아니하고 점점 심해졌다. 기도가 하나님께 전혀 상달되지 않는 것이 느껴졌다. 입원 14일째의 밤 자정 고통 중에 누워 있을 때 죽음의 공포와 함께 지난 과거의 잘못함과 지은 죄, 그리고 그 죄에 대하여 용서를 구하지 못한 것이 영화의 필름처럼 생생하게 비치고 지나갔다. 밤새 하나하나 회개하였다. 회개는 내 의지로 하는 것이지만 하나님께서 강권적인 환상을 통하여 회개하도록 하신 것을 보면 회개 또한 하나님의 주권적 행사이시다.

- 다음 날 퇴원할 여건은 아니었으나 건강하게 입원했다가 점점 몸이 아프고 혼자 걷기도 어려워지는 것이 하나님과의 해결할 문제가 있는 것으로 깨닫고 서둘러 퇴원하여 집에 왔다. 계속 약과 병원 치료가 효력이 없으니 누워지내는 상태로 치료나 약을 끊고 '죽으면 죽으리라' 결단하고 고통을 혼자 감수하였다. 하나님께서 회복하여 주시지 않으면 죽으리라고 결심했다. 하나님과의 영적인 관계 회복과 아프던 몸이 스스로 회복되어 건강을 얻는 데에는 1년이 걸렸다. 별다른 치료 없이 다시 살려 주신 하나님의 은혜가 감사할 뿐이다. 몸이 회복되고 보니, 병상에 있는 동안 천국 생활을 가깝게 느끼며 오랫동안 소중하게 간직했던 책과 옷을 비롯한 모든 필요한 물건들을 거의 모두 처분한 것이 아쉬워진다. "또 새로 사들여야 하나?" 하며 생각하는 중이다. 특히 그때는 이 성령론 책을 쓰기 전이어서 현재 작성 중인 성령론에 꼭 필요한 책들 또한 여러 권 함께 처분된 것에 많은 아쉬움이 남아 있다.

하나님은 그의 뜻에 따른 봉사의 일이 은사로 꾸준히, 그의 계획된 길로 진행하도록 인도하신다. 우리 성도들은 '하나님이 전에 예비하신 선한 일의 길'(엡 2:10)을 그리스도 대속의 은혜 안에서 새로운 피조물로 계속 걸어간다. 은사로 행하는 성도의 일상은 "누구든지 그리스도 안에 있으면 새로운 피조물(the new creation)이라 이전 것은 지나갔으니 보라 새 것이 되었도다(The old has gone, the new is here)"(고후 5:17)의 말씀과 그 믿음을 굳게 하며 계속 진행된다.

3. 그리스도의 몸을 세우려 함이다(엡 4:12)

"또 만물을 그 발아래 복종하게 하시고 그를 만물 위에 교회의 머리(head)로 주셨느니라 교회는 그의 몸(body)이니 만물 안에서 만물을 충만케 하시는 자의 충만이니라"(엡 1:22-23).

교회는 그리스도의 몸이다. 다양한 몸의 부분이 연결되고 결합 되어 몸을 자라나게 하듯이 다양한 은사를 받은 성도가 서로 봉사하고 일치하여 유형, 무형교회를 세우고 유지한다(엡 4:16).

4. 그리스도를 향한 성숙한 신앙에 이르게 함이다(엡 4:13-16)

"오직 사랑 안에서 참된 것을 하여 범사에 그에게까지 자랄지라 그는 머리니 곧 그리스도라"(엡 4:15).

성도는 예수님 믿고 받은 체험, 성령의 다양한 은사 체험, 그리고 지나온 과거의 신앙생활에서의 성령 체험들[120]에 머무르지 않는다. 계속 성숙한 성도로 그리스도의 몸인 교회를 세우는 일에 힘쓴다. 그리스도의 장성한 분량이 충만한 데까지 이르도록 계속 성장한다. 성령 충만한 교인은 성숙을 향한 꾸준한 신앙생활인으로 사는 자다(마 5:48; 엡 4:12-15).

C. 은사의 사용 방법

1. 예수 그리스도를 높이라(고전 12:3)

나의 주인은 내(ego)가 아닌 예수님이시다. 은사로 봉사하는 성도는 예수님을 닮아 특히 그의 십자가를 닮는 생활로 예수님 중심으로 산다. 예수님 닮은 생활로 하나님께 영광을 돌린다(마 5:16; 눅 9:23; 고전 12:3; 빌 1:18-20, 2:5-8).

"이를 위하여 너희가 부르심을 받았으니 그리스도도 너희를 위하여 고난을 받으사 너희에게 본을 끼쳐 그 자취를 따라오게 하려 하셨느니라"(벧전 2:21).

2. 덕을 세우라(고전 14:12, 26)

덕을 세운다는 것(edifying)은 벽돌이 하나씩 쌓아져서 건물이 세워지는 것에 비유된다. 몸의 지체가 연합하여 몸을 활동하게 하듯이 은사는 교회공동체의 연합과 그 성장을 위하여 사용된다. 그리스도인은 은사로 서로 연합하여 교회를 세운다.

3. 적당하게 하라(고전 14:40)

'적당하게'(in decency)는 모든 것이 적절하고 품위가 있어서 보기 좋다는 의미다. 은사로 일하는 자의 모습은 아름답다. **성령으로 드레싱, 곧 화장(化粧)하고 단장(丹粧)하여** 아름답다는 것이다. 은사로 서로 봉사하는 모습은 추하지 않다. 성령으로 새롭게 창조된 모습이다.121

"주의 영(your Spirit)을 보내어 그들을 창조하사 지면을 새롭게(renew) 하시나이다"(시 104:30).

교인의 입신(入神, ecstasy)과 관련된 내용이다:

- 늦은 밤 교인이 급히 찾아와 자기의 아내가 신령한 기도 중 심방을 원한다기에 갔더니, 그 아내가 무릎 꿇고 기도하는 자세로 나를 쳐다보는 눈초리가 은혜롭지 않고 싸늘했다. 알고 보니 귀신 들린 상태였다. 그날 밤에 함께 기도하고, 다음날 심방과 기도로 귀신은 떠나갔다. 성령과 함께하는 교인의 일상 모습은 눈초리를 비롯한 모든 모습이 안정되고 은혜롭다. 신앙생활의 시간이 흐를수록 점점 은혜로운 모습으로 나타난다. 은사로 진행되는 성장의 길에는 화장으로 단장한 듯한 밝은 모습이 나타남은 자연스러운 일상이다.

4. 질서대로 하라(고전 14:40)

은사는 하는 일에서 그 적당한 때를 안다. 각종 모임에서도 정한 순서가 있다. 무질서(chaos)는 성령의 역사가 아니다. 하나님은 어지러움의 하나님이 아니시다. 성령의 은사로 일하는 자는 교회의 질서(in order)를 지킨다. 한 마리 말에 두 사람이 탈 때는 한 사람은 앞에, 또 한 사람은 뒤에 탄다. 은사 받은 봉사자는 공경할 자는 공경한다. 하나님이 창조하신 세상에는 교회나 그 어디에나 질서가 있어서 아름답다(고전 14:26-33).

D. 성령의 절대주권을 인정하라(고전 12:11, 18)

19가지 은사는 하나님과 성령의 은혜와 절대적인 주권의 행사로서 '그의 뜻대로' 각 사람에게 나누어주신다. 은사는 하나님과 성령이 원하시는 대로 각 성도에게 주시는 은혜의 선물이다(롬 12:3-6; 고전 12:4-7, 11; 벧전 4:10).

"이 모든 일은 같은 한 성령이 행하사 그의 뜻대로 각 사람에게 나누어 주시는 것이니라"(고전 12:11).

19은사의 정리를 마감하며 은사의 본질적인 요소를 상기(想起)한다. 그것은 더욱 큰 은사(the greater gifts)요, 가장 좋은 길인 사랑이다. 은사는 하나님의 선물(presents)로 우리가 사랑으로 행할 때 온전하게 된다. 사랑이 없는 은사는 울리는 꽹과리요, **내가 아무것이 아닌 존재**(I am nothing)가 되는 일이요, **내게 아무 유익이 없는 일**(I gain nothing)이 되는 것이다. 교회는 예수님을 주님으로 모시고 은사로 행하는 봉사와 사랑으로 성장한다. 그리스도인은 사랑 안에서 그리스도의 장성한 분량이 충만한 데까지 이르게 되는 부흥과 성장의 은혜를 체험한다(고전 12:31, 13:1-13; 엡 4:11-16).

"내가 사람의 방언(tongues)과 천사의 말을 할지라도 사랑이 없으면 소리 나는 구리와 울리는 꽹과리가 되고 내가 예언하는 능력이 있어 모든 비밀과 모든 지식을 알고 또 산을 옮길만한 모든 믿음이 있을지라도 사랑이 없으면 내가 아무것도 아니요(I am nothing) 내가 내게 있는 모든 것으로 구제하고 또 내 몸을 불사르게 내줄지라도 사랑이 없으면 내게 아무 유익이 없느니라(I gain nothing)"(고전 13:1-3).

"사랑은 오래 참고 사랑은 온유하며 시기하지 아니하며 사랑은 자랑하지 아니하며 교만하지 아니하며 무례히 행하지 아니하며 자기의 유익을 구하지 아니하며 성내지 아니하며 악한 것을 생각지 아니하며 불의를 기뻐하지 아니하며 진리와 함께 기뻐하고 모든 것을 참으며 모든 것을 믿으며 모든 것을 바라며 모든 것을 견디느니라"(고전 13:4-7).

"사랑은 언제까지나 떨어지지 아니하되(Love never fails) 예언도 폐히고 방언도 그치고 지식도 폐하리라"(고전 13:8).

19은사는 사랑과 함께한다. 은사는 없어지기도 하나 사랑은 언제까지나 떨어지지 않는다(Love never fails). 천국에서도 끝까지 남는다. 은사는 예수님의 십자가 희생과 사랑으로 행할 때 아름답고 성숙한 꽃과 열매를 얻고 새로운 피조물의 존재감을 체험하며 산다(딛 3:8; 고후 5:17). 어린아이일 때는 사랑을 받으며 살고 장성한 어른이 되면 사랑을 주며 산다. 사랑을 주는 자는 말하는 것이나 깨닫는 것, 그리고 생각하는 것에 장성한 어른이다. 그리스도인은 사랑으로 행한 은사로 장성한 사람이 되어 효과적 봉사와 선교와 선한 신앙생활을 영위한다.

오늘날 다양하고 복잡한 현대 사회에서는 성경에 나타난 19은사와 그와 함께 진행되던 봉사와 전도와 헌신의 모습보다도 훨씬 더 다양하고 복잡하게 움직이고 있다. 우리 성도는 성서에 나타난 19은사와 그에 따른 봉사를 토대로 오늘날의 '**지혜로운 경영 관리**'로 여러 은사를 활용하여야 한다. '**지경관**'이 필요한 것이다. 캐트린 여사(Kathryn Kuhlman)는 그의 책 『성령의 은사*Gifts of the Holy Spirit*』에서 성령의 은사는 섬김을 위한 능력(capacity)이라고 하며 다음과 같이 말하고 있다.

"왜 우리는 은사는 아홉 가지뿐이라고 당연시하며 받아들이는 것일까요? 그다지도 신속하게 하나님을 제한하여 버리는 이유는 무엇 때문입니까? 하나님이 주시는 것은 결코 고갈하는 법이 없는데, 단지 아홉 가지 은사로만 하나님을 제한하지 말아 주십시오. 하나님의 안목으로 보면 우리는 한 사람 한 사람 다르게 보이며, 하나님은 우리 자신들 이상으로 우리를 잘 알고 계십니다. 그리고 하나님의 자녀인 우리 개개인에게 적합한 은사를 주시는 것입니다." [122]

오늘날 다양하고 복잡한 현대 사회에서의 성도는 성경에 나타난 9은사나 19은사의 사용지침을 토대로 각각 지경관, 곧 지혜로운 경영관리자로, 받은 은사를 활용하며 교회 봉사와 선교와 신앙생활을 열심히 진행하는 하나님의 친 백성으로 살고 있다. 하나님께서는 그의 사랑 안에서 성도의 효과적 봉사와 선교와 관련된 신앙생활이 성령의 은사를 통하여 아름답고 유익하게(excellent and profitable) 진행되도록 인도하신다 (고전 13:3; 딛 2:14, 3:8).

성도가 성령의 은사로 아름답고 유익하게 진행되는 일상은 하나님의 은혜를 중심으로 진행된다. 출애굽 시대의 성막 건립의 일꾼이 은사의 기술로 행하던 '**봉사의 장인(匠人)과 디자이너**'(skilled workers and designers, 출 35:35)의 아름다운 모습이다. "너희 속에 착한 일을 시작하신 이가 그리스도 예수의 날까지 이루실 줄을 우리가 확신하노라"(빌 1:6)의 말씀을 따라 행하는 성도의 아름다운 모습이다.

성도는 각각 받은 은사로 행하는 봉사에서 '믿음·소망·사랑', 이 세 가지는 항상 있으나 그중에 사랑이 제일 좋은 길(the most excellent way)임을 깨닫고 진행한다. 성도는 믿음의 역사와 사랑의 수고와 우리 주 예수 그리스도에 대한 소망의 인내로 진행하는 신앙생활에서 받은 은사를 지혜롭게 활용하며 사는 **카리스마 그리스도인**(The charismatic christian)이요, 하나님의 자녀이다(살전 1:1-10).

"우리는 그가 만드신 바라(God's handiwork) 그리스도 예수 안에서 선한 일을 위하여(to do good works) 지으심을 받은 자니 이 일은 하나님이 전에 예비하사(ordained) 우리로 그 가운데서 행하게 하려 하심이니라"(엡 2:10).

"내가 어렸을 때에는 말하는 것이 어린아이와 같고 깨닫는 것이 어린아이와 같고 생각하는 것이 어린아이와 같다가 장성한 사람(When I became a man)이 되어서는 어린 아이의 일을 버렸노라"(고전 13:11).

"각각 은사를 받은 대로 하나님의 여러 가지 은혜를 맡은 선한 청지기 같이 서로 봉사하라"(벧전 4:10).

"날마다 마음을 같이하여 성전에 모이기를 힘쓰고 집에서 떡을 떼며 기쁨과 순전한 마음으로 음식을 먹고"(행 2:46).

"그런즉 믿음, 소망, 사랑 이 세 가지는 항상 있을 것인데 그 중에 제일은 사랑이라"(고전 13:13).

제6장

성령과 교회

1. 성령과 예수 그리스도

성경에는 성령을 여러 가지로 부르나 모두 한 분을 말한다.[123] 예수께서 부활하신 후 받으라고 하신 성령(요 20:22), 세례 요한이 예언한 성령의 세례(막 1:8), 내 영(욜 2:28-29; 행 2:17-18), 약속하신 성령,[124] 성령의 세례(행 1:5, 11:16), 오순절 날의 성령(행 2:4), 성령의 선물(행 2:38, 11:16-17), 그리스도의 영(벧전 1:11), 주의 영(고후 3:17-18), 그리고 예수님의 영(행 16:7) 등등에서 볼 수 있는 것과 같이 모든 명칭은 삼위일체의 한 분이신 성령을 의미한다.[125] 그리고 성령은 부활하사 승천하신 예수님의 모든 것을 우리에게 가르치시고, 생각나게 하시고, 증거하시고, 그리고 영원히 우리와 함께하신다(요 14:16, 26, 15:26). 그리스도인은 한 하나님 앞에서, 한 예수님을 본으로, 그리고 같은 한 성령(one and the same Spirit)과 동행하며 산다.[126]

> "몸은 하나인데 많은 지체가 있고 몸의 지체가 많으나 한 몸임과 같이 그리스도도 그러하니라 우리가 유대인이나 헬라인이나 종이나 자유인이나 다 한 성령으로 세례를 받아 한 몸이 되었고 또 다 한 성령을 마시게 하셨느니라"(고전 12:13).

오늘날의 지상의 유형교회는 예수님 승천 후 마가 요한의 2층 다락방에 모인 120여 명의 신자(believers)로부터 시작되었다. 그들은 오순절 날 예수께서 약속하신 성령을 기다리며, 한 곳에서 마음을 같이하여 기도에 힘썼다. 그 다락방의 '기다리는 모임'(tarrying meeting, 행 1:4)의 신자들은 오순절 날 임하신 성령과 성령의 충만함을 받고, 마침내 부활하신 예수님 승천 분부[127]에 따라 복음 선포와 제자 사역의 길에 나섰다(행 1:4-8, 12-15, 2:1-4, 33, 38).

"그러므로 너희는 가서 모든 민족을 제자로 삼아 아버지와 아들과 성령의 이름으로 세례를 베풀고 내가 너희에게 분부한 모든 것을 가르쳐 지키게 하라 볼지어다 내가 세상 끝날까지(to the very end of the age) 너희와 항상 함께 있으리라"(마 28:19-20).

하나님 구원역사(the history of God's salvation)의 섭리와 진행 곧 사람의 구원 진리는 "이 섬긴 바가 자기를 위한 것이 아니요 너희를 위한 것임이 계시로 알게 되었으니 이것은 하늘로부터 보내신 성령을 힘입어 복음을 전하는 자들로 이제 너희에게 알린 것이요 천사들도 살펴보기를 원하는"(벧전 1:12) 진리인 것이다(벧전 1:8-12). 성도는 성령의 충만함으로 스승이신 예수님의 제자로 살고, 그리고 예수님 복음 전하는 일에 힘쓴다. 우리 그리스도 예수의 복음은 세례 요한의 주의 길 예비와 예수님을 통하여 지상에서 현실화되었고, 이제는 하나님과 주 예수님의 영인 성령께서 복음의 완성을 향하여 계속 진행하고 계신다.[128]

예수님이 승천하사 하나님 우편에 앉으셨으나 그대로 하늘 보좌에 앉아 계시지 않으시고 여전히 제자와 함께 활동하시는 모습이 다음과 같이 나타난다.

"주 예수께서 말씀을 마치신 후에 하늘로 올려지사 '하나님 우편에 앉으시니라'(he sat at the right hand of God) 제자들이 나가 두루 전파할새 '주께서 함께 역사하사'(the Lord worked with them) 그 따르는 표적으로 말씀을 확실히 증언하시니라"(막 16:19-20).

"내가 아직 너희와 함께 있어서 이 말을 너희에게 하였거니와 보혜사 곧 아버지께서 내 이름으로 보내실 성령 그가 너희에게 모든 것을 가르치시고 내가 너희에게 말한 모든 것을 생각나게 하시리라"(요 14:25-26).

승천하신 예수님은 약속하신 성령의 이름으로 오시어 하나님 구원 사역을 계속하신다. 성서는 그 형태와 내용이 다양함에도 성령과 관련된 한 가지의 구원 이야기를 게시한다. 연대기적 역사를 초월한 삼위일체에서의 하나님과 그리스도 예수님을 통한 구속사 곧 '구원사'의 계속되는 영적 사건으로서의 성령의 이해이다. 이와 관련하여 게르하르트 폰 라드(Gerhard Von Rad)는 그의 책 『폰 라드의 구약신학』에서 다음과 같이 언급했다.

"성서는 하나님 구속사(heilsgeschichte, redemptive history)의 책이다. 하나님의 구원역사 곧 구원사인 것이다. 구원사의 사건에서 구약과 신약이 상관관계를 가지며 통일성을 가진, 한 권의 책으로 읽게 되는 것이다. 구약에서의 하나님의 말씀과 행동들이 그리스도 예수님 안에서 구원사로 연결된다. 신약은 구약의 약속이 예수 그리스도 안에서 성취되었고, 구약 성서의 글은 신약시대의 "오늘날 너희 귀에 응하였다"(사 61:1-

2; 눅 4:16-21)인 것이다. 구약에 나타난 사건은 신약에 나타날 구원사를 위한 모형이며, 또한 장차 오실 예수 그리스도를 통하여 계시한 신약을 향하여 열려 있는 사건이다.[129]

오늘날 성도는 하나님 앞에서, 성령과 동행하며, 그리고 예수님을 본으로 자신의 구원을 굳게 하며 살고 있다(골 2:7; 살후 2:17; 벧후 1:10). 오순절 날 성령이 임하고, 그의 은사와 성령 충만함을 통하여 교회가 세워지고, 교회를 중심으로 구원의 역사(salvation history)는 계속 진행하고, 그리고 마침내는 장차 거룩한 성 새 예루살렘의 입성(계 21:1-8)으로 그 역사는 완성된다. 그 성에서, 보좌에 앉으신 하나님께서 "내가 만물을 새롭게 하노라"(계 21:5)고 선포하실 때 신천신지(新天新地) 천국의 새로운 세상(new world)이 전개된다. **이미 예수 부활 후 무덤에서 잠자던 성도의 많은 몸이 살아나서, 그 거룩한 성의 많은 사람에게 나타났다**(마 27:50-53).

예수님 생존 시 베드로의 고백 곧 "주는 그리스도시요 살아계신 하나님의 아들이시라"(마 16:16)는 말씀 위에 교회가 세워질 것을 예언했다. 교회는 '주는 그리스도시요 살아계신 하나님의 아들이시니라'는 말씀과 고백의 반석 위에 세워진다(마 16:15-18). 마태복음 16장 18절(KJV)에 "또한 내가 네게 말한다. 너는 베드로다. 내가 이 반석 위에 내 교회를 세우겠다. 그렇게 해서 내가 지옥의 문들이 그것을 이기지 못하게 하겠다"고 하셨다. 예수님 생존 시나 지금이나 그리스도인은 하나님과 성령의 증거하심으로 "주는 그리스도시요 살아계신 하나님의 아들이시라"는 신앙고백을 토대로 하여 사는 하나님의 자녀와 하나님의 상속자요, 그리스도와 함께 한 상속자들이다(시 71:3; 요 1:12-13; 롬 8:16-17; 고전 10:4; 갈 3:26).

"자녀이면 또한 상속자 곧 하나님의 상속자요 그리스도와 함께 한 상속자니 우리가 그와 함께 영광을 받기 위하여 고난도 함께 받아야 할 것이니라"(롬 8:17).

성령은 예수님의 일생과 사역에 동행하셨다.[130] 예수님께서 요단강에서 세례를 받으실 때, 광야에서 마귀에게 시험을 받으실 때, 그의 전도여행에, 그리고 주님의 은혜의 복음을 전할 때 등 항상 성령이 동행하셨다. 지상의 예수님은 하나님이 주시는 성령을 한량없이 받으시어 하나님의 말씀을 하셨고, 하나님을 사람에게 나타내어 보여주셨다. 예수님의 말씀은 곧 하나님의 말씀이다(욥 33:4, KJV; 사 42:1; 요 3:34, 12:44-45). 예수님의 지상 생활은 하나님 구원역사의 주역(主役)이 예수님이셨다. 곧 예수시대이다.

예수님은 지상에서 하나님을 나타내시고, 성령은 승천한 예수님을 나타내신다. 예수님은 승천 후 성령으로 세상에 다시 오셨다. 성령주역시대, 곧 성령시대의 시작이다. 오순절 날 예수님은 성령, 곧 예수님의 영 (the Spirit of Jesus)의 이름으로 지상에 오셨다. 예수님 승천 후 성령은, 예수님 생존 시 제자에게 늘 하시던 방식으로 말씀하시고 계신 것을 볼 수 있다(요 14:25-28, 16:14-16; 행 16:7; 고후 4:4).

"주를 섬겨 금식할 때에 성령이 이르시되 내가 불러 시키는 일을 위하여 바나바와 사울을 따로 세우라 하시니"(행 13:2).

"두 사람이 성령의 보내심을 받아 실루기아에 내려가 거기서 배타고" (행 13:4).

"성령과 우리는 이 요긴한 것들 외에는 아무 짐도 너희에게 지우지 아니하는 것이"(행 15:28).

"성령이 아시아에서 말씀을 전하지 못하게 하시거늘"(행 16:6).

"무시아 앞에 이르러 비두니아로 가고자 애쓰되 예수의 영(the Spirit of Jesus)이 허락하지 아니하시는지라"(행 16:7).

"성령이 말씀하시되 예루살렘에서 유대인들이 이같이 이 띠 임자를 결박하여 이방인의 손에 넘겨주리라 하거늘"(행 21:11).

하나님은 예수님 승천 후, 오순절 날 슬퍼하고 낙심하던 열두 제자와 신자들에게 외부로 나타나는 강력한 힘(power)으로의 예수님의 영, 곧 그리스도이신 성령을 보내 주셨다(행 16:7; 벧전 1:8-12). 예수님의 열두 제자를 비롯한 120여 명의 신자들은 오순절 날 마음을 같이하여 기도와 간구를 계속하는 중 기다리던 성령, 곧 예수님의 영을 받았다.[131] 그러므로 오순절 날의 화려하고 강력한 성령의 강림(행 2:1-4)이나 오늘 성도들의 성령 체험 안에는 '예수님의 인격과 말씀과 교훈'이 동반된다는 사실에 큰 의미가 있다. 성령을 받은 체험은 그 안에 예수님을 모시는 것의 체험이다. 예수님 없는 자는 성령 또한 없는 자다. 성령 체험에는 예수님의 십자가와 부활, 그리고 제자로서의 사명이 동반되어 나타난다. 성령 체험은 예수님을 중심에 모신 체험이고, 성령 충만 체험은 예수님을 닮아 사는 매일의 생활 체험이다. 예수님의 인격과 말씀, 그리고 교훈과 무관한 성령 체험이나 간증은 의미 없는 일이다. 성령과 동행하는 성도의 일상은 자연스럽게 예수님과 곧 그의 인격과 말씀과 교훈과 관련되어 흘러간다.

한 성도가 자신의 성령 체험과 그에 대한 간증을 공개적으로 나타내지 않는다고 하여도 그가 예수님을 믿고, 예수님을 주님으로 모시고, 하나님의 자녀로, 그리고 천국을 소망하며 살고 있다면 그는 성령 받은 성도이고 성령 동행으로 생활하는 그리스도인이 분명하다.

오순절 날 성령강림의 중심에는 예수님이 계신다. 예수님과 무관한 성령의 체험은 있을 수 없다. 성도의 '성령 받았다는 체험'은 그 안에 예수님이 내주(內住)하셨다는 것과 같은 의미다. 예수님을 믿는 자는 또한 성령을 받은 자다. 하나님은 그의 정하신 때 곧 예수님 승천 후 성령을 보내시어 인간의 구체적 역사와 상황에 계속 개입하시고 간섭하신다(욜 2:28-32; 행 2:32-33). 성령은 예수님 영이시다. 한 사람이 예수님 믿어 구원받고, 성령과 동행하고, 그리고 예수님을 닮아 산다.

"그가 내 영광을 나타내리니 내 것을 가지고 너희에게 알리시겠음이라"(요 16:14).

성령은 예수님의 승천 선물(an ascension gift)이시다.[132] 예수님은 약속대로, 승천 후 임하신 보혜사 성령이시다.[133] 예수님은 진리의 성령으로 다시 오시어 성령으로 하여금, 교회와 세상에 하나님 아버지의 것, 곧 예수님의 진리와 영광을 알려주시고 나타내시도록 하신다(요 16:13-15).

예수님을 믿으면 구원을 얻고, 그 믿음을 상실하면 구원을 잃는다. 믿음을 상실한 자는 성령 또한 떠난 상태이다. 예수님과 함께 십자가에 달린 두 행악자 중 한 사람은 죽기 직전에 예수님 믿어 구원받고 영생을 받았다(눅 23:39-43; 요 3:16). 가룟인(人) 유다는 다른 제자들과 같이 예수님을 잘 믿고 따르다가 사탄의 유혹에 넘어가 예수님을 배반하여, 믿음을 잃고 또한 구원을 잃었다.[134] 성경 말씀에는 하늘의 은사를 맛보고 성령에 참여한 바 되고 하나님의 말씀과 내세를 경험한 후에 타락한 자(히 6:4-8), 진리 지식을 받은 후에 죄를 범한 자(히 10:26-29), 타락하여 죄를 짓고 이단에 속한 사람(딛 3:10-11), 처음의 믿음을 내버린 자와 이미 사탄에게 돌아간 자(딤전 5:12, 15), 그리고 이 세상을 사랑하여 믿음의 스승 사도 바울을 버리고 세상으로 빠진 자(데마, 딤후 4:10)들이 등장하고 있다.[135]

누구나 예수님 믿는 믿음을 버린 자는 받은 구원을 잃는다.[136] 예수께서는 "인자(人子, the Son of Man)가 올 때 세상에서 믿음을 보겠느냐"(눅 18:8)고 하셨다. 성도는 자신의 받은 구원을 두려움과 떨림으로 또한 넘어질까 조심하며 믿음을 굳게 하여, '받은 구원을 완수해야'(work out, 빌 2:12, KJV) 한다. 고린도전서 16장 13절에 "깨어 믿음에 굳게 서라" 했다. 성도의 굳건한 믿음이다. 성도는 성령과 동행하며 받은 구원을 굳게 완수하는 자다(고전 10:12; 골 2:5-7; 벧후 1:10). 오늘날 성도(the holy people)는 '인자가 올 때 세상에서 믿음을 보겠느냐'고 하신 예수님께, 그날까지의 굳게 지킨 믿음을 보여드릴 희망을 안고 산다.

"그러므로 너희가 그리스도 예수를 주로 받았으니 그 안에서 행하되 그 안에 뿌리를 박으며 세움을 받아 교훈을 받은 대로 믿음에 굳게 서서 감사함을 넘치게 하라"(골 2:6-7).

성도는 믿음에 굳게 서서 곧 굳건한 믿음으로 항상 감사와 겸손한 자세로 산다. "이와 같이 너희도 명령 받은 것을 다 행한 후에 이르기를 우리는 무익한 종이라 우리의 하여야 할 일을 한 것 뿐이라"(눅 17:10)는 예수님 말씀의 '빚진 자의 겸손한 자세'로 성령과 함께하며 행한다(눅 17:5-10; 롬 1:14, 8:12-17; 히 12:1-2).

오늘날 그리스도인은 예수님을 직접 눈으로 볼 수는 없으나 영으로 곧 성령의 눈으로 보고, 믿고, 그리고 그의 제자로 산다. 성령과 함께하며 오직 예수님 믿고 따르는 복음 중심 생활의 꾸준한 진행은 '천사들도 살펴보기를 원하는' 복된 일이다(벧전 1:8-12). 오늘도 우리 그리스도인은 성령 동행하며 그리스도 예수님을 본으로, 그를 닮아 사는 일상의 신앙생활에서 믿음을 굳게 하고, 그리고 교회공동체를 중심으로 사는 복된 하나님의 자녀들이다(골 2:7; 벧후 1:10). 예수님은 자신의 부활을 의심하는 도마에게 다음의 말씀을 하셨다.

"너는 나를 본고로 믿느냐 보지 못하고 믿는 자들은 복되도다"(요 20:29).

2. 성령과 성령세례

오순절 날 마가 다락방의 열두 제자를 비롯한 120여 명의 신자는 예수께서 약속하신 대로 "예수님의 영"인 성령을 받았다(요 14:16-26, 20:22; 행 1:4-5, 12-15, 16:7; 벧전 1:11). 성령은 강한 바람 같은 소리와 불같은 현상으로 강력하게 등장했고 성령 받음과 동시에 성령 충만(the Spirit-filling)을 체험했다. 바울의 안수로 성령을 받고 방언이나 예언하는 자들이 있었다. 성령은 주위에 있던 모든 사람이 알아볼 정도로 강력하게 임하였다 (행2:1-13, 4:31, 10:44-48, 11:15-18, 19:6).

성령은 예수님의 승천 선물로 그렇게 강력하고, 화려하고, 그리고 요란하게 임했다(요 14:16, 26, 16:7; 벧전 1:8-12). 베드로를 비롯한 사도들에게 기사와 표적이 나타나고 신자들에게는 회개의 운동과 나눔의 생활이 일어나 예수님을 믿고 구원받는 사람의 수가 날마다 늘어났다. 성령을 받은 신자들이 하나님을 찬미하며 또 온 백성의 칭송을 받으니 주께서 구원받은 사람을 날마다 더하게 하셨다(행 2:37-47, 5:12-16).

그러나 앞에서도 말했듯이 성령의 강림 현상과 그 결과가 아무리 강력하고 화려하다고 해도 예수님을 떠나서는 그 일들이 아무런 의미가 없음은 분명하다. 예수님 없는 성령의 임함과 체험은 아무런 의미가 없고, 그리고 또한 그런 일이 있을 수도 없다. 성령은 하나님의 영인 동시에 예수님의 영이시다(롬 8:9, KJV; 고전 3:16; 벧전 1:8-12).

"성령을 받았다"고 말하는 성도에게서 예수님의 모습이 더욱 분명하게 나타나는 것은 자연스러운 일이다. 성령은 하나님과 승천하신 예수님께서 보내신 예수님의 영이시다. 예수님께서 지상에서의 그의 공생애(公生涯)를 시작하실 때 하나님 나라의 도래를 선포하시었다. 예수님께서 승천하신 후에 성령으로 다시 오심은, 예수 그리스도를 통한 하나님 나라의 계속적 실현의 선포와 진행이신 것이다(행 1:8, 16:6-7; 막 1:15; 눅 4:18-19).

오순절 날 성령이 강력하게 임하여 성령시대의 서막을 선포하셨고, 이후 성령은 한 사람 한 사람에게 조용히 찾아와 임재하여 역사하시기도 하신다. 웨슬리는 조용히 찾아오신 성령을 체험하였다. 웨슬리에게는 조용한 내적 성령 체험이 그 후 성결한 생활에서 주위의 사람들이 모두 알아볼 정도로 분명하고 화려하게 나타난 것에 특징이 있다.

존 웨슬리의 회심 체험(the day of his conversion)은 그의 삶에서 분기점과 전환점(the crisis and turning point)이 되었다. 웨슬리는 그날의 성령 체험으로 오직 그리스도만이(Christ alone) 구원의 주가 되심을 확신하고 종의 믿음에서 온전히 벗어나서 하나님의 자녀 된 믿음과 복음에 합당한 성결한 삶이 귀중함을 확신하였다. 그 후 존 웨슬리는 자신과 성도들이 오직 예수님 중심 신앙을 굳게 하며 할 수 있는 한 모든 선을 행하는(Do all the good you can) 신앙생활이 활발하게 진행되기를 원하고 있다.

로버트 버트너(Robert W. Burtner)와 로버트 차일즈(Robert E. Chiles)가 엮은 『웨슬리 신학 개요 A Compend of Wesley's Theology』에는 1738년 5월 24일(수) 저녁 런던 올더스게이트 거리(St. Oldersgate)의 한 모라비안(Moravian) 신도들의 작은 집회에 참석한 존 웨슬리(John. Wesley)의 고백, 곧 한 사람이 루터 '로마서 서문'을 읽는 것을 듣던 중에 회심한 그의 일기(Journal)의 내용을 담담하게 기록하였다.

"9시 15분 전경에 그가 계속하여 그리스도를 믿는 믿음을 통하여 '하나님께서 마음에 변화를 일으키시는 역사'(the change which God works in the heart)를 하신다고 말할 때 내 마음이 이상하게 뜨거워짐을 느꼈다(I felt my heart strangely warmed). 나는 구원을 받기 위하여서는 그리스도를, 오직 그리스도만을 믿는다고 느꼈다(I felt I did trust in Christ, Christ alone for salvation). 또한 그리스도께서는 나의 죄를 사하여주시고, 나를 죄와 사망의 법에서 구원하셨다는 확신(assurance)이 들었다." [137]

존 웨슬리의 성령 체험은 그의 간단한 일기의 한 구절에서 볼 수 있듯이 자신만이 느낄 수 있을 정도의 체험, 곧 '마음이 이상하게 뜨거워짐을 느낀' 은밀하고 조용한 체험이었다. 체험 당시 밖으로 나타난 화려함과 요란스러움은 없었다. 그런데 중요한 사실은 앞에서 언급한 것처럼 존 웨슬리의 체험 후 생활에서 그의 변화와 성장의 모습이 강하고, 화려하고, 그리고 신비스럽게 사람들에게 나타난 사실이다. 존 웨슬리의 조용한 성령 체험에서 성결한 전도(선교)와 봉사와 선한 일이 강한 바람같이 나타난 것이다.

"그가 우리를 대신하여 자신을 주심은 모든 불법에서 우리를 속량(贖良)하시고 우리를 깨끗하게 하사 선한 일을 열심히 하는 자기 백성이 되게 하려 하심이라"(딛 2:14).

성도는 오늘날도 여전히 역사하시는 성령을 체험하며, "각각 은사를 받은 대로 하나님의 각양 은혜를 맡은 선한 청지기같이 서로 봉사하라"(벧전 4:10)는 말씀과 함께 선한 신앙생활의 길을 진행한다. 성령은 의인의 집행자(agent)인 동시에 성화의 집행자이시다. 존 웨슬리는 성령 체험과 그에 동반된 성결한 생활로서 예수님을 닮아 산 지도자이다.

성령 받았다거나 성령 체험을 했다거나 또한 성령 충만을 받았다는 사람에게서 예수님을 닮아 사는 특히 예수님의 십자가를 지고 사는 모습이 분명하게 나타나는 것은 아름다우며 자연스러운 일상이다. 그러므로 바울처럼 예수님을 믿고, 예수님 닮아 특히 예수님의 십자가 외에 자랑할 것이 없다는 신앙으로 사는 성도는 성령 받은 자, 성령 체험한 자, 그리고 성령으로 충만함을 받은 자가 분명하다고 하는 것 또한 아름다우며 자연스러운 일이다(갈 6:14; 엡 5:18).

구약시대를 지나, 오순절 날 우리에게 오시어 함께하시는 성령이 다양한 칭호로 등장하여도 모두 같은 한 성령(one and the same Spirit, 고전 12:11)이시다. 예수님의 "성령을 받으라"(요 20:22)와 "오직 성령이 너희에게 임하시면"(행 1:8)의 말씀, 세례 요한의 "그(예수님)는 너희에게 성령으로 세례를 베푸시리라"(막 1:8)의 말씀, 그리고 사도 바울의 "모두 한 성령으로 세례를 받아 한 몸이 되었고"(고전 12:13)의 말씀은 모두 삼위일체 중 한 분이신 그 성령이시다. 성도는 한 성령 안에서(by one Spirit) 아버지께 나아감을 얻는다(엡 2:18).

로이드 존스(D. M. Lloyd-Joness)는 그의 책 『성령세례*The Baptism with the Holy Spirit*』에서 오순절 날 임한 성령을 성령세례(the Spirit baptism), 또는 성령의 특별 세례(special baptism of the Spirit)라고 하며 그 성령세례를, 예수님 믿을 때 받는 중생의 성령과는 다른 명칭과 의미를 주어 차이를 두었다.[138] 곧 중생 때의 성령을 받았다고 할지라도 오순절 날 등장한 것과 같은 '성령세례'를 또 받아야 온전하다는 것이다.

이와는 달리하여 우리는 하나님도 한 분, 예수님도 한 분, 그리고 성령도 한 분이심을 믿으며(엡 2:18, 4:3-4) 중생의 성령과 오순절 날 성령은 같은 한 성령이심을 믿는다(고후 1:21-22; 엡 1:13-14; 계 7:3). 그러므로 오순절 날 임한 성령은 우리가 예수님 믿을 때 받는 성령, 그 한 성령(the one Spirit)이시다. 중생의 성령을 받은 자는 오순절 날 임한 것과 같은 '성령세례'로서의 성령을 또 받을 필요가 없다. 교인은 예수님을 믿어 성령을 받고, 성령의 은사(gifts) 중에서는 하나 그 이상을 받고, 그리고 성령 충만한 자로서 교회를 중심으로 사는 자들이다. 그리스도인은 한 하나님 앞에서, 한 예수님을 본으로, 그리고 같은 한 성령(one and the same Spirit)과 동행하며 사는 하나님의 자녀이다.

고린도전서 12장 13절에는 "유대인이나 헬라인이나 종이나 자유자나 다 한 성령으로 세례를 받아 한 몸이 되었고 또 다 한 성령(the one Spirit)을 마시게 하셨느니라"고 했고, 에베소서 4장 4절에 "몸이 하나(one body)요 성령도 한 분이시니(one Spirit) 이와같이 너희가 부르심의 한 소망(one hope) 안에서 부르심을 받았느니라"고 했다. 그러나 바울은 성령의 은사 생활에서는 "나는 모든 사람이 나와 같기를 원하노라 그러나 각각 하나님께 받은 자기의 은사(gift)가 있으니 이 사람은 이러하고 저 사람은 저러하니라"(고전 7:7)고 했고, 또한 "오직 주께서 각 사람에게 나눠 주신 대로 하나님이 각 사람을 부르신 그대로 행하라 내가 모든 교회에서 이같이 명하노라"(고전 7:17)고 했다.

사람이 한 성령과 한 예수님의 역사로, 예수님 믿어 한 몸의 성도들이 된다. 사람은 바람처럼 역사하시는 성령의 인도로 한 소망 안에서 부르심을 받는다. 바울은 예수님의 영인 성령이 허락 곧 인도하시는 곳으로 다니며 복음을 전했다. 그 전도 중에 빌립보 두아디라 시의 자주색 옷감 장수(seller) 루디아는 문밖 강가에서 몇몇 여인들과 함께 바울의 말씀을 청종한 후 예수님을 믿었고, 데살로니가의 사람들보다 더 훌륭한(noble) 베뢰아 사람들은 매일 성경을 탐구하던 중 예수님을 믿었다(요 3:1-18; 행 16:6-15, 17:10-13). 성도는 천국을 소망하며 믿음을 굳게, 곧 "더욱 힘써 너희 부르심과 택하심을 굳게 하라"(벧후 1:10)는 말씀으로 산다. 성도의 굳건한 믿음(the firm faith)이다. 예수님은 구원받는 사람이 1/2이나 1/4인 듯한 비유의 말씀을 하셨고(마 25:1-13; 막 4:1-20), 요한은 상징적 숫자로 생각되는 십사만 사천 명(계 7:4-8, 14:1, 3)이라 했다.[139] 성도는 천국을 소망하며 하나님 구원의 은혜를 감사한다. 그리고 항상 복종하여 두렵고 떨림으로 예수님 믿는 믿음을 굳게 하여 예수님 닮아 사는 신앙생활에 힘쓴다(빌 2:12-13; 골 2:5-7; 벧전 5:8-11; 벧후 1:10-11).

오늘도 오순절 날과 같은 성령의 기적적인 현상들과 복음 선포와 전도의 불길이 타오르고 있다. 앞으로도 계속하여 일어나리라 믿는다. 성령이 임하거나 성령을 받는 자의 현상이 오순절 날과 같을 수 있고 다를 수도 있다. 오순절 날의 성령강림과 똑같은 형태의 시대적 사건은 되풀이될 수는 없으나 그날과 같은 성령과 성령 충만의 역사와 체험은 언제라도 재현될 수 있다. 교인과 함께하며 구원을 이루시는 성령은 그의 뜻대로 다양하게 임하시어 역사하시고, 교인은 교회를 중심으로 각각의 성령 체험 안에서 굳건한 믿음으로 다양한 봉사와 악한 일 아닌 선한 신앙생활을 열심히 하는 천국 백성으로 산다.

3. 성령과 교회

교회를 헬라어로 에클레시아(ἐκκλησία, ekklesia) 곧 "불리어 나온 사람들"(the "ones called out")[140]의 모임이라고 하는데, 이스라엘 민족이 하나님의 선민과 남은 자(the remnant)의 모임을 히브리어 카할(Qa Hal)이라고 부르던 것과 같은 의미다. 칼 바르트(K. Barth)는 그의 책 『신조Credo』에서 "교회는 공동체(community)로서 거기에 속한 사람들이 공공이익(common interest)을 도모하며 결속된 모임(assembly)인 동시에 장소(place)이다"[141]라고 했고, 그의 다른 책 『휴머니즘과 문화』에서는 교회가 에클레시아 교회 공동체(Gemeinde)임을 상기하며, "교회는 하나님이 세우신 게마인데(공동체)로 죄를 지은 인간이 예수님 사죄의 은총을 받아 하나님 말씀 따라 사는 믿음과 순종의 단체이다"[142]라고 했다. 우리는 교회를 '예수님에 의하여 선택된, 예수님을 주님으로 고백하고 따르는 신자의 모임과 장소'라고 정리할 수 있다.

교회는 오순절 날 예루살렘의 마가 요한의 다락방에 모인 신자들의 기다리는 모임(tarrying meeting)에서 탄생 되었다. 열두 제자와 120여 명의 신자가 '성령을 받으라'고 하신 예수님의 약속을 기다리며 기도에 힘쓰던 중 약속된 성령과 성령 충만을 받으며 교회가 시작된 것이다(눅 24:48-49; 요 20:21-22; 행 1:3-15). 성령 받은 신자들이 예수님의 이름으로 모인 곳, 그곳이 교회다.

처음 교회는 제도나 의식이나 교권에는 관계없이 예수님 이름으로 모인 곳이면 교회였다. 바울은 성도의 모임을 하나님의 교회라 했다(고전 1:2; 살전 2:14). 교회는 "네 집에 있는 교회"(몬 1:2), "그 여자의 집에 있는 교회"(골 4:15), 그리고 "갈라디아 여러 교회"(갈 1:2; 고전 16:1)로 불리며 성장하여 오늘의 교회 모습을 이루었다. 성령이 임한 오순절의 모임, 두세 사람이 예수님의 이름으로 모인 곳, 그 여자의 집에 있는 모임, 그리고 갈라디아 여러 교회, 모두 교회다. 오늘날 여러 형태로 성장한 '성령과 성령 충만한 곳' 또한 교회이다. '예수님의 이름으로 모인 곳', 그곳에서 함께 찬송하고, 기도하고, 예배하고, 그리고 친교와 봉사를 나누면 모두 교회다. 오늘날 교회는 다음의 일을 행한다:

- 예배: 세례(마 28:19), 사도의 교훈(고전 2:13), 축복(계 1:4-6), 찬미(엡 1:13-14), 화목(엡 2:17-18), 예배참석(행 8:27-29), 말씀(행 28:25; 계 2:7).
- 교육: 성경말씀을 듣고 배움. 교회 생활의 지도(요 6:45; 행 15:28; 고전 12:8).
- 전도: 복음전도.[143]
- 봉사: 성령으로 봉사(빌 3:3)
- 교제(고전 1:9, 6:17).
- 교인 관리: 교인의 감독자(행 20:28)와 사도와 선지자(고전 12:28-29),

그리고 복음 사역자들을 세우심(행 13:2).

그리고 교회는 본질상 두 가지 형태가 있다:[144]

- 무형교회(無形敎會, invisible church): 시간과 장소에 관계없이, 영적 의미로 예수님 안에서 구원받은 모든 신자 공동체이다(요 10:16; 계 7:15-17).
- 유형교회(有形敎會, visible church): 시간과 장소에 나타난, 무형교회가 보이게 나타난 모임과 활동이다.[145] 유형교회에서는 말씀선포(kerygma, 막 1:15), 교육(didache, 행 2:42), 교제(koinonia, 행 2:42-47), 봉사(diakonia, 행 2:44-45), 그리고 성례전 집행(세례와 성만찬, 마 26:26-28; 롬 6:3-4)들을 행사한다.

유형 무형교회의 모든 성도와는 직접 만날 수는 없으나 영적으로 함께한다는 것에서 위로와 기쁨이 된다. 이는 '**한한신**'의 곧 '**한 무리 한 목자 신앙**'(요 10:16; 계 7:9-17)의 '**한한신**' **천국교회 성도**라고 부를 수 있다. 교회의 완성은 천국 백성 곧 **한한신 천국교회**의 모든 성도가 천국에서의 한 곳, '거룩한 성 새 예루살렘'에 함께 모일 때 완성된다. 오늘날 '지금 여기' 지상의 유형 교회는 본점인 천국교회의 지점, 하나님을 향한 믿음의 소문, 성도의 친교와 훈련의 도장, 그리고 천국교회의 사랑의 실험실들로 불리며 성장하고 있다.[146]

우리 그리스도인은 사랑의 교회공동체 안에서 사랑의 설교자인 동시에 사랑의 생활자이다. 사랑의 실천(love in action)이 중요하다. 특히 교회는 지금, 여기에서나 천국에서나 사랑의 공동체로 끝까지 존재한다. 이와 관련하여 쇠렌 키르케고르(Søren Kierkegaard)는 그의 책 『사랑의 사역

Works of Love』에서, 그리고 캠벨 페렌바흐(Campbell Ferenbach)는 그의 책 『청지기 직분Preaching Stewardship』에서 각각 다음과 같이 언급하고 있다.147

"우리 크리스천은 서로 사랑의 빚을 지고 있다(롬 13:8). 사랑의 공상적인 표현(fanatical expression)을 삼가고 사랑을 행위 안에서(in action), 행위의 활동 안에서(in the movement of action) 서로의 무한한 사랑의 빚(infinite debt)을 나누면서 생활하고 있다. 사랑이 자기중심적인 것이 되는 순간 사랑은 자신에게서 떠나간다." - 쇠렌 키르케고르

"우리 크리스천은 톨스토이의 다음의 말을 기억하며 생활한다. '사랑이 있는 곳에 하나님이 계신다(Where love is, God is).'" - 캠벨 페렌바흐

교회는 머리 되신 그리스도 예수님의 몸이요, 진리의 기둥과 터이다. 모든 성도는 천국에서 서로 얼굴을 보며 만나가, 세상에서는 '한한신'의 천국교회와 천국 백성의 희망과 신앙으로 산다. 하나님 목회에서의 모든 교인은 **한한신 천국교회 공동체의 일원**이라는 영적 이해와 신앙으로 지금, 여기에서 모두 함께 위로와 희망을 얻는다(고전 13:12; 엡 1:22-23, 5:23; 딤전 3:15).

하나님께서 짐승과 새와 물과 땅의 모든 생물에 대하여 정(淨)한 것과 부정(不淨)한 것, 먹을 생물과 먹지 못할 생물을 분별하라고 하시었다. 하나님의 백성과 우상을 섬기는 이방인을 구별하기 위해서이다. 하나님을 닮아, 몸을 구별하여 거룩하게 하라는 교훈이다. 하나님께서는 이 세대를 본받지 아니하는 구별된 삶을 통한 영적 예배를 드리기를 원하신다(레 11:1-47; 마 5:48; 롬 12:1-2). 하나님의 백성인 교인이 국내외 기독교 여러 교회와 교파들과의 관계에서 구원의 유무, 선과 악, 성령과 악령, 그리고

진리와 이단의 본질적인 정체성(identity)의 문제들은 분별함이 마땅하다. 그러나 종종 본질적 진리와 정(淨)하고 선한 것들 안에서의 호불호(好不好)와 이견(異見)들에 집착하여 분쟁이 발생하기도 한다. 본질적인 정체성의 문제가 아니라면, 다른 성도와 교파와 나라들이 선택한 예수님 중심의 진리와 자유는 서로 이해하고 인정함이 마땅하다(요 8:31-32; 고전 8:1-13).

모든 교회의 교인은 한 형제자매이다. 어떤 지역의 한 주민이 모두 알고 있는 공원을 찾아간다고 할 때 자신의 사정과 형편에 따라서 그 목적지에 간다. 주민은 각자 자기들이 다니는 길로 간다. 공원을 찾아온 길이 같을 수도 있고 다를 수도 있다. 모든 교인은 한 몸으로 부르심을 받은 성도(as members of one body)이다. 한 몸의 신자들(a body of believers)이다. 교인은 때로는 같은 길로, 때로는 다른 길로 가는 '나그네와 행인'이요, 순례자요, 성도요, 그리스도인이다. 내가 선택한 길의 자유가 중요하면 다른 교인의 자유 또한 중요하다. 세상에서 분리되어 이미 구별된 거룩한 백성인 교인은 교회 안이나 밖에서 더불어 사는 지혜를 배워야 한다. 오직 예수님 중심의 진리 안에서 서로의 신앙 형태나 특성을 용납하고 존중하며 산다(고전 1:9; 엡 1:1-6; 골 3:15; 벧전 1:17, 2:11). 하나님은 이미 구별된 백성인 하나님의 자녀로서의 성도들 관계에서는 교파나 교리나 인종이나 나라를 초월하여 **'한한신'** 곧 **한무리 한목자 신앙**으로 서로 이해하고 존경하기를 원하신다. 모든 교회와 교인들은 한 목자 예수님을 중심으로 하여 모인, **한한신의 천국 교회공동체의 일원**이라는 신앙과 희망으로 사는 것이 아름답다. 모두 한 형제자매의 천국 백성이다.

교인은 예수님의 본으로, 그를 닮아 살아간다. 예수님이 세상에 오시어 보이신 삶은 한 마디로 십자가에 나타난 사랑이다. 성 어거스틴은 '우선 사랑하라, 그리고 네가 원하는 대로 하라'고 종종 말했다.

반 고흐(Vincent Van Gogh)는 한때 '사랑으로 하는 일은 다 잘된다'(What is done in love is done well)라고 말하기도 했다. 갈라디아서 5장 22-23절에 나타난 성령의 열매 9가지(사랑, 희락, 화평, 오래 참음, 자비, 양선, 충성, 온유, 절제)는 한마디로 사랑이다. 코너(W. T, Conner)는 그의 책 『성령의 역사*The Work of the Holy spirit*』에서 "성령의 역사는 한마디로 사랑의 역사(works of love)이다"라 했다.148 모든 교회와 교인의 사랑은 꾸준히 사랑의 실천(love in action)으로 진행한다.

모든 교회는 세상에서 "무엇이든지 남에게 대접을 받고자 하는 대로 너희도 남을 대접하라 이것이 율법이요 선지자니라"(마 7:12)는 말씀을 따라 살려고 힘쓴다. 황금률(the golden rule)의 실천이다.

다음은 교회 모습에 대한 간단한 설명이다:

- 호켄다이크(J. C. Hoekendijk)는 그의 책 『흩어지는 교회*The Church Inside Out*』에서 빌립보서 2장 5-11절의 말씀을 근거로 교회가 모이는 교회에서 흩어지는 교회로의 지향(志向)을 강조하며 "이상적인 교회 모습은 메시아 공동체(messianic community)로 자신을 비우고(self-emptying), 봉사하고(service), 그리고 인간과의 유대감 형성(solidarity with people)들의 특징으로 존재한다"고 했다.149
- 존 플래밍(John Fleming)과 켄 라이트(Ken Wright)는 그의 책, 『새로운 선교와 교회구조*Structures for A Missionary Congregation*』에서 "모든 교회는 예배의 모임인 동시에 사랑의 실천과 봉사의 청지기 공동체다. 교회는 종의 몸으로서의 자기 비움과 섬김의 봉사로 그 존재가치가 분명해진다"150고 했다.

- 교회는 모이는 교회공동체인 동시에 흩어지는 교회공동체로서의 모습으로 계속 진행한다.

교회공동체 안에서의 모든 성도는 믿음이 온 후로는, 곧 율법 아래에 매인 바 된 곳에서 벗어난 후로는 그리스도 예수님 안에서 한 형제자매의 의식과 신앙으로 산다. 서로 예수님을 본으로, 성령과 함께하며, 그리고 아브라함의 자손이요, 약속된 유업의 상속인(heirs)으로 오늘을 산다(갈 3:23-29).

"거기에는 유대인이나, 그리스도인도 없고, 매인 자나, 자유로운 자도 없으며, 남자나, 여자도 없다. 왜냐하면 너희가 모두 그리스도 예수님 안에서 하나(all one)가 되었기 때문이다. 그리고 너희가 그리스도의 것이므로, 아브라함의 씨이며, 약속에 따른 상속자들이다"(갈 3:28-29, KJV).

고등학교 때 도덕 과목 담당 선생께서 하신 말씀이다. "여러분의 행복은 서로 마음을 나눌 수 있는 진정한 친구가 어떤 사람이며 몇 명이냐에 영향을 받을 수 있다"고 종종 말씀하셨다. 그 말씀에서 친구는 학교와 가족과 이웃 등 곧 일상에서 만나는 모든 사람 중에서의 진정한 친구다운 친구를 의미한다. 마음을 터놓고 대화를 할 수 있는 좋은 친구, 진정한 친구를 옆에 많이 두라는 분부이시다.

현재 전 세계 인구는 77억 정도이고 그중 기독교인은 대략 21억(31%)이다. 그리스도인은 많은 사람 중에 나를 의인으로 인정하시어 친구로 대하여 주신 예수님(요 15:14-15)을 주님으로 모시고 기쁨과 슬픔, 자랑과 허물을 서로 나눌 수 있는 좋은 친구들이 옆에 많이 있기를 소망하며 산다.

'사랑과 용서'의 목사로 알려진 침례교회 목회자, 크리스웰(W. A. Criswell)은 그의 책 『성령의 침례, 충만, 그리고 은사*The Baptism, Filling & Gifts of the Holy Spirit*』에서 모든 교인과 교회는 한 성령의 은혜와 역사로 머리 되신 예수의 몸인 교회에서 연합하여 함께 교회공동체의 일원이 되었음을 강조했다.[151] 교회의 탄생과 교회를 중심으로 꾸준히 진행하는 하나님의 구원역사는 영원 전부터 성령을 통하여 하나님이 행하시는 교회의 신비요, 비밀이다. 그리스도의 몸인 교회와 연합하여 한 몸이 된 교인은 어린양 예수님을 기다리는 신부이다. 장차 거룩한 성 새 예루살렘에서 그리스도 예수님과 함께 거할 자들이다.

한 몸으로 부름을 받은 그리스도인은 으뜸 모퉁이 돌(the chief cornerstone)이요, 산 돌(the living Stone)이신 예수님을 기초로 하여 세워진 하나님 성전에서의 여러 지체이다. 교회의 머리는 예수 그리스도이시다. 하나님이 영원 전부터 약속하신 영생의 소망(딛 1:2)으로 구원받은 모든 그리스도인은 그리스도의 몸인 교회의 살아있는 지체로서의 영원한 구성원으로 존재한다(고전 3:11, 10:17, 12:12-27; 엡 2:13-22, 3:9-21, 5:23; 골 3:15; 딛 1:1-4; 벧전 2:4-8; 계 19:5-10, 21:1-7).

"교회공동체 안에서의 모든 성도는 믿음이 온 후로는, 곧 율법 아래에 매인 바 된 곳에서 벗어난 후로는 그리스도 예수님 안에서 한 형제자매의 의식과 신앙으로, 예수님을 본으로, 성령과 함께하며, 그리고 아브라함의 자손이요, 약속된 유업의 상속인(heirs)로 오늘을 살고 있다(갈 3:23-29)." - p.128 -

"또 이 우리에 들지 아니한 다른 양들이 내게 있어 내가 인도하여야 할 터이니 그들도 내 음성을 듣고 '한 무리가 되어 한 목자'(one flock and one shepherd)에게 있으리라"(요 10:16, NIV).

"그리고 이 양 떼에 속하지 않은 다른 양들이 내게 있으므로, 그들도 내가 반드시 데려와야 한다. 그렇게 해서 내가 그들로 하여금 내 음성을 듣게 하겠고, 그렇게 해서 '한 양 떼와 한 목자(one fold, and one shepherd)만' 있게 하겠다"(요 10:16, KJV).

4. 교회와 봉사와 보상

교회의 머리 되신 예수님을 모시고 그 지체로 사는 교인은 각각 그리스도의 터 위에 공적(功績, works)을 세우고, 하나님은 세운 공적에 따라 상을 주신다. 성도는 하나님이 계신 것과 또한 그가 자기를 찾는 자들에게 상 주시는 이심을 믿으며 각각 자기의 일하는 대로 자기의 상을 받는다. 도날드 반하우스(Donard G. Barnhouse)는 그의 책『성경진리 교육 Teaching the word of Truth』에서 성도의 불타 없어지지 않는 선한 공적(good works)에 대하여 설명하며 "우리의 구원은 값없이 받는 것이지만 보상은 일하여 버는 것(earn)"이라고 했다.152 성도는 심는 일과 물주는 일, 그리고 꽃과 열매를 맺는 일을 행한다. 우리 그리스도인의 거룩한 신앙생활이다. 항상 우리와 동행하시는 성령은 거룩하게 하시는 영153으로 성결한 삶의 집행자(agent)이시다. 성도는 믿음으로 영생을 얻고, 그리고 행한 공로로 복을 받는다(사 40:10-11, 62:11; 막 4:28; 고전 3:8-15; 히 11:6; 계 22:12).

"우리 주 예수 그리스도로 말미암아 우리에게 이김을 주시는 하나님께 감사하노니 그러므로 내 사랑하는 형제들아 견고하며 흔들리지 말며 항상 주의 일에 더욱 힘쓰는 자들이 되라 이는 너희 수고가 주 안에서 헛되지 않은 줄을 앎이니라"(고전 15:57-58).

"왜냐하면 너희 안에서 선한 일을 시작하신 분께서, 예수 그리스도의 날까지 그 일을 완수하실 것, 바로 이것을 내가 확신하기 때문이다"(빌 1:6, KJV).

우리는 보상이 수고와 노력의 대가라고 하여 그리 염려할 일은 아니다. 그리스도인에게는 창세 전 그리스도 예수님 안에서 선한 일을 위하여 불러주신 하나님의 예정된 계획이 있고, 오늘날 그 성취를 위하여 언제나 성령이 함께하시기 때문이다. 성삼위 하나님의 목회 안에서 그리스도인은 그리스도의 터 위에 각각의 거룩한 생활로 공적을 세운다. 교인의 심는 일과 물주는 선한 공적을 세우는 노력에는 선한 일을 행하게 하시고 완성하시는 하나님의 예정된 계획이, 그리고 그의 도우심이 언제나 함께하신다(고전 3:7-15; 엡 2:10; 빌 1:6).

성도는 영혼은 물론 몸으로 활동하여 공로를 세운다. 몸이 아프거나 병들면 생활에 지장이 오고, 영혼과 정신에도 영향을 끼친다. 몸을 아끼고 귀하게 여겨 건강관리를 하여야 한다. 공로 세우는 일에 몸이 매우 중요하다. 성도는 썩을 것에서 썩지 아니할 것으로, 약한 것에서 강한 것으로, 그리고 육의 몸에서 신령한 몸으로의 보상과 부활의 영광에 이른다(마 22:39; 고전 15:42-44).

사람은 그리스도의 심판대 앞에서 선악 간 몸으로 행한 것에 따라서 심판을 받는다. 바클레이(William Barclay)는 그의 책 『바울신학 개론 The Mind of St. Paul』에서 다음과 같이 말했다.

"바울 사도는 우리의 육체(sarx, flesh)에 대하여, '우리가 육체에 있어(en sarki) 행하나 육체대로(kata sarka) 싸우지 아니하노니'(고후 10:3) 라고 했다. 이 말씀은 우리 육체를 아포르메(aphorme), 곧 교두보로 삼아 그리스도 안에서(en Christo) 그리스도께 속한 자로 싸우라고 한 것이다.[154]

그리스도인이 영적 전사로 싸울 때 몸이 교두보로 나타난다. 몸은 중요하다. 성도는 몸을 교두보로 하여 영과 혼과 몸의 전 존재로서의 강력한 병기(weapons)로 "모든 이론을 파하며 하나님 아는 것을 대적하여 높아진 것을 다 파하고 모든 생각을 사로잡아 그리스도에게 복종케 하는"(고후 10:5) 승리를 얻는다(롬 6:11-13; 고후 5:10, 10:3-6; 갈 5:13).

승리한 전사의 보상은 각각 다르다. 존 웨슬리는 그리스도인이 받는 상급(rewards)에 차이를 두어, "성도로 살아가며 이룬 성결함과 선행의 정도, 그리고 예수님을 위한 핍박과 고난받음의 정도"가 판단의 기준이라고 하였다.[155] 그리스도인 중에 공로를 별로 세우지 못한 자는, "불 가운데서 얻은 것 같은 구원"(고전 3:15), 곧 화중득구(火中得救)에 해당된 자다. 구원받은 성도는 자신의 공로로 보상을 받는다(고전 3:10-15).

"만일 누구든지 그 위에 세운 공적이 그대로 있으면 상을 받고 누구든지 그 공적이 불타면 해를 받으리니 그러나 자신은 구원을 받되 불 가운데서 받은 것 같으리라"(고전 3:14-15).

「예수천국(耶蘇天國) – 공로보상(功勞報償)」, 「불신지옥(不信地獄) – 무공무상(無功無賞)」(고전 3:10-15).

성경에는 현세의 복을 받은 자가 많이 있다. 특히 구약성경에서 그러하다. 아브라함과 이삭(창 12:1-3, 26:12-13), 요셉(창 49:22-26, 50:20-23), 오벧에돔 가정(삼하 6:10-12), 솔로몬(왕상 3:10-13), 라합 가정(수 6:22-25), 룻(룻 4:10-17; 마 1:5), 사르밧의 과부(왕상 17:8-16)와 한 과부의 풍성한 기름 그릇(왕하 4:1-7), 그리고 욥(욥 42:10-17) 등이다. 그리고 성도의 일상에는 "날마다 우리 짐을 지시는 주 곧 우리의 구원이신 하나님"(시 68:19) 이 항상 함께하신다(시 65:9-13, 107:1-43).

예수님의 달란트 비유(마 25:14-30)에는 금 다섯 달란트를 받은 종과 두 달란트 받은 종이 '받은 달란트와 관계없이' 똑같은 보상을 받은 축복의 말씀이 있다.

"잘 하였도다 착하고 충성된 종아 네가 작은 일에 충성 하였으매 내가 많은 것을 네게 맡기리니 네 주인의 즐거움에 참여할지어다"(마 25:21, 23).

그러나 한 달란트 받은 자는 주인의 돈을 땅에 감추어 두었다가 주인이 돌아와 결산할 때, '주인께서는 심지 않는 데서 거두고 헤치지 않은 데서 모으는 줄을 알고 당신의 달란트를 땅에 감추어 두었다가 그대로 가져왔다고' 보고 했다(마 25:24-25). 금 다섯 달란트와 두 달란트를 받은 종들이 장사하여 이익을 남겼으나 한 달란트 받은 종은 한 달란트를 묻어두고 전혀 일하지 않아서 문제였다.

충성된 종들의 보상은 천국에서 보장된 것이나, 현실에서 각각 배로 남겼으니 현세의 복 역시 받은 셈이다. 성도는 세상에서 받은 달란트의 양보다 받은 달란트로 충성된 종으로 사는 지혜가 중요함을 깨닫고 산다.

"보라 내가 속히 오리니 내가 줄 상이 내게 있어 각 사람에게 그의 일한 대로 갚아 주리라"(계 22:12).

"생명의 말씀을 밝혀 나의 달음질이 헛되지 아니하고 수고도 헛되지 아니함으로 그리스도의 날에 내가 자랑할 것이 있게 하려 함이라"(빌 2:16).

성도에 대한 하나님의 보상과 축복에는 다음의 내용이 고려된다:

- 보상과 축복의 권한이 하나님께 있으므로 모든 것을 하나님의 은혜로 믿고 수용하며 착하고 충성된 종으로 살아갈 뿐이다(눅 17:7-10; 고후 12:7-10).
- 하나님은 어떤 선한 일에서 천국의 보상을 위해 현세의 복을 보류하실 수도 있다. 또한 예수님은 나타내 보이려고 외식하는, 그리고 자신의 영광을 위한 봉사에는 이미 자기의 상을 받았다고 하신다(마 6:1-8).
- 어떤 현실의 복이 받는 성도들에게 하나님의 영광을 가리는 일이 될 때는 하나님이 미리 아시고 보류하실 수 있다(약 4:3).
- 명상 중 받은 복의 목록을 작성하여 보면 생각보다 많은 복을 받고 있었음을 알 수가 있다. 이미 받은 복을 모를 수도 있다. 그야말로 "받은 복을 세어 보아라!"(count your many blessings, name them one by one, 찬송가 429장)이다. 교인은 주님이 주시는 복을 많이 받았고 또한 받고 있다(빌 4:18-20).
- 하나님이 주시는 현세의 복은 존 웨슬리의 '힘껏 벌고, 힘껏 저축하

고, 그리고 힘껏 쓰라'는 권고와 관련하여 사용하면 더 지혜로운 일이 된다.

웨슬리의 성령 체험 후 그의 변화된 생활은 꾸준하였다. 개인의 경건 생활이나 선교는 물론 자선 사업과 관련된 봉사를 많이 하였다. 로버트 버트너(Robert W. Burtner)와 로버트 차일즈(Robert E. Chiles)가 엮은 『웨슬리 신학 개요 A Compend of Wesley's Theology』에 '웨슬리 사후 그의 유품과 재산에는 은수저와 평소에 상용하던 가정의 물건 몇 개 정도 있었다'는 일기(journal)의 한 내용과 함께 그의 경제관이 담긴 다음의 내용이 실려 있다. '힘껏 벌고, 힘껏 저축하고, 그리고 힘껏 쓰라'(Having, first, gained all you can, and, secondly, saved all you can, then give all you can)는 교훈이다.[156]

본인의 처음 목회 지역인 원주지방의 문○○ 장로(문이비인후과 병원장)께서는 자신은 검소한 생활을 하시며 섬기시는 교회뿐만 아니라 지역사회를 위한 봉사와 헌신을 많이 하셨다. 어떤 때 본인이 사역하는 교회를 하루 방문하시어 마을 사람들을 대상으로 자선 의료 행사를 마련하여 목회에 도움을 주셨다. 그리스도인은 언제 어디서나 다양한 선한 신앙생활을 지혜롭게 진행하는 하나님의 친 백성들이다(딛 2:14). 파스칼은 "주여! 나는 당신에게 모든 것을 바칩니다. 나는 가난을 좋아합니다. 예수께서 그러하셨기 때문에. 또한 나는 부(富)도 좋아합니다. 그것으로 가난한 사람을 도울 수 있기 때문입니다"라고 하였다.[157] 파스칼은 약한 몸으로 태어나 오랜 투병 생활을 하였고, 39년 2개월 단명(短命)의 삶을 살았다. 그런 중에서도 세상을 떠나기 직전까지 봉사 특히 빈곤한 사람들을 많이 도왔다. 사업으로 얻은 수입으로 가난한 사람을 많이 도왔다. 파스칼은 유언으로, 평소 구제의 밑거름이 되었던 합승 마차 사업에서의 수입의 반은 계속 가난한 사람들에게 베풀도록 했다.[158]

성도는 현재 자신에게 있는 것으로 봉사한다. 돈이나 물질로만 봉사하지 않는다. 자신의 은사를 비롯하여 물질, 시간, 재능, 인격, 그리고 기술 등으로 행한다. 그리고 주위에는 교회와 성도가 감당할 봉사의 종류와 분야와 대상 또한 많고 다양하다. 이에 따른 **지경관**, 곧 지혜로운 경영 관리가 필요하다. 봉사는 명목을 세워서 하는 것이 있고 또한 은밀히 하는 것이 있다. 예수님은 사람에게 보이려고 너희 의를 행치 않도록 주의하고 구제할 때는 오른손의 하는 것을 왼손이 모르게 은밀히(in secret) 하라고 하셨다. 성도나 교회의 봉사가 예수님의 말씀대로 은밀하게 하는 것 또한 아름답고, 그리고 은밀한 중에 보시는 하나님이 보상하여 주신다(마 6:1-4).

그러나 봉사가 사람에게 영광을 얻으려고 나팔을 불며 하는 것이 아닌, 즉 '하나님 앞에서'(코람 데오, coram Deo)의 신앙으로 진행하는 일이면 나타나는 것 또한 아름답고 유익한 일이다(마 6:2; 딛 3:8). 성도들은 하나님 앞에서의 신앙으로 구제를 비롯한 다양한 봉사를 다양한 형태로 진행한다. 모든 일을 하나님 앞에서 행한다. 사람 앞에서(코람 호미니부스, coram hominibus)가 아닌 하나님 앞에서의 신앙으로 행한다. 교회와 교인의 일상은 "사랑하는 자여 악한 것을 본받지 말고 선한 것을 본받으라 선을 행하는 자는 하나님께 속하고 악을 행하는 자는 하나님을 뵈옵지 못하였느니라"(요삼 1:11)의 말씀 따라 진행된다. 성도는 '일상의 은밀한 선한 생활인', 곧 '일은선생'으로 산다. 성도는 하나님 앞에서 모두 **'일상의 은밀한 선한 생활인'**, 곧 **'일은선생'**이다.

봉사에서는 도움을 주던 자가 받을 수도 있다. 로마서 12장 10-21절의 성도의 생활, 특히 봉사와 헌신에서의 권고와 교훈의 말씀이 은혜가 된다. 성도는 사람들과 더불어 각양 선한 일을 서로 나누며 산다.

"즐거워하는 자들과 함께 즐거워하고 우는 자들과 함께 울라"(롬 12:15).

"아무에게도 악을 악으로 갚지 말고 모든 사람 앞에서 선한 일을 도모하라"(롬 12:17).

"각각 은사를 받은 대로 하나님의 여러 가지 은혜를 맡은 선한 청지기 같이 서로 봉사하라"(벧전 4:10).

성도는 각각 자신이 가진 것으로 서로 대접하고 봉사한다. 그리고 **하나님께서는 각 사람이 행한 대로 보상하신다**(계 22:12). 초대교회의 성도는 상부상조했다. 모두 상부상조 공동체의 일원이고, 윈-윈(win-win)이다. 주는 것이 귀하고 기쁘고 또한 받아서 귀하고 기쁘다. 이러한 일이 예수님을 닮아 사는 일상으로 진행된다. 하나님 앞에서의 '기브 앤 테이크'(Give-and-Take)의 일상이다:

- 가진 것을 주고받는 상부상조로, 성도는 받기보다 주는 것에 더 비중을 두기를 원한다. 애덤 그랜트(Adam M. Grant)의 *GIVE and TAKE*(기브앤테이크, 윤태준 번역)라는 책의 제목에 "주는 사람이 성공한다"라고 표기되어 있다. 받는 것(taker, 이익)보다 많이 주기를 좋아하는 사람(giver, 손해)이 훌륭함을 말하고 있다. 저자는 중간의 사람을 매처(matcher, 이익과 손해의 균형)라 부른다.

사도행전 20장 35절에 "주 예수의 친히 말씀하신바 '주는 것이 받는 것보다 복'(It is more blessed to give than to receive)이 있다"고 하였고, 누가복음 6장 38절에는 예수님께서 "주라 그리하면 너희에게 줄 것이니 후히 되어 누르고 넘치도록 하여 너희에게 안겨 주리라 너희의 헤아리는 그 헤아림으로 너희도 헤아림을 도로 받을 것이니라"라고 하였다. 성도는 주기만 하거나 또한 받기만 하며 살지 않는다. '주는 것보다 받는 것이 복되다'는 말씀을 간직하며 **지경관**으로 산다. 성도들은 상부상조(相扶相助)요 유무상통(有無相通)이요, 그리고 윈–윈(win-win)이다. 예수님을 본으로 영육 간 힘껏 벌고, 힘껏 저축하고, 그리고 힘껏 쓰며 악한 일 아닌 선한 일을 중심으로 산다. 우리 성도는 '벌고, 모으고, 쓰는 일'을 **하나님 앞에서, 예수님을 본으로, 그리고 성령과 함께하며** 일상을 유효적절(有效適切)하게 영위하는 지혜로운 신앙생활인(信仰生活人)으로 살고 있다(마 7:12; 행 4:32; 롬 16:19; 벧전 4:9-10).

"구하는 이마다 받을 것이요 찾는 이는 찾아낼 것이요 두드리는 이에게는 열릴 것이니라"(마 7:8).

"우리가 무엇이든지 구하는 바를 들으시는 줄을 안즉 우리가 그에게 구한 그것을 얻은 줄을 또한 아느니라"(요일 5:15).

예수님을 닮아 사는 일상에는 영적, 인격적, 그리고 물질적으로 가진 것이 있어야 한다. 저축한 것(to save)이 필요하다. 자신이 가진 것으로 남에게 베푼다. 광에서 인심 난다. 그리고 필요한 것을 하나님께 구한다.

하나님께 구하면 얻는다. 그리고 기도와 간구에는 정성과 노력이 필요하다. 실천의 생활이 동반된다. 성도는 기도하며 일하고, 일하며 기도한다. 간구할 때는 응답받아 간직할 그릇 준비가 함께 필요하다. 준비한 그릇에 채워진다. 예수님은 감당하실 십자가를 앞에 놓고, "아바 아버지여 아버지께서는 모든 것이 가능하오니 이 잔을 내게서 옮기시옵소서. 그러나 나의 원대로 마옵시고 아버지의 원대로 하옵소서"(막 14:36)라고 기도하셨다. 예수님은 하나님의 원대로 십자가를 감당하셨고, 그리고 부활 승천하사 하나님 우편에 앉으셨다(막 16:19).

다음은 기도와 응답에 대한 본인의 간증이다:

- 저는 출생 전 부모의 서원기도 응답으로 목사가 되었고, 목회했고, 그리고 현재는 감리교회의 원로 목사이다. 모든 것이 하나님의 은혜요, 감사의 마음이다. 본인은 결혼 후 하나님께서 자녀를 주시면 딸이건 아들이건 목사 아닌 다른 직업을 선택하는 것이 좋을 것 같아 그렇게 되기를 원하며 기도했다. 첫째는 딸, 둘째는 아들이었다. 먼저 딸이 대학 성악과를 졸업하니 딸의 전문성을 살려 그 길로 계속하면 좋은 일이 있을 것 같았다. 그런데 졸업하고 1년 후에 갑자기 목사가 되겠다고 했다. 처음에는 말렸으나 결국 신학교를 졸업했고, 장로교 목사와 결혼했다. 이제는 아들 장래를 위한 기도를 계속하던 중, 고3이던 어느 날 "저도 목사가 되기로 결심했다"고 하며, 신학교를 가겠다는 것이다. "지금 태권도 3단이니 그 이상의 자격증을 더 취득하여 태권도와 관련된 일을 하면 어떠냐?"고 했으나 결국에는 현재 감리교회의 목사이고, 그의 장남은 신학교 2학년 재학 중이다.

간구는 우리가 하나님께, 응답은 하나님이 우리에게 하신다. 기도는 우리가, 응답은 하나님이시다. "나의 원대로 마옵시고 아버지의 원대로 하옵소서"(막 14:36)가 자녀를 위한 기도에 언제나 포함되었어야 했다. 본인이 원한 자녀를 위한 기도와 자녀의 선택 모두가 하나님의 섭리라 믿는다.

"사람이 마음으로 자기의 길을 계획(plan)할지라도 그 걸음을 인도하는 자는 여호와시니라"(잠 16:9).

"큰 집에는 금과 은의 그릇이 있을 뿐 아니요 나무와 질그릇도 있어 귀히 쓰는 것도 있고 천히 쓰는 것도 있나니 그러므로 누구든지 이런 것에서 자기를 깨끗하게 하면 귀히 쓰는 그릇이 되어 거룩하고 주인의 쓰심에 합당하여 모든 선한 일에 예비함이 되리라"(딤후 2:20-21).

간구에는 응답받을 그릇을 준비함이 필요하다. 그릇이 작으면 많은 복을 담아 간직하기가 어렵다. 받은 복을 쏟아낼 수 있다. 하나님은 소원을 이루어주시기 전에 노력할 기회(chance)를 먼저 주시기도 하신다. 간구하며 할 일을 하는 중에 소원이 응답 된다(시 37:1-7). 기도하며 할 일 하는 성도의 아름다운 태도이다.

유동식 교수는 그의 책 『한국종교와 기독교』에서 기독교가 전래된 무당종교(shamanism)에서 잘못 받아들인 문제점을 의타성, 오락성, 주술신앙(呪術信仰), 그리고 제재초복(除災招福) 들로 지적했다.159 또 다른 책 『한국 무교의 역사와 구조』에서는 무(巫)를 중심으로 하여 전래된 종교인 무교(巫敎, 무당종교)에서 기독교가 잘못 받아들이어 그대로 답습한 것으로 "지나친 기복중심 신앙"(祈福中心 信仰)이 있음을 지적하고 있다.160

"네가 보거니와 믿음이 그의 행함과 함께 일하고 행함으로 믿음이 온전케 되었느니라"(약 2:22).

"이러므로 그들의 열매로 그들을 알리라 나더러 주여 주여 하는 자마다 다 천국에 들어갈 것이 아니요 다만 하늘에 계신 내 아버지의 뜻대로 행하는 자라야 들어가리라"(마 7:20-21).

마태복음 7장 7-8절에 "구하라 그러면 너희에게 주실 것이요 찾으라 그러면 찾을 것이요 문을 두드리라 그러면 너희에게 열릴 것이니 구하는 이마다 얻을 것이요 찾는 이가 찾을 것이요 두드리는 이에게 열릴 것이니라"고 했다. '구하고 찾고 문을 두드리는' 기도와 행동은 함께 간다. 기도는 중언부언이 아닌 하나님의 전신갑주를 입고 나서는 전사의 태도다. 성도에겐 기도와 전사의 모습이 함께 한다. 예수님 승리의 은혜와 성도의 "견고하며 흔들리지 말며 항상 주의 일에 더욱 힘쓰는 자"의 수고가 함께 간다. '은혜와 승리와 보상', '노력과 수고와 감사'는 함께 간다. 예수님 닮아 십자가를 지고 사는 성도의 모든 수고는 헛되지 않아 세상과 천국에서 보상의 꽃과 열매를 맺는다(마 6:7; 엡 6:13; 고전 15:57-58).

성도는 다른 사람보다 자신의 하는 일에 관심을 가지고 일을 열심히 하는 것이 정상이다. 쓸데없이 다른 사람의 일에 간섭하거나 자신의 잣대로 다른 사람의 보상을 판단하지 말아야 한다. 자신이나 다른 사람의 공적과 보상을 온전히 셈하거나 판단하는 일은 불가능하다. 그것은 하나님이 하신다. 판단하려는 자체가 교만이다. 지금, 여기에서 진행되는 각각의 공적이 어떻게 판단될지는 하나님만이 아신다(Only God knows). 판단과 심판은 하나님께 온전히 맡기고 오늘 자신의 신앙생활을 열심히 행할 뿐이다.

성도는 두렵고 떨림으로 자신의 받은 구원을 굳게 지킨다. 이것이 성도의 굳건한 믿음(the firm faith, 골 1:23, 2:7)이다. 믿음은 생활에 나타난다. 예수님의 택함 받은 교인은 예수님을 믿어 그의 안에 거하고, 제자가 되고, 그리고 과실을 맺으며 예수님을 닮아 산다. 특히 예수님은 이러한 교인을 종이 아닌 친구로 대하여 주심이 귀하고 아름답다(요 15:1-16). 그리스도인들은 예수님이 자유롭게 살라고 주신 예수님의 자유의 진리 안에 굳건하게 서서(stand firm) 다시는 종의 멍에를 메고 사는 일이 없어야 한다(고전 16:13; 갈 5:1; 빌 2:12; 골 2:5-7; 벧후 1:10). 예수님이 서기관과 바리새인들을 꾸짖는 중 다음의 말씀을 하셨다.

"화 있을진저 외식(外飾)하는 서기관들과 바리새인들이여 너희가 박하와 회향과 근채의 십일조를 드리되 율법의 더 중한바 '정의(justice)와 긍휼(mercy)과 믿음(faith)'은 버렸도다. 그러나 이것도 행하고 저것도 버리지 말아야 할지니라"(마 23:23).

예수님은 율법을 지켜야 하나 더 중요한 '정의와 긍휼과 믿음'을 중심으로 살 것을 말씀하신 것이다. 그리스도인이 교회를 중심으로 세상을 살아갈 때 **율법 중심**, 곧 **율법, 의무, 구속(拘束), 죄의식**의 무게를 느끼며 근신하여 노력하고 사는 것은 신앙생활에서 당연하고도 아름다운 모습이다. 그러나 생활에서 우리를 '종으로서가 아닌 친구로 대하여 주시는 예수님'(요 15:14-15)을 모시고 율법 중심에서 진전한 **복음, 은혜, 자유, 평안**의 '**복음 중심의 생활**'로 진행하면 더 복되고 아름다운 모습으로 나타나는 것은 분명하다. 우리 그리스도인은 시간이 흐를수록 '**율법 라인의 성도**'를 중심으로 살았는지, 아니면 더 중요한 '**복음 라인**(the line of the gospel)**의 성도**'를 중심으로 살았는지는 말씨와 표정과 태도에 거의 나타나기 마련이다.

"그러나 주께 사랑받는 형제들아, 우리가 너희로 인하여 끊임없이 하나님께 감사드리지 않을 수 없다. 왜냐하면 하나님께서 맨 처음부터 너희를 택하셔서, 성령의 거룩하게 하심과, 진리를 믿는 믿음에 의하여 구원에 이르게 하셨기 때문이다. 왜냐하면 그 구원에 이르도록 그분께서, 우리가 전하는 복음에 의하여, 너희를 부르셔서, 우리 주 예수 그리스도께서 주신 영광을 얻게 하셨기 때문이다"(살후 2:13-14, KJV).

오순절 날 성령강림(행 2:1-4)과 교회의 탄생(행 1:12-15)으로 하여 이어온 하나님의 구원역사(the history of God's salvation)는 예수님을 본으로 십자가 중심의 복음에 합당한 신앙생활의 역사로 계속 흐른다. 그리스도인은 구원과 복음의 길 안에서 예수님의 제자로 '**교회 봉사와 선한 신앙생활, 그리고 공로와 보상의 삶**'을 영위하는 길을 걸어가다 영원 전 예정된 하나님 은혜와 섭리로, 또한 놀라운 신비와 비밀의 계시로 꾸준히 진행한다. 성도는 율법과 복음에 합당한 신앙생활의 길을 예수님 자유의 진리 안에서 꾸준히 걸어간다(엡 1:3-14, 3:9-21; 살후 2:13-17).

"너희가 열매를 많이 맺으면 내 아버지께서 영광을 받으실 것이요 너희는 내 제자가 되리라"(요 15:8).

"보라 내가 속히 오리니 내가 줄 상이 내게 있어 각 사람에게 그가 행한 대로 갚아 주리라 나는 알파와 오메가요 처음과 마지막이요 시작과 마침이라"(계 22:12).

"우리 주 예수 그리스도로 말미암아 우리에게 승리(the victory)를 주시는 하나님께 감사하노니 그러므로 내 사랑하는 형제들아 견실하며 흔들리지 말고 항상 주의 일에 더욱 힘쓰는 자들이 되라 이는 너희 수고가 주 안에서 헛되지 않은 줄 앎이니라"(고전 15:57-58).

"예수 그리스도께서는 어제도, 오늘도, 그리고 영원토록 한결같으시다"(Jesus Christ the same yesterday, and today, and for ever)(히 13:8, 한국어 권위역, KJV).

"또 무리에게 이르시되 아무든지 나를 따라오려거든 자기를 부인하고(deny) 날마다 제 십자가를 지고 나를 따를 것이니라"(눅 9:23, 개역개정, NIV).

예수님은 당신을 있는 그대로 사랑하십니다(Jesus loves you just as you are).
예수님은 우리를 있는 그대로 사랑하십니다(Jesus loves us just as we are).

제7장

성령 충만과 신앙생활

1. 성령 충만을 받으라

그리스도인은 구원받은 하나님의 자녀로, 성령의 동행으로, 그리고 그의 은사들로 신앙생활을 열심히 한다. 이제 그리스도인의 빛과 소금, 아름다운 꽃과 열매의 선한 생활과 관련된 성령의 충만함(the filling of the Spirit)과 그에 따른 그리스도인의 이상적인 상(像)이나 모형(模型)을 정리하고자 한다.

신약전서의 에베소서는 처음에 사도 바울이 에베소에 있는 성도들에게 예수 그리스도의 은혜와 평강을 기원한 후 '인간 영혼 구원과 선한 일과 교회의 탄생'이 창세 전 하나님 구원 경륜의 비밀임을 말했다(엡 1:1-3:21). 그리고 부르심에 합당한 성도의 선한 생활에서 성령의 하나 되게 하신 것의 신앙, 교회를 중심으로 한 은사의 봉사들, 옛사람을 벗은 새사람의 삶, 그리고 하나님을 본받는 삶을 말했다(엡 4:1-5:14). 이제 여기 에베소서 5장 15절 이하에는 '술 취하지 말라'는 말과 관련하여 선한 신앙생활에서의 '오직 성령으로 충만함을 받으라'의 말씀이 등장한다.

"그런즉 너희가 어떻게 행할지를 자세히 주의하여 지혜 없는 자같이 하지 말고 오직 지혜 있는 자같이 하여 세월을 아끼라 때가 악하니라 그러므로 어리석은 자가 되지 말고 오직 주의 뜻이 무엇인가 이해하라 술 취하지말라 이는 방탕한 것이니 '오직 성령으로 충만함을 받으라'(Instead, be filled with the Spirit)"(엡 5:15-18).

에베소서 5장 18절에 "오직 성령으로 충만함을 받으라"고 하였다. '성령으로 충만함을 받으라'(πληροῦσθε ἐν πνεύματι)는 말은 우리 성도들이 성령에 의하여 충만해지라(be filled by the Holy Spirit)는 의미다. '충만해지라'는 수동태이다.[161] 성령으로 충만함을 받으라는 것이다. 성령 충만은 구원받은 성도가 예수님을 닮아 사는, 곧 수고하고 노력하는 일상에서의 열매이다. 그러므로 그리스도인의 성령 충만함은 창세 전 하나님의 구원 경륜의 비밀이 나타난 신앙생활의 열매인 것이다.

거듭난 그리스도인들이 성령으로 충만함을 받아 사는 모습은 아름답고 자연스럽게 생활에 나타나는 현상이다. 성령 충만함의 체험과 역사는 성령과 함께 예수님을 닮아 악한 일 아닌 선한 일 중심으로 사는 성도의 일상이다. 성령 받은 성도는 그의 신앙생활에서 성령 충만함의 순간적인 체험이나 그 꾸준한 진행은 언제나 가능하다(행 2:4-47, 4:31, 9:15-19).[162] 오순절 날 함께 모인 신자들에게 성령과 성령으로 충만함을 받는 역사가 일어났고, 그리고 그 성령과 성령의 충만한 역사는 오늘도 우리 그리스도인의 신앙생활과 함께 계속 진행이다.

리차드 개핀(Richard B. Gaffin, Jr.) 교수는 그의 책 『성령 은사론Perspectives on Pentecost』에서 "성령의 충만을 받으라"는 명령은 모든 신자에게 일생토록 적용되는 명령이라고 하며 다음과 같이 말했다.

"'성령의 충만을 받으라'는 현재 명령형은 한 번만이 아니라, 계속 반복해서 충만 받을 것을 명령한 것이다. 이것을 볼 때 성령 충만은 성령세례와 동일한 것이 아니다. 성령세례는 회심 때 단회적으로 일어나는 것이지만, 성령 충만은 신자들의 생활에서 계속되는 과정 혹은 활동으로 '계속 성령 충만하라', '거듭거듭 성령으로 충만해지라', '성령이 너희 생활 속에서 더 충만하게 활동하시도록 끊임없이 추구하라'들의 의미다. 그러므로 죽을 때까지 혹은 재림 때까지 모든 신자는 이 명령에 복종해야 한다." 163

사도 바울은 평생 하나님 부르심의 상을 목표로 예수님 십자가를 본받고, 예수님을 자랑하고, 성령의 동행으로 봉사하고, 그리고 계속 성령으로 살고 성령으로 진행했다(갈 5:25; 빌 3:3, NIV, 4-17). 사도 바울의 성령 충만 생활과 그 진행이다. 성령 충만 체험이나 그 체험을 유지하는 성령 충만 생활은 성도의 일상이다. 거듭난 성도가 성령과 함께하고, 그리스도의 대속의 은혜164 안에서, 그리고 매일 악한 일의 의도가 아닌 선한 신앙생활로 진행하고 있으면 이것이 바로 성령 충만함이요, 그 충만을 유지함이요, 그 길로의 계속 진행이다(요삼 1:11). 성령 충만함의 계속되는 신앙생활은 하나님의 주권적 섭리와 용서하심의 은혜, 그리고 그리스도인의 회개와 수고(labor)와의 협력의 산물이다.

찰스 C. 라이리(Charles C. Ryrie) 교수는 『성령론 The Holy Spirit』이라는 그의 책에서 "크리스천의 거듭남(요 1:12-13, 3:3-7)은 반복되지 않는 사건(unrepeated event)으로 순간적이나, '성령으로 충만함을 받으라'는 말씀은 한 번으로 끝나는 것이 아니라 지속적인 행동의 명령인 것을 기억하며 선교와 봉사와 선한 일에서 성령 충만한 생활 모습을 꾸준히 나타내 보일 것"165을 권고한다. 오순절 날 성령 충만 받은 초대교회 성도는 그 충만한 상태가 유지되어 계속 그 길로 진행되지 못하는 모습이 나타나기도 했다(행 5:1-11, 6:1-2).

그리스도인의 거듭남(the born-again)은 신생아의 탄생이고 성령 충만은 '장성한 사람이 된 때'(when I become a man, 고전 13:11), 곧 성인의 생활이다. 성령 충만은 성숙한 어른의 생활인 것이다. 성령 충만 생활은 충만한 물이 넘쳐 흘러내리듯이 하나님이 창조하신 세상에 어울리는 모습과166 새로운 피조물로 사는 자연스러운 일상이다(시 104:30-31; 고후 5:17; 히 1:3). 성령 충만은 성령 동행으로 믿음에 굳게 서서 마귀가 들어올 틈(place)을 주지 않는 성도의 생활이다(마 12:43-45; 행 16:5; 고전 16:13; 엡 4:27, KJV, 6:10-17; 살후 1:3; 벧전 5:9).

르위 페쓰루스(Lewi Pethrus)는 그의 책 『성령의 바람The Wind Bloweth Where It Listeth(요 3:8)』에서 마태복음 12장 43-45절의 말씀을 근거로 "신자의 회개한 마음에 행함의 열매가 없으면 더러운 귀신의 노예가 된다"고 경고한다.167 중생, 곧 거듭난 그리스도인의 성령 충만한 신앙생활을 유지하지 못한 **무공공간(無功空間)의 위험**인 것이다.

성령 충만 그리스도인은 '성령으로 살고 또한 성령으로 꾸준히 걸어가는' 자연스러운 일상을 보낸다(갈 5:25). 그리스도인은 선행으로 구원을 받는 것은 아니나 선행으로 성화 된다. 신앙이 생활로 나타남이다. 성도의 신앙생활이다. 일터의 신앙(faith at work), 행동하는 신앙(faith in action),

또한 신행일치(信行一致)의 꽃과 열매를 목표로 한 꾸준한 진행이다(빌 3:16-4:1; 약 2:22). 그리스도인은 성수주일(聖守主日)로 주일 하루를 교회의 예배와 봉사, 그리고 집에서 편히 쉰다. 그리고 어떤 선한 일과 관련하여 꼭 해야 할 일이 있으면 나가서 활동하는 것 또한 유익한 일이다. 예수님은 '안식일에 선을 행하는 것이 옳으니라' 하시며 몸소 병자를 고치시었다(마 12:11-15; 눅 13:10-17; 요 5:1-13). 성도는 **일주일을 지경관, 곧 지혜로운 경영 관리**로 보낸다.

에리카 앤더슨(Erica Anderson)은 그의 책 『알베르트 슈바이처의 우정 선물Albert Schweitzer's Gift of friendship』에서 슈바이처의 생활의 활력(vitality)을 주는 비결이 활동의 순환(rotation)에 의 있다고 하며 다음과 같이 소개했다.

> "슈바이처는 한자리에 앉아 글을 쓰다가 피로하면 밖에 나가 몸을 움직이며 건축 일을 하고, 바깥에서 육체적인 일에 피로하면 안에서 오르간이나 피아노를 연주하며 피로를 풀었다. 가만히 앉아 쉬거나 잠을 자는 것만이 육체의 피로를 풀거나 생활의 활력소를 위한 방편이 아니라는 것이다. 알베르트 슈바이처는 다양한 순환 스케줄의 생활이 원기 회복이나 회춘(rejuvenation)을 경험하는 일상에서의 비결이라고 하였다.168

성령 충만 그리스도인은 지혜로운 건축자와 같이 그리스도 예수님의 터 위에 아름다운 선한 집을 조심하며, 그리고 꾸준히 지어가는 건축자들이다. 성령과 함께 꾸준히 금이나 은이나 보석 같은 집을 지으며 공력을 쌓고 있다(고전 3:10-16). 그리스도인은 "오직 우리가 어디까지 이르렀든지 그대로 행할 것이라"(빌 3:16)는 말씀 따라 사는 꾸준한 신앙생활인들이다. 성도의 꾸준한 기도와 성숙한 생활로 더러운 귀신과 악의 영들이 침투하지 못한다. 범사에 헤아려(test) 좋은 것을 취하고 악은 모든 모양이라도 버린다. 그리스도 대속의 은혜 안에서 옛사람은 벗어 버리고 하나님의 거룩한 새사람을 입는 생활의 훈련과 그 일상이다(삼상 12:23-24; 엡 1:7, 4:17-24; 살전 5:21-22; 약 5:15; 요일 1:9). 성령 충만을 받은, 곧 성령 충만한 생활은 거듭난 그리스도인이 예수님 닮아 사는 꾸준한 신앙생활의 진행이다.

다음 세 가지로 성령 충만(the Holy Spirit-filling)의 요소를 정리한다.

첫째, 성령 충만은 예수님 충만이다(빌 3:7-16). 성도는 예수님 인격과 말씀과 교훈을 본으로 산다. 사도 바울은 살든지 죽든지 예수께 온전히 사로잡혀 예수님 충만, 성령 충만으로 살았다(갈 2:20; 빌 1:18-21, 3:12).

"내가 이미 얻었다 함도 아니요 온전히 이루었다 함도 아니라 오직 내가 그리스도 예수께 잡힌바 된 그것을 잡으려고 달려가노라"(빌 3:12).

성도는 자신의 자아(self ego) 대신 예수님을 주인으로 모시고 산다(롬 14:8). 에베소서 5장 18절에 '술 취하지 말고 성령의 충만을 받으라' 했다. 술 취한 자는 술의 지배와 통제를 받고, 성령 충만을 받은 자는 예수님의 지배와 통제를 받는다. 그리스도인은 내가 나를 지배하는 것(ego-control)이 아니라 그리스도 예수님이 나를 지배(Christ-control)하도록 진행한다. 그리스도인은 그리스도께 속한 자다(They belong to Christ, 고후 10:7). 성령 충만 그리스도인은 예수님의 '길과 진리와 생명'이 그의 삶을 지배하고 통제한다(요 14:5-6). 예수님의 십자가는 '인내와 겸손'을, 부활은 '용기와 승리'를, 그리고 성령 임재는 '평안과 소망'으로 인도한다.

성령 충만은 예수님을 닮는 선한 신앙생활이다. 요한삼서 1장 11절에 "악한 것을 본받지 말고 선한 것을 본받으라"고 했다.[169] 성령 충만 생활은 악한 것을 떠나 선한 것을 따라가는 꾸준한 진행이다. 성도의 일상이 악한 일 아닌 선한 습관으로 흐른다. 몸에 밴 신앙생활이다. 성도는 성령으로 살면 또한 성령으로 행한다(갈 5:25). 성령 충만은 예수님 충만으로 예수님 닮아 사는 신앙생활이다.

둘째, 성령 충만은 순종이다(행 5:32; 고후 2:9; 딛 3:1).170 고난으로 순종함을 배우신 예수님 닮아 순종한다. 성도에게 믿음(faith)과 순종(obedience)은 둘이 아니라 하나다. 성령 충만은 예수님의 승천 분부(分付)에 따라 예루살렘을 떠나지 않고 기다린 신자에게 임했다. 예루살렘을 떠나지 말라는 주님 말씀을 그대로 믿고 기다린 제자들의 순종이 귀하다. 성령 충만은 예수님께 순종이다.

"그가 아들이시면서도 받으신 고난으로 순종함을 배워서 온전하게 되셨은즉 자기에게 순종하는 모든 자에게 영원한 구원의 근원이 되시고"(히 5:8-9).

그리스도인은 매일의 생활에서 하나님께 온전히 순종함으로 인하여 온전한 기쁨이 찾아온다. 그야말로 하나님 앞에서의 '온전한 순종, 온전한 기쁨'(Perfect submission, perfect delight)이다. 성령 충만은 믿고 순종하는 생활이다(눅 24:49; 행 1:4, 2:1-4; 롬 16:26-27; 히 5:8-9). 성령 충만은 예수님께 순종이다.

셋째, 성령 충만은 말씀 충만이다.171 성경 말씀은 하나님의 감동으로 된 것으로 교훈과 책망과 바르게 함과 의로 교육하기에 유익하다. 성도는 말씀으로 양육 받고 성장한다. 선한 일을 행하기에 온전한 말씀을 읽고, 듣고, 묵상하고, 연구하고, 그리고 행한다. 예언과 계시와 환상 체험은 말씀과 그 교훈에 따라 사용하고 성경에 없는 다른 복음은 용납되지 않는다. 우리 안에 '풍성히(richly) 거하는' 말씀으로 산다. 성령 충만은 말씀 따르는 생활이다(갈 1:6-12; 골 3:16-17; 딤후 3:15-17; 벧후 1:20-21; 계 22:18-19). 성령 충만은 말씀 충만이다.

그리스도인의 중생(rebirth), 곧 거듭남의 순간은 성령 충만 생활로 나타나 계속 진행한다. '유일한 성령을 단 한 번 받음'(the once-for-all reception of the only Spirit)의 성도는, 곧 거듭난 그리스도인은 믿음이 있는 한, 이제는 아름다운 꽃과 열매 맺는 생활에 열중한다. 또다시 성령 받으려고 힘쓰지 않고 반복하여 받으려 하지 않는다. 오직 성령 충만을 받으라는 말은 한번(once) 받은 성령을 계속 받으라는 것이 아니라 이미 받은 성령과 함께하며 예수님을 닮은 신앙생활을 꾸준히 진행하라는 것이다(갈 2:20). 성도의 선한 신앙생활에서 받은 성령이 확인되고, 확신되고, 강화되고, 그리고 유지된다.

성도의 거듭남(born-again)은 구원받은 확신과 기쁨이고 성령 충만한 생활은 '믿음의 역사와 사랑의 수고와 소망의 인내'로 얻는 아름다운 꽃과 열매이다(요 3:3; 살전 1:3). 거듭난 그리스도인(the born-again christian)은 "땅이 스스로 열매를 맺되 처음에는 싹이요 다음에는 이삭이요 그다음에는 이삭에 충실한 곡식이라 열매가 익으면 곧 낫을 대나니 이는 추수 때가 이르렀음이라"(막 4:28)는 예수님 말씀 따라 일상을 산다. 또한 "오직 우리가 어디까지 이르렀든지 그대로 행할 것이라"(빌 3:16)는 말씀으로 꾸준히 진행한다. 성령 충만은 예수님을 본으로, 그를 닮아 예수님 충만, 순종, 그리고 말씀 충만으로 진행하는 신앙생활이다.

2. 성령 충만을 받은 생활양식

고등학교 시절, 생물 과목(biology) 담당 선생께서 하신 말씀이다. 할머니 한 분이 이제라도 착하게 살리라 결심하고 흰 실과 검은 실과 그에 따른 실패 2개를 각각 사서, 잠들기 전 대체로 착한 하루였으면 흰 실을 실패에 한 번 감고, 그렇게 생각되지 않은 날이면 검은 실을 다른 실패에 다 한번 감았다. 한 달 후에 보니 검은 실이 감긴 실패의 실이 많아 보였다. 그러나 날이 갈수록 흰 실 실패의 실이 더 많아 보이다가, 돌아가시기 직전에는 흰 실 실패의 실이 훨씬 많이 감겨 있었다는 것이다. 젊을 때부터 착한 삶을 목표로 노력하면 그렇지 않은 학생보다 착하게 성장한다는 교훈의 말씀이셨다.

앞에서 성도의 신앙생활과 관련하여 사도 바울이 말씀한 '**믿음의 역사와 사랑의 수고와 소망의 인내**'(살전 1:3)로 얻는 **아름다운 꽃과 열매의 일상**을 소개했다. 여기에서 우리 성도는 우선 소망의 인내, 곧 희망을 굳게 함이 필요하다. 사도 바울은 데살로니가전서 1장에서 '믿음의 역사와 사랑의 수고와 소망의 인내'의 말씀과 함께 예수님을 본받는 생활을 말했고, 그리고 예수님의 재림을 언급했다(살전 1:1-10). 예수님은 "자라나는 씨 비유'(막 4:26-29)에서 "땅이 스스로 열매를 맺되 처음에는 싹이요 다음에는 이삭이요 그다음에는 이삭에 충실한 곡식이라 열매가 익으면 곧 낫을 대나니 이는 추수 때가 이르렀음이라"(막 4:28-29)고 했다. 그리고 빌립보서 3장 20-21절에는 "오직 우리의 시민권(our citizenship)은 하늘에 있는지라 거기로서 구원하는 자 곧 주 예수 그리스도를 기다리노니 그가 만물을 자기에게 복종케 하실 수 있는 자의 역사로 우리의 낮은 몸을 자기의 영광의 몸의 형체와 같이 변케 하시리라"고 했다. 성도는 하늘 보좌 생명책을 생각하며 주님과의 만남을 소망으로 꾸준히 걸어가는 신앙생활인이다(계 20:12).

간단하게 이 말씀들만을 놓고 보더라도 태초에 예정된 하나님의 구원역사는 예수님의 재림으로 끝남을 알 수 있다. 성령 충만한 그리스도인의 생활에서는 우선 예수님의 재림, 곧 천국을 소망하며 사는 믿음의 역사가 중요하다. 그리스도인은 천국의 기쁨을 미리 맛보며 아름다운 꽃과 열매의 신앙생활을 진행한다. 희망의 선취(先取)이다. 이는 희망의 신학자로 알려진 위르겐 몰트만(Jürgen Moltmann)에게서 구체화하여 나타난다. 그의 책 『정치 신학Politische Theologie』에 천국의 앞당겨진 "희망의 선취"(anticipation)의 개념이 강조된다.

> "이 비밀은 너희 안에 계신 그리스도시니 곧 영광의 소망(the hope of glory, 골 1:27)의 선취이다. 그 비밀의 희망이 우리 성도의 신앙생활의 유지와 미래를 향한 동력이다."172

성령 충만 그리스도인은 신앙생활의 진행에서 장차 거룩한 성 새 예루살렘의 잔치를 '미리 앞당겨' 일상에서 체험하며 그 길로 행한다. 우리 그리스도인은 하나님의 자녀로 영광의 주님을 만나는 희망이 절실하므로 먼저 예수님을 본으로 하여 자신의 성격과 기질에서 새롭게 변화되는 모습이 매우 필요하다. 팀 라헤이(Tim LaHaye)는 그의 책 『성령과 기질Spirit-Controlled Temperament』에서 사람의 기질은 타고나는 것이지만 그의 성격(character)과 인격(personality)의 변화를 통하여 그 조정이 가능함을 다루고 있다.173 우리 인간의 본성을 알고 그것을 바르게 이해함이 필요한 것이다.

사람의 본성을 말함에는 맹자(孟子)와 루쏘(J. J. Rousseau)의 성선설(性善說), 홉스(T. Hobbes)와 순자(荀子)의 성악설(性惡說), 그리고 고자(告子)와 로크(J. Locke)의 성무선악설(性無善惡說)들을 고려한다. 창세기 6장 5-7절에 "여호와께서 사람의 죄악이 세상에 가득함과 그의 마음으로 생각하는 모든 계획이 항상 악할 뿐임을 보시고 땅 위에 사람 지으셨음을 한탄하사 마음에 근심하시고 이르시되 내가 창조한 사람을 내가 지면에서 쓸어버리되"라고 했다. 창조주로서의 한탄을 토로하셨다. 이것은 성악설이다.

J. 오스왈드 샌더스는 성령께서는 "주 예수님을 믿는 자에게 '지금 바로' 영생 얻는(요 3:36), 신의 성품(the divine nature) 곧 하나님의 본성(the nature of God)에 참여하는 자로서의 기쁨을 맛볼 수 있게 하신다"고 하며 다음의 말씀들을 소개하고 있다.[174]

"하나님과 우리 주 예수님을 앎으로 은혜와 평강이 너희에게 더욱 많을지어다. 그의 신기한 능력으로 생명과 경건에 속한 모든 것을 우리에게 주셨으니 이는 자기의 영광과 덕으로써 우리를 부르신 이를 앎으로 말미암음이라 이로써 그 보배롭고 지극히 큰 약속을 우리에게 주사 이 약속으로 말미암아 너희가 정욕 때문에(by the evil desires) 세상에서 썩어질 것을 피하여 신성한 성품에 참여하는 자가 되게하려 하셨느니라"(벧후 1:2-4).

"그러므로 너희가 더욱 힘써 너희 믿음에 덕을, 덕에 지식을, 지식에 절제를, 절제에 인내를, 인내에 경건을, 경건에 형제 우애를, 형제 우애에 사랑을 더하라"(벧후 1:5-7).

우리 그리스도인들은 예수님을 믿고 성령 받아 "하나님의 품성을 공유한 자들"(partakers of the divine nature, 벧후 1:3-4, KJV)이 되어 믿음을 시작으로 사랑을 목표로 꾸준히 성장하는 성령 충만의 생활로 진행한다. 이제는 옛 죄가 깨끗하게 된 하나님의 은혜 안에서 새로운 피조물로 선한 일에 열매를 맺으며, 더욱 힘써 부르심과 택하심을 굳게 하여 곧 굳건한 믿음으로 천국에서 환영받기 충분한(a rich welcome) 백성으로 성장한다. 이와 같이 하나님의 은혜 안에서 하나님의 품성을 공유한 그리스도인이 성선설의 주인공이 될 수 있는 것이다(고후 5:17; 벧전 5:8-10; 벧후 1:2-11; 요삼 1:11).

성도의 본성은 중생 후 성선설을 의미하는 말로 **"중생성선설"**(重生性善說)이라 명명(命名)할 수 있다. 창세기 6장 5-7절의 시대, 곧 창조된 사람들의 악행으로 인한 대홍수로 모든 것이 멸망할 때 방주(Ark)에 들어간 노아의 온 가족(8명)은 구원받았다(창 6-9). 창세기 7장 12-13절에 "사십 주야를 비가 땅에 쏟아졌더라 곧 그날에 노아와 그의 아들 셈, 함, 야벳과 노아의 아내와 세 며느리가 다 방주로 들어갔고"라고 하였다. 이제 거듭난 그리스도인은 새로운 피조물로 성령과 함께하며 하나님의 부르심과 택하심(calling and election)을 굳게 하여 선한 신앙생활의 길을 꾸준히 진행하고 있으면 우리 주, 곧 구주 예수 그리스도의 영원한 나라에 들어갈 때 주님의 '넉넉한 환영'(a rich welcome, 벧후 1:11)을 받고, 그 영광의 기쁨을 지금 여기에서 미리 맛볼 수 있는 것이다. 여기에서 성도가 성령의 충만함을 받은 생활양식, 곧 그리스도인 라이프스타일(Christian life-style)이 등장한다.

제8장

성령 충만 그리스도인의 생활양식

앞에서 성령 충만의 요소를 예수님 충만, 순종, 그리고 말씀 충만이라고 했다. 이제 3가지 요소를 기본으로 성령 충만 그리스도인의 모습과 그에 따른 성령의 충만함을 받은 생활양식, 곧 그리스도인 라이프스타일(Christian life-style)을 9가지로 정리한다.

1. 예수님을 닮는 것이다

성령 충만 그리스도인(the Spirit-filling christian)은 예수님 닮아 사는 자다. 그리스도인을 그리스도와 같게 하려는(Christlike) 것이 하나님이 주신 목표다.175 성령 충만 생활(the Spirit-filling life)은 예수님 닮아 사는 것이다. 교회의 성경 교육의 중요성을 강조한 레이 로젤은 그의 책, 『주일학교 교육Talks on Sunday School』에서 다음과 같이 말했다.176

"성경 공부나 인생의 목표(the goal of the life)는 예수 그리스도를 닮는 것(likeness of Jesus Christ)이다. 이 엄청난 목표(a staggering goal)는 예수님 자신도 성도가 온전히 도달할 수 없음을 알고 계신다. 다만 예수님은 성도가 자신을 닮으려는 노력과 훈련을 중단없이 꾸준하게 할 것을 원하신다. 온전함의 목표는 성도 앞에 언제나 놓여 있다(Perfection is still the goal). 성도는 다만 노력할 뿐이다(Point is that we must to try). 하나님은 노력하라고 목표를 주신다(The goal is to try)."

예수님은, 성도들이 하나님처럼 "너희도 온전하라"(Be perfect) 하신다.177 특히 착한 행실(good works)로 하나님께 영광을 돌리라고 하신다(마 5:16). 또한 로젤은 글래든 감독(Bishop Gladden)의 다음 말을 즐겨 사용했다.178

"인생의 목적은 둘인데 하나는 선인, 곧 선한 존재가 되는 것(to be good)이고, 다른 하나는 선행, 곧 선을 행하는 것(to do good)이다."

우리 성도가 하나님처럼 온전하게 되는, 이 엄청난 목표를 앞에 두고 매일 예수님을 닮아 살아가는 선한 일상은 하나님의 예정된 구원역사 안에서 진행되는 일이다.179 하나님께서 예정된 자들을 지명하여 부르시고, 그리스도의 대속의 은혜로 이끄시고, 그리고 선한 일을 열심히 하는 친 백성으로 인도하심으로 가능한 일이다(사 43:1; 막 10:45; 엡 1:4-7, 2:10; 딛 2:14; 요일 3:2-10).

성도는 예수님이 항상 나와 함께하심(Jesus, always with me)을 믿고 예수님 닮아 '선인과 선행의 길'을 걸어가고, 그리고 그렇게 예정하신 하나님이 성장의 길로 계속 이끌어 가신다. 선한 존재는 선한 행동을 한다. 성도는 예수님을 닮아 특히 그의 십자가를 지고 걸어간다. 내 몫에 태인 십자가는 내가 지고 산다(눅 9:23; 벧전 2:20-21). 성도는 십자가의 고난과 부활의 영광을 일상에서 체험하며 산다.

'노 페인 노 게인'(No Pain, No Gain)이란 말이 있다. 고통 없이는 얻는 것이 없다(Without pain, without gain)는 뜻이다. 십자가의 고난 없이는, 부활의 영광 또한 없다. '노 크로스 노 크라운'(No cross, no crown)이다. 우리 성도의 '고난–얻음, 십자가–영광'(pain-gain, cross-crown)의 일상이다. 피할 수가 없는 십자가라면 기쁘게 지고 간다. 그리스도인 자신이 감당해야 할 어려움이 있을 때 예수님 닮아 그 십자가를 지고 살아가는 일상은 아름답다(눅 9:23).

잘못된 기질과 성격에서도 십자가 신앙으로 이해하여 성장의 변화를 시도함은 아름다운 일이다. 그리스도인의 생활에서 십자가의 인내는 잘못된 성격과 인격의 부족함을 고치고 변화하는 데에 필요한 약이다. 인지위덕(忍之爲德)이라는 말이 있다. 참음으로 덕을 이룬다는 말이다. 채근담에는 '성질이 조급하고 마음이 거친 사람은 한 가지 일도 이룰 수 없고, 마음이 온화하고 기질이 평안한 사람은 백 가지 복이 절로 모인다'고 했다. 바클레이(William Barclay)는 그의 책 『히브리서 Letter to Hebrew』에서 그리스도인의 인내를 다음과 같이 설명하고 있다.

"성경에서의 인내(忍耐, patience)에는 '후포모네(ὑπομονή)라는 헬라어가 사용되어 있는데(히 12:1-2), 그 의미는 팔짱을 끼고 앉아서 모든 문제가 빨리 지나가기만을 기다리는 것이 아니라 모든 장애물에 대처하는 '불굴침착(不屈沈着)의 결단과 행동'이다. 그리스도인의 인내에는 장애물이 그 의기를 죽이지 못하고, 지연(delays)이 그 진행을 약화시키지 못하고, 그리고 낙담이 그 희망을 흐리지 못한다. 속의 낙심이나 밖의 반대가 그를 저지시키지 못한다.[180]

사람은 정도의 차이가 있으나 희노애락애오욕(喜怒哀樂愛惡慾)의 칠정(七情), 곧 기쁨, 노함, 슬픔, 즐거움, 사랑, 미움, 욕심의 감정들이 있다.

성도는 이러한 감정을 예수님의 십자가와 부활의 신앙과 교훈에 따라 인식하고, 조절하고, 그리고 다스림이 필요하다. 특히 화냄과 노함, 그리고 성냄의 상황이 발생할 때 그리스도인은 그것을 십자가의 신앙과 교훈으로 자제하고 다스리는(control) 훈련을 통하여 신앙생활에서의 대장군의 길을 걸어갈 수 있다.

> "노하기를 더디 하는 자는 용사보다 낫고 자기의 마음을 다스리는 자는 성을 빼앗는 자 보다 나으니라"(잠 16:32).

> "미련한 자는 분노를 당장에 나타내거니와 슬기로운 자는 수욕을 참느니라"(잠 12:16).

> "어리석은 자는 자기의 노를 다 드러내어도 지혜로운 자는 그것을 억제하느니라"(잠 29:11).

한때 지인들이 '분노 없는 모임'(None-Anger Meeting)을 의미하는 'NA 미팅'을 만들어 종종 만나 분노 조절을 위하여 기도하며 노력하기도 했다.[181] 분노를 다스리는 인내 훈련에 도움이 되었다. 본인의 이름이 작명된 예화이다:

- 본인 이름이 처음에는 전용남(全容男)으로, '온전 전'(全), '얼굴 용'(容), '남자 남'(男)이었다. 저희 부모께서는 처음 태어나는 아들은 목사로 키우기로 서원기도를 하셨는데 셋째까지 딸이었고, 내가 넷째로 아들로 태어나 목사가 되었고, 지금은 은퇴한 원로 목사이다. 본인 출생 시 강원도 강릉 경포대 지역에 거주하시던 큰아버지께서는

장로의 직임으로 그 지역의 한 교회에서 담임 목회를 하고 계셨다. 큰 아버지께서 저희 부모와 어린 저를 만난 그 자리에서 '전용남'이라는 이름을 '전의남'(全義男)으로 바꾸라고 하여 지금의 이름이 되었다고 한다. 그 바뀐 이름에는 '전(全)적으로 의(義)로운 남(男)자다운 목사'가 되라는 큰아버지로 인한, 이름이 바뀐 날의 안수 기도가 담겨 있다.

목회 초기에는 이름값을 해야 하고, 의롭게 살고, 그리고 사회정의를 실현한다는 명목 등으로 여러 사람 앞에서 굳은 표정을 짓는 정도로 가볍게 옳다고 생각하는 주장을 말하기 시작하였다. 그러나 그것이 점점 자라서 때론 큰 음성과 혈기와 분노가 분출되고 마침내 그로 인하여 하나님의 영광을 가리게 되는 일이 종종 발생하였다. 예수께서 성전을 강도의 소굴로 만든 자들에게 의분(義憤)한 일이 본인의 혈기와 분노의 방패막이 될 수는 없음을 깨달았다(마 21:12-13). 그 후 회개하고 혈기와 노함의 습관을 고치느라 힘들었다. 예수님의 산상수훈(마 5-7장)을 참신한 시각으로 새롭게 조명 곧 창의적으로 해석한 스카이 제서니(Skye Jethani)는 그의 책 『예수님의 진심 What If Jesus Was Serious?』에서 다음과 같이 말했다.

"성경을 근거로 하여 크리스천의 '의로운 분노'를 정당화하는 이들이 많다. 실제로 성경에는 하나님이 진노하신 사건들을 많이 볼 수 있다. 신약에는 예수님이 성전의 탁자들을 뒤엎고 종교지도자들의 위선을 강하게 꾸짖으신 장면이 있다(마 21:12-13). 그렇다면 우리 주님이 의로운 분노를 발하셨으니 우리도 그분을 따라 때때로 분을 내어도 되는 것일까? 완벽한 자만이, 곧 완벽하신 예수님은 분노를 의롭게 사용하실 수 있다. 하지만 나는 스스로를 믿을 수 없다. 나는 분노를 잘못 발해서 상처를 준 적이 너무 많다. 일일이 다 기억도 나지 않을 정도다. 내 실수와 아울러 예수님이 산상수훈에서 하신 말씀을 생각하면 분노는 멀리하는 것이 옳다. 그렇다면 분노는 항상 나쁜 것일까? 그렇지만은 않다. 분노는 항상 나쁜 것은 아니다. 그러나 분노는 너무나 파괴적이고 위험해서 우리 삶에서 완전히 제거하는 편이 안전하다. 산상수훈에서 예수께서는 분노가 살인으로 이어지는 마음의 태도라고 말씀하셨다. 분노는 대부분 파괴적인 행위를 낳는 씨앗이다. 따라서 반드시 우리 마음에서 분노를 몰아내야 한다."[182]

사울은 왕이 되기 직전에 이스라엘을 모욕하던 암몬 사람들과의 싸움에서 의로운 분노를 행사하여 '한 사람의 구원자'로 승리했다(삼상 11:1-11). 사무엘상 11장 6절(KJV)에 "사울이 그 소식을 들었을 때 하나님이신 성령이 그에게 임하셨고, 그의 분노(his anger)가 불붙었다"고 했다. 사울은 그 일 후 곧 왕이 되었으나, 얼마 되지 않아 아들 요나단이나 다윗과의 관계에서 계속 의로운 분노를 보여 주지 못했다. 오히려 그 반대였다. 의로운 분노가 사라진 것이다. 당시 사울 왕은 자기가 세운 '군대의 장'이 된 다윗이 블레셋 사람을 죽이고 돌아오는 자신의 환영 자리에서 여인들이 부른 노래, 곧 "사울이 죽인 자는 천천이요 다윗은 만만이로다"(삼상 18:7)는 말에 불쾌하여 심히 노한 것(very angry)을 시작으로 의로운 분노가 사라졌다. 오늘날 왕이 되기 전 사울처럼 성령 받아 행한 의로운 분노를 '거룩한 분노, 숭고한 분노, 구국 영웅, 용기와 정의감'들로 말할 수 있다. 성도가 의로운 분노를 행사하며 거룩한 하나님의 구원역사에 참여할 수는 있으나, 스카이 제서니의 말처럼 완벽한 예수님만이 의로운 분노를 의롭게 사용할 수 있음을 기억하며 사람의 분노는 자제함이 필요하다.

"너희는 모든 냉소와, 격노와, 분노와, 소리 지르는 것과, 비방을 모든 악의와 함께 버려라"(엡 4:31, KJV).

"그가 찔림은 우리의 허물 때문이요 그가 상함은 우리의 죄악 때문이라 그가 징계를 받으므로 우리는 평화를 누리고 그가 채찍에 맞으므로 우리는 나음을 받았도다"(사 53:5).

바울은 예수님 십자가만을 자랑하고 고백한다(갈 6:14-15). 성도 또한 예수님의 십자가만을 자랑하며 십자가 고통과 그 사죄의 은혜를 감사한다. 그러므로 성도는 예수님을 닮아, 인간적인 "모든 냉소와, 격노와, 분노와, 소리 지르는 것과, 비방"(엡 4:31)을 모든 악의와 함께 버리고 겸손을 가까이하며 산다.

"이르시되 인자가 많은 고난을 받고 장로들과 대제사장들과 서기관들에게 버린바 되어 죽임을 당하고 제삼 일에 살아나야 하리라 하시고 또 무리에게 이르시되 아부든지 나를 따라오려거든 자기를 부인하고 날마다 제 십자가를 지고 나를 따를 것이니라"(눅 9:22-23).

선과 악을 분별함은 반드시 필요하고 또한 유익한 과정이다. 그러나 선한 명목을 내세우며 선악을 밝히려고 성령과는 무관한 '격노와 분노'로 목숨 걸고 싸운다면, 그것은 교만의 징조다. 완전한 선과 악의 심판은 오직 하나님만이 하신다(창 3:3-5). 나와 교회와 세상을 온전하게 심판하실 이는 하나님뿐이시다(Only God can judge me). 성도의 의로운 주장은 반드시 필요한 것이나 인간의 혈기와 분노를 자제하고 예수님을 닮아 '자기를 부인하고 날마다 제 십자가를 지는' 믿음으로 행함이 필요하다.[183]

예수님 '십자가의 죽으심과 부활의 다시 사심'의 신앙생활이 요구된다. 성도는, 하나님이 십자가를 지신 예수님을 지극히 높여 사람들을 그에게 복종케 하시는 승리의 말씀에서 은혜와 위로와 용기를 얻는다(눅 9:23; 빌 2:8-10; 골 2:5-7; 살전 4:14; 벧전 2:21-24).

하나님은, 성도가 예수님 닮아 십자가와 부활의 삶을 살도록 예정하셨다. 그리고 십자가를 감당하는 성도와 함께하시고 지혜로 인도하신다. 그리스도인에게는 겸손히 십자가를 지고 사는 그 자체가 자랑이요, 승리요, 기적이다.[184]

서울대학교병원 기독봉사회 회지(1981. 9. 27), 「함춘의 강단」에 실린 홍창의 병원장(장로)의 '파스칼의 회심'에 관한 내용을 소개한다:

- 파스칼(Pascal)은 자신의 회심의 내용이 담긴 메모지를 옷에 꿰매어 넣고 8년 동안 지녀 왔다. 그가 죽었을 때 발견되었다. 그 내용은 다음과 같았다. "아브라함의 하나님, 이삭의 하나님, 야곱의 하나님. 철학자나 학자들만의 신이 아닌 우리들의 하나님. 확신, 확신, 감격, 환희, 평화, 환희, 환희, 환희, 환희의 눈물. 예수 그리스도, 나는 그에게서 떠나있었다. 나는 그를 피하고, 버리고, 그를 십자가에 못 박았다. 이제 나는 그에게서 절대로 떠나지 않을 것이다. 절대로 떠나가지 않을 것이다. 일체를 기꺼이 포기할 것. 예수 그리스도와 나의 지도자이신 그에게 완전한 복종. 나는 당신의 말씀을 잊지 않겠습니다. 아멘.[185]

1980년 봄, 본인의 한얼산기도원에서의 체험이다:

- 교회의 문제로 한 주간 금식하며 기도했다. 5일째 낮 집회 후 혼자 기도원 근처의 조용한 숲에서 기도하는데 환상 중에 커다란 십자가가 나타났다. 그 십자가에서 환한 빛이 반짝이더니, "네가 지고 갈 십자가를 피하지 말고 감당하라"는 주님의 음성을 들었다. 마음이 평안했다. 한 주간의 금식기도를 마치고 교회로 돌아와서, 본인이 십자가를 지는 방법으로 인하여 어려운 문제가 해결되었다. 십자가는 고난과 인내와 죽음의 상징일 뿐만 아니라 하나님의 능력과 지혜와 부활의 상징이다. 감당해야 할 십자가를 기쁘게 지고 사는 성도는, 하나님의 능력과 지혜가 역사하심을 체험하고, 그리고 주님께 감사한다(눅 9:23; 고전 1:17-31).

바울 사도는 예수님의 십자가 외에 결코 자랑할 것이 없다는 신앙고백을 하며 살았다. 성도의 간증과 고백을 들어보면 회심, 천국과 지옥, 기도 응답, 그리고 고난에서의 하나님의 기적적인 도우심 등등의 내용이 은혜롭고 도움이 된다. 간증의 내용과 형태들이 다양하여 아름답다. 예를 들면 천국의 묘사나 거기서 만난 예수님 모습에 대한 간증이 다양하다. 예전의 어떤 어린이 신자는 새끼줄을 타고 천국에 올라갔다고 한다. 또 다른 이들은 사다리나 구름을 타고 갔다고도 한다. 천국에서의 예수님을 만나는 간증에서도, 주님의 모습을 비롯한 천사나 천당과 지옥의 형용들이 간증인에 따라 다르다. 그 체험 내용이 간증인 마다 다르다 해서 문제될 것은 없다. 각각 그들 자신의 신앙과 처지와 수준과 환경 나름에서 믿거나 체험한 것들이기 때문이다.

간증들 모두 일곱빛깔무지개다. 간증이 아름답다. 그리고 간증의 내용이 구약과 신약의 모든 성서의 말씀, 특히 예수님의 십자가 중심의 구원 진리와 관련된 진실의 내용이나 상징이나 실례들이라 더욱 빛나고 아름답다. 그러나 때로 성경 예언의 말씀 외에 더하거나 제하여 버리거나 또한 자기의 창작물이 될 수가 있으므로 간증인의 진실과 지혜의 신앙이 요구된다.[186]

"여호와의 말씀이니라 보라 거짓 꿈을 예언하여 이르며 거짓과 헛된 자만으로 내 백성을 미혹하는 자를 내가 치리라 내가 그들을 보내지 아니하였으며 명령하지 아니하였나니 그들은 이 백성에게 아무 유익이 없느니라 여호와의 말씀이니라"(렘 23:32).

어떤 간증인이 성경에 없는 이단 사상을 말하거나, 또한 "내가 말한 간증만이 옳고 진리니 나와 똑같이 성령을 체험하고, 그리고 그에 따라 교회생활을 하라"고 강요한다면 이는 마귀와 귀신들의 하수인(下手人)이다. 한 간증인이 성서를 본문으로 자신의 체험을 간증하였다고 할지라도 자신은 뒤로 물러서서 예수님을 앞에 높이어 "여러분은 나의 인간적인 모습은 잊고 오직 예수님만 바라보고 예수님을 본으로 특히 그의 십자가를 닮아 사시기를 바랍니다"라고 간증을 끝낸다면 진정한 아름다운 일곱빛깔무지개의 간증이다. 한 교회 교인이 자신에게서나 교회에서나, 그 어떤 예수님 관련 모임에서 언제나 예수님이 주인공으로 나타나시도록 행하는 것이 당연하고 아름다운 일이다.

갈라디아서 3장 1절(KJV)에는 "오 어리석은 갈라디아 사람들아, 예수 그리스도께서 너희 가운데서 십자가에 못 박히신 채로, 너희 눈앞에 분명하게 제시되어 왔음에도 불구하고, 너희를 꾀어 너희로 하여금 진리에 순종하지 못하게 하였느냐?"라고 했고, 갈라디아서 2장 20절에는 "내가 그리스도와 함께 십자가에 못 박혔나니 그런즉 이제는 내가 사는 것이 아니요 오직 내 안에 그리스도께서 사신 것이라 이제 내가 육체 가운데 사는 것은 나를 사랑하사 나를 위하여 자기 몸을 버리신 하나님의 아들을 믿는 믿음 안에서 사는 것이라"고 하였다. 성도의 일상과 간증들이 예수님 특히 그의 십자가를 닮아서 사는 내용과 관련된 것이어서 아름답다. 성령 충만 그리스도인은 예수님을 닮아 특히 그의 십자가를 닮아 겸손과 지혜와 능력과 승리와 영광의 은혜를 체험하며 산다.

"내가 이미 얻었다 함도 아니요 온전히 이루었다 함도 아니라 오직 내가 그리스도 예수께 잡힌 바 된 그것을 잡으려고 달려가노라"(빌 3:12).

"하나님이 미리 아신 자들을 또한 그 아들의 형상을 본받게 하기 위하여 미리 정하셨으니 이는 그로 많은 형제 중에서 맏아들이 되게 하려 하심이니라 또 미리 정하신 그들을 또한 부르시고 부르신 그들을 또한 의롭다 하시고 의롭다 하신 그들을 또한 영화롭게 하셨느니라"(롬 8:29-30).

"우리는 십자가에 못 박힌 그리스도(Christ crucified)를 전하니 유대인들에게는 거리끼는 것이요 이방인들에게는 미련한 것이로되 오직 부르심을 받은 자들에게는 유대인이나 헬라인이나 그리스도는 하나님의 능력이요 하나님의 지혜니라"(고전 1:23-24).

2. 생활의 변화와 성장이다

성령이 충만한 그리스도인은 생활의 변화와 성장을 이루는 자다. 그리스도인은 생활의 변화와 성장을 이루며 산다. 예수님을 닮아 사는 변화와 성장이다. 하나님은 전심전력하여 너의 진보를 사람에게 나타나도록 하라신다. '변화는 진보'(change is progress)라는 말이 있다. 그리스도인에게는 예수님 닮아 사는 목표를 향한 변화와 진보이다. 그리스도인은 농부가 추수할 때의 풍성한 열매를 소망하며 씨를 뿌리듯이 "처음에는 싹이요 다음에는 이삭이요 그 다음에는 이삭에 충실한 곡식이라"(막 4:28)는 말씀을 마음에 새기며 신앙생활에 열매를 맺고 하나님을 아는 것에 자라간다(롬 14:8; 고후 10:7-8; 빌 1:6, 25, 2:13; 골 1:10; 딤전 4:15; 벧후 3:18).

바울의 옥중생활이 오히려 '복음의 진보'가 되었고 성경에서의 그의 옥중서신에 나타난 복음은 계속 은혜로 전파되고 있다. 그는 십자가를 지는 고난과 육체의 약한 것, 그리고 복음 전파의 많은 어려움과 박해에도 생활의 변화와 성장은 계속되었다. 성도는 좋은 환경뿐만 아니라 어려운 조건에서도 변화와 성장은 계속된다. 주님 닮은 변화와 성장의 수고에는 그 안에서 역사하시는 하나님의 도우심이 항상 함께하신다. 구원받은 성도는 복음에 합당한 생활에서 계속 변화하고 성장하는 자다(고후 12:7-9; 빌 1:7, 12-21).

"주께 합당히 행하여 범사에 기쁘시게 하고 모든 선한 일에 열매를 맺게 하시며 하나님을 아는 것에 자라게 하시고"(골 1:10).

"너희 안에서 착한 일을 시작하신 이가 그리스도 예수의 날까지 이루실 것을 우리는 확신하노라 내가 너희 무리를 위하여 이와 같이 생각하는 것이 마땅하니 이는 너희가 내 마음에 있음이며 나의 매임(I am in chains)과 복음을 변명함과 확정함에 너희가 다 나와 함께 은혜에 참여한 자가 됨이라"(빌 1:6-7).

우리 그리스도인들이 예수님을 닮은 복음에 합당한 신앙생활에서 변화와 성장을 계속함에 있어서는 구원의 확신과 기쁨이 매우 중요한 요소로 작용한다. 구원의 확신과 기쁨은 성장의 원동력이다.[187] 이에 대하여 커팅(G. Cutting)은 그의 책 『구원의 확신 그리고 기쁨』에서 다음과 같이 말하고 있다.

"진실로 진실로 너희에게 이르노니 믿는 자는 영생을 가졌나니 내가 곧 생명의 떡이니라"(요 6:47-48)는 예수님의 말씀은 조금도 의심할 수 없는 성도의 확신이다. 이것은 예수님의 대속(代贖)의 죽으심과 그 은혜를 믿음으로 얻는 것이므로 주위의 환경이나 감정에 좌우되어서는 안된다. 인간의 변덕스러운 느낌, 기분, 그리고 다른 사람의 '나에 대한 판단'에 의지하여 생활하는 성도는 구원의 확신과 기쁨을 갖기 힘들고 항상 불안해한다."[188]

도날드 반하우스(Donard G. Barnhouse) 또한 사람의 구원과 그에 따른 신앙생활에서 대속의 죽으심을 행하신 선한 목자 예수님을 믿는 믿음이 매우 중요함을 강조하며[189] 이어서 다음과 같이 강조한다:

- 우리 성도는 다른 사람들의 거짓된 간증이나 스스로의 단순한 느낌, 기분, 그리고 잡념들에서 벗어나 오직 예수님과 그의 대속의 은혜를 확실히 믿고 따름이 중요하다. 그리스도의 대속의 은혜 안에서 얻은 구원의 확신과 기쁨으로 온전한 생활의 변화와 성장을 계속 진행할 수 있는 것이다.[190]

그리고 레오 톨스토이는 그의 책 『인생론Tolstoi's On Life』의 첫 부분에 사람은 선한 사람이어야 함을 강조하며 한 사나이의 이야기로 시작하고 있다.

"물방아를 유일한 생활 수단으로 삼고 있던 한 사나이가 있었다. 어느 날 그는 우연히 물방아의 기계가 도는 원인이 되는 제방(堤防)과 개천 연구에 몰두하게 되었고 그 결과 그의 나머지 생활의 터전을 상실하고 말았다. 물방앗간의 기술자는 가루를 잘 빻기 위해 필요하고 인생은 선량한 사람이 되기 위해 필요하다. 인생을 연구하는 것은 더 좋은 사람이 되기 위해서 하는 것뿐이다."[191]

톨스토이는 그의 인생론의 시작을 방아꾼이 품질 좋은 가루를 만들어야 하는 목적을 상실하면 안 되는 것과 같이, 사람이 선량한 사람이 되려는 목적을 상실해서는 안 된다는 것으로 시작하고 있다. 이들 모두 거듭난 그리스도인들이 이제는 구원받은 확신과 예수님의 대속의 은혜 안에서 예수님을 본으로, 예수님을 닮아 선한 신앙생활의 길로 꾸준히 진행하는 성숙한 그리스도인의 모습을 갖추게 하는 내용이다. 그야말로 그리스도인은 하나님의 아들 예수님을 믿고 아는 일에 하나가 되어 온전한 사람을 이루어 예수님의 장성한 분량이 충만한 데까지 이르도록 성장하고 있는 것이다(엡 4:13).

　기독교인이 아닌 자도 악인이 아닌 선량한 사람으로 살려고 노력하는 자들이 많이 있다. 그러므로 예수님을 본으로 사는 성도는 특히 선한 일의 빛이 사람들 앞에 비추어지도록 노력한다. 성도는 그 선한 빛으로 하나님께 영광을 돌린다. 한 사람이 예수님을 믿어 구원받고 예수님을 닮아 선한 신앙생활을 이루어가는 일은 모두 창세 전 하나님께서 예비하신 일이다.192 그리스도인의 신앙생활은 한순간에 끝나는 일이 아니다. 그리스도인은 그리스도 안에서 서로의 믿음의 진보와 기쁨을 나누며 함께 꾸준히 진행하고 있다(마 5:14-15; 빌 1:25-26).

　열매 맺는 성화의 길은 평생의 산물이고 그에 따른 생활의 형태 또한 다양하고 복잡하다.193 그리고 생활의 변화와 성장을 위한 목표가 너무 높다. 하나님을 본받아 거룩하고 온전해야 하고, 그리스도 예수님의 장성한 분량이 충만한 데까지 이르러야 하고, 그리고 하나님과 이웃사랑의 두 계명을 온전히 실천하여야 한다(마 5:48, 22:34-40; 엡 4:11-13, 5:1; 벧전 1:15-16). 그러므로 우리는 서로 도우며 함께 천국을 향하여 계속 진행이다:

- 목원대에서 시무하시던 류문기 교수께서 연세대로 옮겨서 재직하실 때 한 시간의 학생들을 위한 특강을 할 수 있는 기회를 주신 후, "전 목사! 내가 곧 미국으로 이민 가게 되어 이별 선물로 매월 도서비 구입용으로 얼마씩을 줄 것이니, 전 목사의 학문 성장에 도움이 되게 하라"셨다. 교수께서 "연세대 병원 원무과 ○○ 씨에게 그 도서비를 맡겨 두었으니 매월 ○○원씩 찾아 집에 갈 때 꼭 서점에 들러 필요한 책을 구입하라" 하셨다. 2년 동안 계속되었다.194

거룩한 생활의 변화와 성장의 목표가 예수님을 본으로, 그를 닮는 것이기에 서로 도우며 꾸준히 행함이 중요하다. 목표가 높아도 너무나 높아 성도 앞에는 목표가 여전히 놓여 있다(Perfection is still the goal). 그러므로 예수님을 닮아 꾸준히 노력하고 훈련한다(Christian must try and train). 하나님께서 자라나게 하시고 도와주심을 믿고, 서로 도우며 '심고 물주고 꽃과 열매를 맺는 노력'을 계속 감당한다. 모든 성도는 예수님을 닮아 천국 백성의 길을 가도록 예정된 존재이므로 "오직 우리가 어디까지 이르렀든지 그대로 행할 것이라"(빌 3:16)는 말씀과 함께 계속 변화와 성장으로의 진행이다(고전 3:6-7; 빌 2:13).

빌립보서 3장 20-21절에는 "오직 우리의 시민권(our citizenship)은 하늘에 있는지라 거기로서 구원하는 자 곧 주 예수 그리스도를 기다리노니 그가 만물을 자기에게 복종케 하실 수 있는 자의 역사로 우리의 낮은 몸을 자기의 영광의 몸의 형체와 같이 변케 하시리라"고 했다 천국에서 우리 낮은 몸이 영광의 몸의 형체로 변하여 주님을 만날 때 모든 수고와 훈련이 끝이다. 성도는 하늘 보좌 생명책을 생각하며 주님과의 만남을 소망으로 꾸준히 걸어가는 신앙생활인이다(계 20:12). 예수님을 본으로 그리스도의 장성한 분량이 충만한 데까지 이르기 위한 신앙생활 곧 '믿음과 행함'의 진행은 하늘 시민권자인 성도의 자연스러운 일상이다. 에녹의 삶(창 5:24)이 배경이 된 찬송(430장), "한 걸음 한 걸음 주 예수와 함께 날마다 날마다 우리 걸어가리"의 고백이 바로 그리스도인의 일상이다.

티모시 켈러(Timothy Keller) 목사는 그의 책 『하나님의 목회와 신앙생활Every good Endeavor: Connecting your Work to God's Work』에서 우리 그리스도인의 선한 신앙생활과 사랑의 실천(act of love), 그리고 성경의 지혜(the Bible's wisdom)

의 중요함과 관련하여 다음과 같이 말했다.

> "장차 거룩한 성 새 예루살렘에서의 예수님 신부로서의 성도들은 자신의 신앙적인 행함(faithful work)을 통하여 '이웃을 사랑하고, 그리고 이웃에게 봉사하는 생활이 바로 하나님을 공경하고 섬기는 길임'을 나타내 보이는 고귀한 목적을 깨닫고 산다"[195](마 22:37-40).

성도는 '한한신 일은선생' 곧 '한 무리 한 목자 신앙'으로 살아가는 '일상의 은밀한 선한 생활인'이다. 천로역정 순례자이다. 매임의 어려운 상황 중에서도 사도 바울과 디모데, 빌립보의 모든 성도, 그리고 감독과 집사들은 성령의 도우심으로 서로 겁 없이 기도와 교제로 믿음과 복음의 진보, 곧 복음에 합당한 생활을 이루고 있다(빌 1:1-30). 오늘도 순례자인 그리스도인들은 서로 영적인 교제를 나누며 위로와 용기를 얻으며 함께 간다. 하나님을 시인하는 자는 신앙과 행함의 길을 꾸준히 걸어간다. 오순절 날 성령의 충만함을 체험한 신자들이 한마음 한뜻이 되어 모든 물건을 유무상통(有無相通)하고 날마다 마음을 같이하여 성전에 모이고 친교를 나누는 아름다운 모습이 나타나 있다. 성도는 이러한 모습이 계속 유지되고 그 길로 진행되길 원하며 산다(행 2:4, 4:31; 딛 1:16, 2:7).

그러나 오순절 날 후 아나니아와 삽비라 부부는 거짓으로 성령을 속였고, 제자들이 많아지면서 구제 문제로 갈등과 원망함이 있었고, 에베소 교인의 말의 실수와 여러 죄로 성령을 근심하게 하였고, 그리고 사도 바울은 데살로니가 교인 중 은사를 잘못 사용한 자에게 '성령을 소멸치 말며 예언을 멸시하지 말라'고 지적하여 권면하는 일이 발생하기도 하였다(행 5:1-11, 6:1-2; 엡 4:25-32; 살전 5:19-20). 바울은 한때 죄(sin)로 인한 갈등으로 "나는 곤고한 사람이로다 이 사망의 몸에서 누가 나를 건져내

랴"고 한탄한다(롬 7:24). 루터(Martin Luther)는 종종 "성도는 의로운 동시에 죄인이다"(at the same time justified, but still a sinner)라고 했고,[196] 영국의 시인 포프(Alexander Pope)는 "인간의 본성은 죄를 짓는 것이요, 하나님의 본성은 용서하는 것이다"(To err is human, to forgive Divine)라고 했다. 언제나 실수는 인간, 언제나 용서는 하나님이시다.

성도가 실수와 허물과 죄를 지을 수밖에 없다고 하여 그 죄들을 가볍게 여기지 아니함이 당연하고 또한 이러한 죄들로 인하여 낙심이나 절망에 이르지도 않아야 한다. 사도 바울은 죄의 고통으로 한탄하기도 하나 여전히 성도의 본으로 성도를 권면하였고 예수님을 닮아 특히 십자가의 길을 계속 달렸다. 의인(義人)으로 인정받은 성도는[197] 성령의 동행으로, 성령으로 살고 또한 성령으로 꾸준히 행한다. 온갖 죄와 실수들로 낙심하거나 절망하지 않는다. 성도의 출발선상에서부터 믿음과 선한 일, 회개와 용서는 함께 간다. 하나님 은혜와 성도들 노력이 계속되는 진행이다. 하나님의 구원역사에서 그리스도의 대속의 은혜는 계속 임하고,[198] 성도의 예수님 닮은 성장과 성숙의 길은 계속 진행이다(요 14:16; 행 4:31; 고전 3:16, 4:14-16; 갈 5:25; 빌 3:10-21; 벧후 1:2-11).

예전 한 나라의 왕자의 신분(position)과 상태(state)를 성도와 비교해 볼 수 있다. 왕의 아들로 태어나면 왕자가 된다. 왕자가 그의 신분이요, 지위다. 혹시 왕자가 왕자다운 행동을 하지 않아도, 그리고 죄로 인하여 그 상태가 흔들린다고 할지라도 왕자는 왕자다.[199] 왕자가 죄를 짓고 자책하여 왕자 됨을 거부하거나, 죄를 전혀 짓지 않을 때 왕자가 되겠다고 하지 않는다. 이미 왕자로 태어난 것은 바뀌지 않는다. 하나님의 자녀가 된 성도는 율법과 구속(拘束)에서 복음과 은혜의 길로 나선다. 사도 바울은

"죄가 더 한 곳에 은혜가 더욱 넘쳤다"(롬 5:20)고 고백한다. 복음과 은혜의 길에서 그리스도인은 예수님을 본으로 그리스도의 복음에 합당한 생활로 계속 진행이다(요 14:6; 빌 1:27).

성도는 만왕의 왕이시며 만주의 주이신 하나님 자녀의 신분, 곧 "택하신 족속이요 왕 같은 제사장들이요 거룩한 나라요 그의 소유된 백성"(벧전 2:9-10)으로 세상을 살고 있다. 오늘 우리 성도는 하나님 앞에서 어린아이가 아닌 장성한 자, 즉 장성한 왕자의 모습으로 서 있다(고전 13:11; 딤전 6:15). 성도의 변화와 성장의 길에는 다음의 신분이 여전히 은혜로 남아 있다:

- 하나님의 자녀(요 1:12; 롬 8:16).
- 성령의 성전(고전 6:19).
- 주 그리스도의 신부(계 21:2, 9).
- 하나님의 상속자 및 신의 성품의 상속자(롬 8:16-17; 벧전 1:4).
- 왕이요 제사장(벧전 2:9; 계 1:5-6, 5:10).
- 선하며 거룩한 자(롬 8:9-30; 히 10:14).

성도가 머리 되신 예수님을 본으로 온전한 사람을 이루며 자라가는 일은 '그날과 그때'까지 진행이다. 사도 바울이 여전히 사도이고 성도의 본이듯이 우리 성도들 또한 여전히 하나님의 자녀요, 천국 백성이요 선한 청지기로 살고 있다(렘 31:1; 마 25:13; 빌 3:17, 20-21; 벧전 2:9-10, 4:10).

성령 충만 그리스도인은 선한 일에 열매를 맺으며 하나님 아는 것에 자라 성숙한 자로 산다. 골로새서 1장 10절에 "주께 합당하게 행하여 범사에 기쁘시게 하고 모든 선한 일에 열매를 맺게 하시며 하나님을 아는 것에 자라게 하시고"라 했다. 변화와 성장에는 모든 것이 합력하여 선을 이루는 역사가 함께 간다(롬 8:28). 성령 충만 그리스도인은 서로 도우며 성장한다. 예수님을 본으로[200] 선한 신앙생활을 열심히 하며 꾸준히 변화와 성장으로 진행하는 한, 모두 성령 충만한 자이며 또한 그 충만한 상태를 유지하는 성숙한 그리스도인이다.

성삼위 하나님의 목회 안에서 세상에 흩어진 모든 교인은 천국 백성, 곧 **한한신 천국교회 공동체** 안에서 한 형제자매로 함께하고 있다는 신앙과 희망으로, 그리고 서로 위로와 용기를 얻으며 변화와 성장을 진행한다. 성령 충만 생활은 하나님의 자녀, 예수님 안에서의 새로운 존재, 그리고 천국 백성의 신분에 합당한 거룩한 삶에로의 꾸준한 변화와 성장이다. 성령 충만 생활은, 생활의 변화와 성장이다.

3. 사회 속의 일원으로 사는 것이다

성령 충만 그리스도인(the Holy Spirit-filling christian)은 사회 속의 일원(一員)으로 사는 자다. 교회의 일원이며 사회 속의 일원이다. 천국의 백성으로 장차 나타날 천국, 곧 종말의 최종 구원을 소망하며 산다. 그리고 지금 여기에서 영생 천국의 희망과 기쁨과 영광을 미리 맛보며 산다. 성령의 임하심으로 선포된 예수님의 구원이 오늘날 세상에 현실화되고 있다. 태초 하나님의 창조 사역에 동참하신 성령은 창조된 세상을 예수님과 함께 보존하시고 새롭게 하신다(창 1:2; 시 104:30-31; 고후 5:17; 히 1:3).

서중석 교수는 그의 책 『마가복음서의 사회적 제자직과 공동체*Discipleship and Community: Mark's Gospel in Sociological Perspective*』에서 신앙생활의 사회적 정황을 고려할 것을 강조하며 다음과 같이 말했다.

"모든 성경 말씀이 하나님의 영적 말씀인 것은 분명하지만 그 말씀 배후에는 당시 사람들의 사회적 정황(情況), 그리스도교의 사회적 조직, 그리고 그에 따른 그리스도교의 사회적 세계를 찾을 수 있다. 그 결과 기록 당시 한 개인 영혼의 구원 문제에만 관심이 있는 것이 아니라 다양한 공동체의 모습과 그 공동체들 간, 상호 교류와 갈등과 대립의 독특한 사회상을 통한 다양한 신앙 형태를 발견할 수 있는 것이다."[201]

사회학적 전망(Sociological Perspective)에 따른 성경 말씀의 사회학적 해석이 사회 속의 일원으로 사는 그리스도인을 이해함에 많은 도움이 된다.

"주의 성령이 내게 임하셨으니 이는 가난한 자에게 복음을 전하게 하시려고 내게 기름을 부으시고 나를 보내사 포로 된 자에게 자유를 눈 먼 자에게 다시 보게 함을 전파하며 눌린 자를 자유롭게 하고 주의 은혜의 해를 전파하게 하려 하심이라"(눅 4:18-19; 사 61:1-3).

"주는 영이시니 주의 영이 계신 곳에는 자유가 있느니라"(고후 3:17).

"진리를 알지니 진리가 너희를 자유케 하리라"(요 8:32).

"그리스도께서 우리로 자유롭게 하려고 자유를 주셨으니 그러므로 굳세게 서서 다시는 종의 멍에를 메지 말라"(갈 5:1).

예수님의 진리로 자유를 얻은 그리스도인은 굳게 서서 다시는 종의 멍에를 메지 않는다. 길이요, 진리요, 생명이신 예수님께서 그리스도인을 자유케 하신다. 종의 멍에를 벗는 자유함의 복이다. 하나님 구원의 복은 영생 천국을 얻는 것뿐만 아니라 세상의 모든 죄와 질병, 그리고 온갖 위험과 속박으로부터의 구출과 보호이다. 인간의 자유와 해방에 대한 복음이다. 예수님 당시 사람들이 예수님을 고발하려고 회당에서 안식일에 병 고치는 것이 옳으냐고 했을 때 예수님께서는 "사람이 양보다 얼마나 더 귀하냐 그러므로 안식일에 선을 행하는 것이 옳으니라"(마 12:12)고 하시며 한쪽 손 마른 사람의 병을 고치셨다. 예수님은 안식일의 주인이시다(마 12:8) '예수님은 문자적인 율법으로부터의 인간의 해방'을 선포하신다. 이 세상과 세상의 한 인간을 지극히 사랑하시는 예수님이신 것이다. 우리 인간성의 회복, 곧 인간화(humanization)이다(마 12:1-16; 요 8:32, 36, 14:6).

마가복음 5장 25-34절에 예수님께서 오랫동안 혈루증(血漏症)으로 고생한 여인을 고치신 내용이 있다. 구원(치료)받은 여인이 예수님 앞에서 감사와 두려운 마음으로 엎드려 있을 때 주님께서는 그 어떤 교훈이나 따름이나, 그리고 의무의 부담을 주시지 않고 "딸아 네 믿음이 너를 구원하였으니 평안히 가라 네 병에서 놓여 건강할지어다"(34절)라고 하시어 위로와 평안과 자유를 베푸셨다. 질병과 율법에서 벗어난, 진보(progress)한 치유와 자유의 복음 선포이시다.

성도는 사회 속의 존재(being in society)이다. 파스칼은 그의 책 『팡세 Pensees』에서 예수님의 십자가를 닮아 사는 크리스천을 보며 "성도는 얼마나 교만 없이 자신이 하나님과 결합 되어있다고 믿고 있는가! 얼마나 비열하지 않게 자신이 땅의 벌레와 같다고 여기고 있는가! 예수님의 십자가를 지고 삶과 죽음, 행복과 불행을 받아들이는 훌륭한 태도!"라 평가했다.202 파스칼은 성도가 세상에서 십자가를 지고 사는 모습이 비열하지 아니하고 겸손하게 나타나는 것을 아름답게 보고 있다. 그리스도인은 사회의 일원으로 예수님의 십자가를 지고 겸손하게 부활의 주님 그리스도를 희망하며 산다. 세상에서 예수님을 닮아 자유와 해방의 실현으로 개인구원은 물론 사회의 부조리한 법과 굴레와 속박으로부터의 사회적 구원도 성취되기를 희망하며 사는 것이다.

성도는 환경오염과 공해에서의 구원도 이뤄야 한다. 에덴동산도 그 것을 '가꾸고 지키는 것'(to dress it and to keep it, 창 2:15, KJV)이 필요했다. 오염된 물에 들어 온 고기는 어쩔 수 없이 그 물을 함께 마실 수밖에 없다. 사회가 깨끗해야 사회의 개인 또한 깨끗해진다. 우리 그리스도인의 사회적 책임은 사회구성원의 일원으로 사회의 불의, 부정, 그리고 억압의 온갖 사회악으로부터의 구원, 곧 자유와 해방을 위한 일에의 동참이다. 그리스도 중심(Christ the center) 신앙이 그리스도 실천(Christ-Praxis) 생활로의 변화와 성장이다.

예전 신앙생활은 대체로 개인과 교회를 중심으로 이루어진 것 같다. 교회를 중심으로 한 개인의 구원에만 관심하여 사는 것으로 만족하였다. 그러나 1960년대 말에서부터는 교회가 한 개인의 신자가 감당할 수 없는 정치적, 그리고 집단적인 사회악의 문제들이 심각함을 깨닫게 되었다. 그러므로 '이들로부터의 자유와 해방', 곧 사회구원의 필요성을 깨달아 관심을 갖게 된 것으로 기억된다. 개인구원(individual salvation)과 사회구원(social salvation)의 문제이다:

- 1988년 8월 미국 에모리 대학교 신학대학원 주최의 한 세미나에 한

주간 참석할 기회가 있었다. 그 신학교의 모(某) 교수께서 '개인구원과 사회구원'에 대하여 강의하신 후 혹시 질문할 것 있으면 하라시었다. 당시 한국교회에서 쟁점(issue)이 되어 있던 문제가 생각이 나서, "개인구원과 사회구원 중 양자택일(alternativity)에서 교수께서는 어느 것에 우선권(priority)을 두시겠느냐?"라고 질문하자, 교수께서는 망설임 없이 즉시 '사회구원'이라고 대답하셨다.

우리는 개인 구원이 더 중요하고 우선하는 것임을 믿고 있다고 생각한다. 그러나 구원받은 우리가 사회 안에서 한 사람의 신앙생활인으로 살고 있을 때는 사회구원의 책임을 감당함은 매우 중요하다. 이 사회의 불의, 부정, 억압, 그리고 환경오염과 같은 온갖 사회악에 대한 의식과 실천, 그리고 저항과 투쟁 또한 필요하다. 그런데 그 참여 방법의 선택이 매우 중요하다. 폭력(violence) 아닌 비폭력(nonviolence)의 방법이 요구된다. 퍼브스는 목회자의 '메시아적 환상'을 경고한다.203 메시아적 환상을 벗어나 하나님 주도의 구원 사역에 참여하는 자세로 인권 보호, 민주화 운동, 사회정의 실현 등의 다양한 형태의 사회참여 행동을 계획한다면 폭력 아닌 방법은 얼마든지 가능하다:

• 본인은 1970년대 인권 운동이나 민주화 운동들이 활발하던 시기에 수원과 서울 수유리 **크리스천-아카데미하우스**를 중심으로 하여 시행된 의식화 교육을 여러 번 받았고, 민주회복국민운동 원주지부에서 활동하였고(1976년 3월), 천주교원주교구 신구교합동기도회에서 발표한 성명서인 '**원주선언**'(1976년 1월 23일)에 서명하였고, 그리고 감리교신학대학교 선교대학원에서 사회구원과 관련하여 졸업 논문을 썼다.204 사회의 일원으로서의 성도들은 '나만 예수님 믿고 구원받으

면 그만이다', '나만 잘살면 된다', '내 가정만 잘 살고 복 받으면 된다', '내 교회만 부흥하면 그만이다' 등등의 개인주의와 이기주의에서 벗어나 폭력을 제외한, 가능하고 다양한 사회참여 의식과 행동으로 개인이나 집단의 구원을 이루며 살아감은 매우 중요하고 필요한 일이다.

하나님께서는 이스라엘 백성이 정치적, 사회적 학정(虐政)과 압제로 고통당할 때 지도자 모세를 선택하여 백성을 구원하셨다.[205] 믿음으로 거듭난 성도는 하나님 앞에서 나 자신이 선택한 방법으로 **'나는 믿는다. 그러므로 행동한다'**(I believe, therefore I do)**이다. 신앙인(信仰人)인 동시에 신앙생활인(信仰生活人)이다.** 언제나 신앙의 실천(faith in action), 곧 행동하는 신앙이 요구된다. 일터에서의 신앙(faith in work)이 필요하다. 성도는 예수님을 믿는 신자인 동시에 마귀와 악한 영들과 싸우는 전사이다(엡 6:12-13). 그러나 개인의 경건 생활이나 교회공동체 안에서의 생활을 벗어나 사회의 일원으로 살며 사회적 구원을 위한 책임 감당이나 빛과 소금의 생활을 이루어가기에는 어려운 일이 많다. 가치관을 비롯한 여러 면에서 차이점이 발견된다. 세상의 한 단면을 보여 주는 예화이다:

- 오래전 한 공영방송에서 경기도 하남시의 어느 중소기업 회사의 사훈(社訓)이 소개된 적 있다. 회사 사무실 벽 액자에,
  "세상에 돈이 최고다, 세상에 공짜는 없다, 세상에 믿을 놈 없다"
  는 내용이었다.
- 본인도 같은 사회구성원으로 살아가면서 한두 번쯤은 생각해 본 내용이라 그 사훈이 한편으로는 일리가 있다는 생각이 들었다. 그래서 본인의 메모장에 그 사훈에 이어서,

"세상에 그놈이 그놈이다"
라고 덧붙여 메모해 놓았던 기억이 난다. 그리고 그리스도인으로 사회 참여에 대하여 여러 가지 생각을 하였다.

신인현 교수는 그의 책 『새 세대 새 윤리』에서 그리스도인이 예수님의 도성인신(道成人身, incarnation)을 닮아 사는 신앙생활을 강조하며 다음과 같이 말했다.

"예수님의 변모설화(마 17:1-20; 막 9:2-29; 눅 9:28-43)에서 볼 수 있듯이 기독교는 하늘과 산과 기도원의 종교가 아니라 땅과 이 세상과 마을의 종교다. 그리고 또한 천사의 날개를 붙잡는 상향적(上向的) 종교가 아니라 죄인의 손목을 잡으려 내려가는 하향적(下向的) 종교이다."[206]

구원받은 그리스도인이 사회적 책임 의식으로 사회구원을 함께 감당하는 데에는 많은 어려움이 있다. 예수님 성육신(incarnation)의 개념에 따라 개인과 교회가 예수님의 영광스러운 변모설화(變貌說話)에 나타나 있는 것처럼 산에서 산 아래로, 기도원에서 마을로 내려가는 것은 매우 필요한 일이다(마 17:1-9; 막 9:2-10; 눅 9:28-37). 그러나 다만 산 아래로, 마을로 내려가는 것만이 능사는 아니다. 왜냐하면 사회는 매우 복잡하고 미묘하기 때문이다."

칼 폴 라인홀드 니버(Karl Paul Reinhold Niebuhr)는 사회적인 결단들은 개인적인 것처럼 분명하지 않아 정의를 내리기 어렵다고 하면서,[207] 그 사회적 모순과 갈등을 "모호한"(ambiguous)이라는 용어로[208] 규정하여 표현했다. 인간은 개인적으로는 고상한 인격자나 도덕적 존재가 어느 정도 가능하나 일단 집단 속으로 들어가게 될 경우에는 그 집단의 이기적이고 비도덕적 경향으로 함께 쏠릴 가능성이 매우 많다는 것이다. 니버가 말한 대로 개인도덕과 사회도덕 사이에는 모순과 갈등이 심하여 애매모호한 일이 많이 발생한다.

성령 충만한 그리스도인은 천국을 소망하며 산다. 세상에서의 그리스도인은 외국인과 나그네로 더 나은 본향을 사모하며 산다. 잠언 27장 8절에 "고향을 떠나 유리하는 사람은 보금자리를 떠나 떠도는 새와 같으니라"고 했다. 오순절 날 성령이 하늘로부터 내려오셨다. 모든 은혜가 빛이신 하나님에게서 내려오는 것이므로 그리스도인은 세상에서 언제나 위를 바라보며(look up!) 산다(행 2:2; 히 11:13-16; 요일 1:5).

> "온갖 좋은 은사와 온전한 선물이 다 위로부터 빛들의 아버지께로부터 내려오나니 그는 변함도 없으시고 회전하는 그림자도 없으시니라. 그가 그 피조물 중에 우리로 한 첫 열매가 되게 하시려고 자기의 뜻을 따라 진리의 말씀으로 우리를 낳으셨느니라"(약 1:17-18).

성도는 위를 바라보며 세상을 산다. 세상에서 세상을 따라 살지 아니하고 하나님의 온전하신 뜻이 무엇인지를 분별하며 산다(롬 12:1-2). 그리고 예수님은 이웃이 누구인지의 질문에 선한 사마리아인을 소개하셨다(눅 10:29-37).

디트리히 본회퍼(Dietrich Bonhoeffer)는 "크리스천들이 이웃과 더불어 세상을 살 때 책임적인 존재, 곧 대리인(agent)으로서의 태도를 가져야 한다"[209]고 하였다. 이웃을 위한 대리인의 행동(agent's action), 곧 대리인으로서 세상을 사는 성도의 모습이다. 그리스도인의 이웃과 사회에서의 관심과 참여에 대한 권고이다.

헬무트 리차드 니버(Helmut Richard Niebuhr)는 그의 책 『책임적 자아 *The Responsible Self*』에서 우리 그리스도인이 선한 이웃으로 해야 할 일이 무엇인지에 대하여 다음과 같이 말했다.

"우리가 선한 이웃이 되려면 상호관계 안에서 '지금, 여기에서 무엇이 일어나고 있는가?와 무엇이 그 일에 적합한 반응(the fitting response)인가?'에 대하여 책임적 자아(the responsible self)로 그 상황에 책임 있게 응답하고 행동해야 한다. 그리고 책임적 자아는 대답자로서의 인간(man-the answer), 대화에 참여하는 인간(man engage in dialogue), 그리고 자기에게 일어난 상황에 응답하여 행동하는 인간(man acting in response to action upon him)이다. 그러므로 참된 인간형은 행동(act)하고, 반응(react)하고, 상호관계를 맺고(interact), 상대방의 반응을 예기(anticipation)하고, 대화(dialogue)하고, 그리고 행동에 대하여 행동으로 응답하는 인간이다. 이러한 응답적 인간은 자아 중심의 존재가 아니라 타인의 반응을 고려하여 행위에 행위로 응답하는 대리인의 행동(agent's action)이다. 그리고 또한 우리의 행동은 사회 안에서 행하여지는 대화와 상호관계에 끊임없이 응답할 때 책임적 존재가 된다." 210

사회의 일원으로서의 그리스도인은 사회구원의 책임적 존재임을 의식하고 사회참여의 길에 나선다(눅 4:18-19). 그리고 그리스도인이 개인구원과 사회구원의 책임을 감당하는 데에는 삼위일체의 하나님(the triune God)과 관련하여, 즉 '하나님 앞에서, 예수 그리스도 중심으로, 그리고 성령과 동행하며'라는 목표를 전제로 참여하고 행동한다. 211

"이같이 너희 빛이 사람 앞에 비치게 하여 그들로 너희 착한 행실을 보고 하늘에 계신 너희 아버지께 영광을 돌리게 하라"(마 5:16).

윌리엄 바클레이는(William Barclay)는 그의 책『야고보서와 베드로서 letters of James and Peter』에서 "참된 신앙은 선행으로 관(冠, crown) 쓰운다"라고 언급하며 우리 크리스천에게는 신앙과 행함이 함께 중요함을 다음과 같이 설명하고 있다.212

"바울은 신앙의인(信仰義認, Justification by faith)을, 야고보는 행동의인(行動義認, Justification by works)을 강조했다. 그런데 사도 바울이 강조한 은혜(grace)와 믿음(faith), 야고보가 강조한 행함(works)과 행동(action)은 각각 다르지 아니하고 상호 보완하여 완전케 한다. 사도 바울은 아무도 자력으로 성취할 수 없는 큰 기본 사실인 하나님의 사유(赦宥) 곧 죄를 용서해 줌으로 시작했고, 야고보는 구원을 받았다는 신자들에게 행함으로 그의 신앙을 보이지 않으면 참 크리스천이 아니라고 경고한다. 우리는 행함에 의하여 구원받는 것은 아니나 행함을 위하여 구원을 받는다(We are not saved by deeds; we are saved for deeds). 건전한 신앙생활은 사고(thought)와 행동(action), 기도(prayer)와 노력(effort), 그리고 믿음(faith)과 행함(deeds)을 겸비해야 한다."

성령 충만 그리스도인은 나그네와 행인으로 이 세상을 살고 있다(벧전 1:1, 17, 2:11). 도상(道上)의 존재이다. 『천로역정(天路歷程)』 곧 천성을 향한 순례자의 모습(the pilgrim's progress from this world to that is to come)을 서술한 존 번연(John Bunyan)은, "성도의 삶의 의미와 목적은 하나님과의 관계에서 찾아야 한다. 그들의 지상 생활은 천국에 들어가기 위한 훈련도장이요, 준비 장소이다"²¹³라고 말했다. 그리고 실존(existence)을 강조하는 실존주의 신학자 불트만(Rudolf Bultmann)은 그의 책『예수님 말씀Jesus and the Word』에서 "우리 그리스도인들은 현재의 구체적인 상황에서 하나님의 영광과 그의 뜻을 이루기 위해 '지금, 여기'(here and now)에서 결단해야 하는 결단의 책임을 지닌 존재"임을 강조했다.²¹⁴ 그리스도인의 신앙의 훈련도장인 여기, 세상에서의 삶은 중요하다.

> "아아 허탄한 사람아 행함이 없는 믿음이 헛것인 줄을 알고자 하느냐 우리 조상 아브라함이 그 아들 이삭을 제단에 바칠 때에 행함으로 의롭다 하심을 받은 것이 아니냐 네가 보거니와 믿음(faith)이 그의 행함(works)과 함께 일하고 행함으로 믿음이 온전하게 되었느니라(약 2:20-22).

그리스도인은 교회에서나 사회에서 예수님을 본으로 하여 그를 닮는 생활로 하나님께 영광을 돌린다(마 5:16). 예수님 믿고 그를 닮아가는 생활로 인하여 성도들의 신앙생활이 영광의 관(冠, crown)²¹⁵이 되는 것이다. 하나님께서는 개인과 집단, 교회와 사회, 그리고 주위의 환경이 모두 구원받기를 원하신다. 개인구원과 사회구원이다. 예수님 당시에 주님께서는 의식과 형식에 치우친 서기관과 바리새인을 보며 "저희의 말하는 바는 행하고 지키되 저희의 하는 행위는 본받지 말라"(마 23:3)고 하셨다. '하나님의 온전한 말씀이면 그대로 행하라'는 곧 신앙생활을 강조한 말씀이시다.

> "예수께서 그 자라신 곳 나사렛에 이르사 안식일에 늘 하시던 대로 회당에 들어가사 성경을 읽으려고 서시매 선지자 이사야의 글을 드리거늘 책을 펴서 이렇게 기록된 데를 찾으시니 곧 주의 성령이 내게 임하셨으

니 이는 가난한 자에게 복음을 전하게 하시려고 내게 기름을 부으시고 나를 보내사 포로 된 자에게 자유를, 눈 먼 자에게 다시 보게 함을 전파하며 눌린 자를 자유케 하고 주의 은혜의 해를 전파하게 하려 하심이라 하였더라 책을 덮어 그 맡은 자에게 주시고 앉으시니 회당에 있는 자들이 다 주목하여 보더라 이에 예수께서 그들에게 말씀하시되 이 글이 오늘 너희 귀에 응하였느니라 하시니"(눅 4:16-21; 사 61:1-3).

하나님이 세상을 사랑하시어 예수님을 보내시었다. 그리스도인이 예수님을 영접하여 경배하는 영적 예배는 사회 속에서 선한 생활로 나타난다. 예수님을 닮아 사는 일상은 하나님께 영광이요, 세상에는 빛과 소금이다(마 5:13-16; 요 3:16). 성령 충만 그리스도인은 사회 속의 일원으로 혼자, 소규모 집단, 그리고 대규모 군중 속에서 사회의 모호한(ambiguous) 문제를 극복하며 개인 구원은 물론 사회 구원을 감당하는 일에 적극적으로 참여하여 살아가는 자다. 성령 충만 생활은 사회 속의 일원으로 사는 것이다.

4. 교만하지 아니한, 겸손함이다

성령 충만 그리스도인은 교만(hybris)하지 아니한, 겸손한 자다. 사람이 교만하면 낮아지고 겸손하면 영예와 지혜를 얻는다. 성령 충만 그리스도인은 언제 어디서나 겸손한 자로 산다(잠 11:2, 29:23; 고전 13:4; 벧전 5:6). 성서에서 말하는 교만은 원죄(original sin)와 관련되어 있다. 처음 신앙생활을 시작한 초신자는 원죄가 종교적 죄로 나의 잘못(guilt)이 아닌 유전된 죄이고, 그리고 그 원죄가 교만이라고 할 때는 나와는 별로 상관이 없는 것으로 생각할 수 있다. 교만이라는 원죄가 불신앙이고, 심지어 반역 행위이고, 그리고 그로 인하여 내가 영원히 멸망할 수밖에 없다는 말은 쉽게 이해되지 않을 수 있다. 내가 아닌 아담과 하와 부부가 마귀의 유혹에 넘어가 선악과를 먹고 에덴동산에서 쫓겨난 것이 바로 나의 죄라는 말은 믿기가 쉽지 않다.

신자가 교회를 다니고 성장하며 교만이 무엇인지가 차츰 체감된다. 모든 사람은 정도의 차이는 있으나 자신을 내세우고, 자랑하고, 우월감을 가지고, 그리고 때론 내가 제일인 것 같은 착각에 빠지기도 한다. 성도 또한 투기하고, 자랑하고, 무례히 행하고, 성내고, 악한 것을 생각하기도 한다(고전 13:4-5). 사람들에게 불평하고 노하기도 한다. 이들이 자라면 자신이 제일인 것 같고, 교만의 늪에 빠질 지경에 가까이 간다. 처음에는 기도와 훈련으로 어느 정도 관리가 되나 지나치면 이제는 한계점이다. 전환점(turning point)에 이르다. 이제 방향을 바꾸지 않으면 회귀 불능점(回歸不能点, no-turning point)이다. 자신도 모르게 돌아올 수 없는 강을 건너(pass the point of no return) 교만의 늪에 빠진다. 그때 성도의 눈에도 하나님이 보이지 않는다. 교만의 늪에 빠진 것이다. 처음부터 하나님과 사랑과 겸손은 함께 가고, 마귀와 미움과 교만은 함께 간다.

그리스도인은 회귀 불능점, 아니 전환점은 염두에 두지 말고 처음 예수님을 영접할 때의 초심(初心), 곧 처음 사랑을 꾸준히 간직하여야 한다(요 1:12-13; 계 2:4-5). 하나님께서 나를 택하시어 사랑으로 불러주신 처음의 사랑의 은혜를 떠올리며 하나님 앞에서 예수님 닮아 사는 초신자(a new believer)의 열심과 순종과 겸손한 자세를 이어가야 한다. 한 예화가 생각난다:

- 개구리 한 마리가 학에게 찾아가 '땅에서만 사는 내가 너처럼 하늘에 올라가 넓은 세상을 보고 싶으니 그리해달라'고 부탁했다. 잠시 후 학이 대답했다. "그렇게 해 줄 것이나 조건이 하나 있다. 너는 내 발을 입에 물고 하늘을 날 것이니 절대 입을 벌려 말하면 안 된다." 마침내 학과 개구리는 하늘을 날았다. 학은 이것저것 보고 느낀 것을 말하였으나 개구리는 하고 싶은 말을 참고 듣고만 있었다. 그런데 사건이 발생했다. 학이 말했다. "너 개구리야! 다른 개구리들은 너처럼 하늘을 날아 구경할 생각은 전혀 못 하는데 너는 참 영리하고 센스 만점이다! 이 훌륭한 생각을 누가 너에게 알려주던? 친구?, 아니면 너의 엄마?" 이 학의 질문을 받자마자 한 치의 망설임도 없이, 개구리는 입을 크게 벌리고는 자랑스레 웃으며 "나 혼자 생각했지!"라고 큰 소리로 외쳤다. 그리고 개구리는 땅에 떨어져 사라졌다.

신학교 1학년 여름방학 때 친구와 계룡산에 간 일이 있었다. 거기 모(某) 정규 신학교 출신 목사 한 사람이 '자신을 예수라' 자칭하며 12명의 제자를 임명하여 거느리며 나귀를 타고 다니는 모습을 보기 위해서였다. 보고 난 후 여러 가지를 생각했고 지금도 가끔 생각난다. 그가 신학교를 졸업하고 처음에는 한 교회에서 겸손히 목회 사역을 감당하였고, 자신이 예수라고 할 생각이 없었으나 몇몇 기사와 이적이 나타나고 무리가 따르니 그렇게 된 것 같다고, 나중에 그 '자칭 예수'에 대하여 알고 있는 친구를 통하여 들을 수 있었다.

세상의 정치 지도자 중에는 시작할 때는 백성 앞에 머리를 숙이고 겸손한 태도로 시작하나 마칠 때는 오만한 정치가의 명단에 이름을 남기거나 추하고 비참하게 죽어간 자가 많이 있음을 알고 있다. 처음부터 그리하였건 권력을 취한 후 그리되었건 간에 추하고 오만한 정치 지도자의 이름은 계속 백성들의 머리에 남아 있는 것이 분명하다.

성령 충만 그리스도인은 "눈이 밝아 하나님과 같이 되어 선악을 온전히 알려고 하는"(창 3:5) 욕망의 씨앗부터 잘라 버린 자로 산다. 처음부터 교만이 싹트지 않도록 해야 한다. "욕심이 잉태한즉 죄를 낳고 죄가 장성한즉 사망을 낳는다"(약 1:15). 조그마한 자랑과 성냄과 불평들이 자라서 욕심(욕망)이 되고, 그리고 죄가 되어 죽을 수 있다. 초심을 지키어 하나님의 은혜로 받은 구원을, 감사와 겸손으로 유지해야 한다(요 1:12-13; 엡 2:5-9; 계 2:4-5).

극도의 화(angry)를 내는 일은 교만과 관련되어 있다. 그리고 또한 모든 것을 할 수 있다는 자신감이 지나쳐서 욕심이 잉태하여 자라면 하나님 자리까지 오르는 망상과 교만으로 이단에 빠질 수도 있다. 하나님 행세를 할 정도는 아니라 해도 교만의 정도가 도를 넘기 전, 자신을 단련하여 수금같이 귀한 겸손한 성도의 모습을 간직해야 한다.[216] 예수님 닮아 사는 겸손은 그리스도인의 마땅한 본분이다. 성령 충만 그리스도인은 구원의 은혜를 감사하며 항상 겸손한 자로 산다.[217]

오래전 외국 영화의 한 장면이다. 제목이 '성배'(the Holy Grail)로 기억되고, 내용이 정확하지는 아니하나 그 영화의 한 장면이 교만과 관련된 내용으로 남아 있어 소개한다:[218]

- 당시 인기 있던 한 마술사가 로마 황제를 비롯한 수천수만의 관중들 앞에 하늘을 나는 쇼를 준비하고 있었다. 그는 조수와 하늘을 나는데 필요한 장비와 고난도의 비행 기술을 습득한 후에 행사 당일 광장에

들어섰다. 마술사와 조수는 복장과 장비를 갖추고 미리 설치한 높은 망대를 향해 올라가고 있었다. 이때 문제가 발생했다. 올라가던 마술사가 특수 장비 달린 외투를 벗으며 외쳤다. "저 수많은 관중과 그들의 환호를 보아라! 나는 이제 인간이 아니라 신이다. 장비 없이도 날 수 있다." 조수의 만류를 뿌리치고 수많은 관중이 소리치며 박수하는 열광에 도취 되어 마술사는 미친 것이다. 망대 꼭대기에서 양손을 크게 벌리고 환하게 웃으며 멋있게 하늘을 향하여 힘껏 뛰었다. 그리고 죽었다.

하나님께 불순종한 아담과 하와 부부의 죄가 인류에게 유전되어 모든 사람이 죄와 사망의 법 아래 놓여 있게 되었다. 성서에 이 죄는 원죄이고, 유전되고, 교만이고, 그리고 사람은 이 죄로 멸망 받을 존재라고 했다. 교만과 죄는 마귀(뱀)에서 비롯되었고, 그 죄는 사람을 소유하기를 원한다.[219] 마귀는 하나님의 자녀 됨을 방해하여, 자기의 종으로 부리기를 원한다. 그러므로 성도는 죄를 다스려야 한다. 성도는 "내가 너희에게 뱀과 전갈을 밟으며 원수의 모든 능력을 제어할 권능을 주었으니 너희를 해칠 자가 결코 없으리라"(눅 10:19)는 예수님 믿음과 말씀과 능력으로 마귀를 대적하고, 정복하고, 그리고 다스려야 한다(창 2:7-3:24, 4:7).

죄는 처음부터 피조물이 창조주가 되려는 교만과 욕망에서 시작되었다. 하나님을 대신하여 온전히 선과 악을 판단할 수 있다는 욕망이 죄이고, 성서적 교만(하이브리스, hybris)이고, 그리고 하나님에게 대적하는 '반역 행위'(rebellious acts)이다. 이로 인하여 마귀의 종, 본질상 진노의 자녀가 되어 지옥에 갈 존재가 된 것이다(엡 2:1-3).

집단적인 교만은 바벨탑 사건에 나타난다(창 11:1-9). 바벨탑을 쌓던

무리는 "성과 대(臺)를 쌓아 대 꼭대기를 하늘에 닿게하여 우리 이름을 내고 온 지면에 흩어짐을 면하자 하였더니"(창 11:4)의 태도는 하나님에게 대한 집단적인 도전과 교만이요, 그리고 반역 행위이다. 하나님께서는 언어를 혼잡하게 하시어 무리를 흩어지게 하셨다.

사람이 예수님 믿으면 구원받는다. 구원받는 조건으로는 아주 간단하다. 이것은 구원이 별로 가치가 없어서가 아니라 값으로 계산하자면 평생을 노력하여도 갚을 수 없기에 공짜다(요 3:16; 롬 3:23-24; 엡 2:7-9; 벧전 1:9). 그런데 "누구나 예수님을 믿으면 구원받는다"는 쉽고 간단한 말에는 성령과 악령, 하나님과 사탄, 그리고 천국과 지옥의 초자연적인 영적 일과 관련된 것이어서 "예수님 믿고 천당 간다"는 말이 쉬운 일만은 아니다. 마귀와 악한 영들과 귀신들이 방해하므로 더욱 그러하다. 사람이 구원받는 일은 창세 전 예정된 하나님의 계획에 따른 것이다. 에베소서 1장 4-5절에 "곧 창세 전에 그리스도 안에서 우리를 택하사 우리로 사랑 안에서 그 앞에 거룩하고 흠이 없게 하시려고 그 기쁘신 뜻대로 우리를 예정하사 예수 그리스도로 말미암아 자기의 아들들이 되게 하셨으니"라 했다. 구원은 하나님의 예정된, 그리고 동시에 예수님을 믿음으로 가능한 일이다.

"믿음의 주요 또 온전케 하시는 이인 예수를 바라보자 그는 그 앞에 있는 기쁨을 위하여 십자가를 참으사 부끄러움을 개의치 아니하시더니 하나님 보좌 우편에 앉으셨느니라 너희가 피곤하여 낙심하지 않기 위하여 죄인들이 이같이 자기에게 거역한 일을 참으신 이를 생각하라 너희가 죄와 싸우되 아직 피흘리기까지는 대항하지 아니하고"(히 12:2-4).

한 사람의 구원이 창세 전 예정된 하나님 은혜로 된 것(엡 1:3-14), 독생자 예수님을 믿는 자가 받는 것(요 3:16), 그리스도 예수님의 대속의 피로 속량(redemption) 곧 죄 사함의 은혜로 된 것,[220] 그리고 그에 따른 하나님의 구원역사(the history of God's salvation)의 계속되는 진행들은 그야말로 하나님의 예정된 '놀라운 은혜'(Amazing grace!)이다. 성도는 겸손하게 받아들일 뿐이다. 바울은 "나의 나 된 것이나 내가 모든 사도보다 더 많이 수고한 것이 모두 오직 나와 함께하신 하나님의 은혜라"(고전 15:10)고 겸손한 고백을 한다.

"나는 사도 중에 지극히 작은 자라 내가 하나님의 교회를 핍박하였으므로 사도라 칭함을 받기에 감당치 못할 자로라 그러나 나의 나 된 것은 하나님의 은혜로 된 것이니 내게 주신 그의 은혜가 헛되지 아니하여 내가 모든 사도보다 더 많이 수고하였으나 내가 아니요 오직 나와 함께하신 하나님의 은혜로라 그러므로 내나 저희나 이같이 전파하매 너희도 이같이 믿었느니라"(고전 15:9-11).

예수님을 믿고 따르는 그리스도인에게는 언제나 하나님의 은혜가 함께한다. 그리고 원하지 않는 죄들로 인하여 하나님의 은혜가 더 가깝게 다가온다. 사도 바울은 "죄가 더한 곳에 은혜가 더욱 넘쳤나니"(롬 5:20)라고 했다. 성도들은 전지전능하신 하나님과는 달리 불완전하여 원치 않는 온갖 실수와 허물과 죄에 직면한다. 마태복음 6장 12-15절의 용서의 말씀에는 우리 죄를 사하여 달라는 것, 다만 악에서 구해달라는 것, 그리고 하나님이 사람의 과실(sins)을 용서하신다는 말씀이 있다. 성도들은 죄를 지을 수밖에 없는 존재고, 하나님 아버지는 그 죄를 용서하여 주시는 분이시다. 우리 그리스도인들은 허물과 죄의 회개, 그리고 그리스도 사죄의 은혜로 새로운 피조물(the new creation)이 된 신분을 굳게 하며 꾸준히 신앙생활을 진행하고 있다. 신앙생활에서 성도의 죄와 하나님의 용서하심은 성도의 일상이다(고후 5:17; 엡 4:22-27; 딛 3:4-7). 그러나 그리스도인의 생활이 죄와 용서의 일상이라 하여 실수와 허물과 죄를 당연시하거나 가볍게 여길 수는 결코 없다. 예수님은 손이나 발이나 눈이 너를 범죄하게 하거든 어떤 고통과 대가를 치르더라도 해결하여 영생 천국을 소망하며 사는 하나님의 자녀로서의 신분을 계속 유지하라고 교훈하신다(막 9:43-47). 성도는 산고(産苦)의 고통과 같은 진정한 회개와 예수님 사죄의 은혜 안에서 새로운 피조물의 신분을 유지하고, 그리고 굳게 하며 산다.

그런데 그리스도인의 죄 사함 받는 과정을 잘못 이해하여 예수님의 '단 한 번'의 대속의 피로 용서함을 받은 자에게는 더 이상 허물과 잘못과 죄가 문제 되지 않는다고 말하는 것은, 거짓 이론이요, 이단이다. 그리스도의 대속의 은혜로 원죄는 단번에(once) 해결되었으나 날마다 짓는 죄는 여전히 과제로 남는다. 그리스도의 대속(代贖)의 은혜는 불완전한 인간의 모든 죄와 허물을 없이하여 하나님과 같은 완전한 수준에 이르게 한 선물은 아니다.

하나님은 아담과 하와 부부의 불순종과 그 타락 사건의 와중에서도 은혜를 베푸시었다. 아담의 '종신토록 수고하는 노동'과 하와의 '잉태와 출산의 고통의 벌'은 은혜로 생각하면 복이 되는 일이다. 하나님은 벌을 복으로 바꾸신다. 하나님은 아담에게 원시복음(元始福音, the primitive gospel)이라 불리는 말씀을 주시어 예수님의 출현을 예시하셨고, 그들에게 가죽옷을 지어 입히셨고, 가인에게 표(mark)를 주시어 죽임을 면하게 하시었고, 그리고 아담과 하와 부부가 선악과를 따먹는 불순종을 범하였으나 즉시 죽지 않고 아담은 930세를 향수 하였다. 그리고 또한 하나님은 무지개를 언약의 증거로 하여 다시는 세상을 홍수로 멸망치 않으시겠다는 약속을 하셨다(창 3:15, 21, 4:15, 5:1-5, 9:8-17).

이와 같이 창조주 하나님은 꾸준히 은혜를 베푸시어 사람을 구원의 길로 인도하신다. 하나님께서는 창세로부터 그의 창조하신 사람과 만물 안에 하나님을 알만한 요소(plain), 곧 '그의 영원하신 능력과 신성'이 분명히 보여 알려지게 하시었다(롬 1:18-20). 이것은 '하나님과 인간의 접촉점'(a point of contact)이다. 사람이 예수님을 믿지 않는 불신을 변명할 수 없다. 하나님은 형벌 가운데서도 은혜의 선물을 주신다. 하나님은 벌을 복으로 바꾸시며 끝까지 자신을 믿을 수 있는 요소를 주시어 사랑을 나타내셨고 마침내 그 사랑으로 예수님께서 이 세상에 오셨다. 더 놀라운 일은 사람이 예수님을 믿는 일이 하나님의 예정이라는 사실이다. 하나님은 성도가 예수님 닮아 모든 것이 합력하여 선을 이루며 살아가도록 미리 정하신 것이다. 또한 미리 정하신 자를 부르시고, 의롭다 하시고, 그리고 영화롭게 하신다. 그러므로 하나님 구원의 은혜 안에서의 그리스도인은 교만하지 아니하고, 겸손히 살아감이 자연스러운 일상이다(롬 8:28-30; 엡 1:4-6).

성도는 하나님 앞에서 하나님의 영역을 침해하는 교만을 버리고 겸손하게 산다. 하나님과 같이 되어 선악을 온전하게 판단할 수 있다는, 천당과 지옥 갈 자를 분명하게 알 수 있다는, 그리고 예수님을 믿는 자에게는 어떠한 허물과 죄를 지어도 문제 될 일이 없다는 교만의 헛된 주장과 이론 등에 빠지지 않아야 한다. 처음 조그맣게 시작한 교만의 생각들이 자라면 '하나님을 잊고 자기의 자리가 최고라' 자랑하다가, 마침내는 "자기를 높이고 하나님의 성전에 앉아 자기를 하나님이라 내세우는" 마귀를 그대로 닮아 '자기가 바로 하나님'이라고 주장하는 타락한 신자가 생산되는 것이다(살후 2:2-4; 약 1:15-16). 그런 자는 마귀와 악령들과 귀신들의 유혹에 빠져 그들의 노예로 사는 자이다. 그리스도인은 하나님 앞에서 빚진 자로 겸손한 자세를 유지한다.

교만을 의미하는 영어 단어에 프라이드(pride)라는 말이 있다. 그런데 '프라이드'는 자존심이라는 말로도 쓰인다. 자존심은 교만 가까이에 있는 말이다. 성도가 하나님 앞에서의 피조물임을 인정하나 때로는 자존심을 자주 내세우다가 우월감(pride)이 되고, 우월감이 지나쳐 하나님의 자리까지 올라가려는 교만(pride)의 늪에 빠지게 될 수도 있는 것이다:

- 한 어린아이가 부모와 함께 어떠한 중요한 일을 할 때 자녀의 신분으로 부모의 계획과 목표를 인정하고 그 뜻에 따라 함께 일하면 되는 것이다. 어린아이가 부모의 뜻에 따라 순종하고 겸손히 자신의 몫만 열심히 감당하여 일하였다면 그 일의 성공 여부와 책임은 부모의 몫이다. 어린아이가 노심초사할 일이 아니다 사고나 병 등의 부득이한 사정으로 부모와 함께 일하지 못한다고 할지라도 부모는 자녀의 몫까지 감당하여서 그 일을 계속 진행하신다. 혹 어린아이가 얕은꾀와 게으름들의 핑계로 함께 일하지 않는다고 하여도, 물론 어린아이의 잘못인 것은 분명하지만, 부모는 그에 영향받지 아니하고 자신의 계획대로 그 일을 이루신다.

구원의 시작과 완성, 그리고 예수님을 닮아 사는 신앙생활의 진행은 모두 하나님께서 시작하시고 또한 끝내신다(빌 1:6). 앤드류 퍼브스(Andrew Purves)는 그의 책 『부활의 목회 The Resurrection of Ministry』에서 우리의 본이신 예수님의 모습을 강조하며 다음과 같이 말했다.

"우리 그리스도와의 연합이 가져오는 결과는 의심할 바 없이 예수의 모습을 따라서 순종하는 삶이다. 메시아적 사역의 실행은 우리에게 달려 있지 아니하다. 하나님의 구원 계획의 성공은 하나님의 책임이다. 그러니 메시아적 사역은 시도도 하지 말라. 하나님의 나라는 우리의 어깨에 달려 있지 않다. 또한 목회자의 사역과 교인의 신앙생활은 알파와 오메가이신 예수님의 통치와 그분의 최후 승리를 신뢰하며 하나님의 창조 세계의 구원 경륜에 있어 우리들 자신이 맡은 작은 역할에 대해서 덜 불안해야 한다."[221] 그리고 퍼브스(Purves)는 다음의 말로 그의 책을 끝맺었다.

"보라, 내가 만물을 새롭게 하리라"는 약속의 성취를 확신하고 있는 목회사역은 예수님의 통치와 최종 승리를 신뢰하는 것이다. 부활하시고 승천하신 그리스도께서 만물을 그분 발아래 놓으신다. 만물이 그분의 목적에 따라 한데 모인다. 아멘 주 예수여 오시옵소서"(계 22:20).[222]

앤드류 퍼브스가 말한 대로 성도 자신에게는 **메시아적 사역의 실행**이 없음을 솔직하게 인정하고 겸손하게 하나님의 구원 계획의 진행하심에 참여하여 일할 뿐이다. 오늘도 성도는 **"메시아적 사역은 시도도 하지 말라. 메시아적 승리와 영광은 우리 주님의 것이니 탐내지 말라"**는 앤드류 퍼브스의 교훈을 기억하며 하나님 앞에서 교만하지 아니한, 빚진 자의 겸손함으로 살고 있다.

성룡(Jackie Chan) 주연의 무술 영화들에서 그리스도인의 겸손한 태도와 관련된 교훈을 찾을 수 있다:

• 사부(師父)는 자신의 무술을 배우려고 찾아온 젊은 제자에게 처음에는 무술이나 권법의 초보조차도 가르치지 않고 7, 8개월 또는 그 이상으로 사부의 식사 당번과 청소나 집안의 잡일을 시키며 종처럼? 부린다. 먼저 제자들 겸손의 태도, 곧 배우려는 제자의 자세를 살피는 것이다. 겸손이 몸에 나타나 보이게 될 때면 사부는 먼저 인격 수련과 함께 공격보다는 '수비와 방어와 자기 보호의 훈련'을 가르친다. 그리고 마침내 사부 앞에서 제자의 태도가 인정되면, 그때 바로 기쁜 마음으로 자신이 지닌 권법 기술들의 전수에 착수한다. 사부는 배우는 자세와 인격을 갖춘 겸손한 제자가 무술의 고수가 되길 원한다. 스승이 제자에게 무술과 권법, 그리고 비법의 전수를 모두 마치면 하산할 때 몇 마디 당부한다. 두 가지 내용이 기억난다. 첫째는 "권법을 악하게 쓰지 말고 선하게 써라"와, 둘째는 "공격한 만큼은 당한다"이다.

성도가 예수님의 제자로, 그를 닮아 선하게 살아야 하고, 그리고 겸손한 자가 되어야 한다고 하여 지나치게 걱정할 일이 아니고 또한 지나치게 자랑하다 교만에 빠질 일도 아니다. 베드로전서 4장 11절에는 "만일 누가 말하려면 하나님의 말씀을 하는 것 같이 하고 누가 봉사하려면 하나님이 공급하시는 힘으로 하는 것 같이 하라"고 했다. 그리고 잠언 15장 25절에는 "여호와는 교만한 자의 집을 허시며"의 말씀, 잠언 16장 18절에는 "교만은 패망의 선봉이요 거만한 마음은 넘어짐의 앞잡이니라" 말씀이 각각 있다. 성도는 "각각 은사를 받은 대로 하나님의 각양 은혜를 맡은 선한 청지기 같이 서로 봉사하라"(벧전 4:10)의 말씀 따라 겸손하게 산다.

성도는 하나님 은혜 안에서 빚진 자의 겸손한 태도로 산다(롬 8:12-17). 하나님을 떠나 교만으로 살던 죄인이 의인(義人)으로 인정받아 평생 갚아도 다 갚을 수 없는 구원의 선물을 받은 성도는, 그 은혜 안에서 마귀가 하나님을 대적하는 형태의 교만은 철저하게 끊고 빚진 자의 태도로 겸손하게 사는 것이 자연스럽고 아름다운 모습이다. 이러한 성도의 모습은 이제 **겸손한 용기**로 진행한다. "내게 능력 주시는 자 안에서 내가 모든 것을 할 수 있느니라"(빌 4:13)의 말씀에서 용기를 얻는다. 우리는 이 말씀이, 원하는 모든 것, 곧 믿고 구하는 모든 것은 자기의 뜻대로 다 이루어진다는 것이 아님을 알고 있다. 다만 하나님의 은혜와 능력 안에서 어떤 형편에도 자족(content)하여 비천과 풍부, 배고픔과 배부름, 그리고 궁핍과 풍부함의 모든 환경에 낙심하거나 교만하지 아니하며 살아가는 일체의 비결을 배워 승리자로 살아가라는 말씀으로 이해하며 겸손한 자세로 살고 있다(빌 4:11-13). 이것이 **그리스도인의 겸손한 용기**이다.

> "내가 너희를 생각할 때마다 나의 하나님께 감사하며 간구할 때마다 너희 무리를 위하여 기쁨으로 항상 간구함은 너희가 첫날부터 이제까지 복음을 위한 일에 참여하고 있기 때문이라 너희 안에서 착한 일을 시작하신 이가 그리스도 예수의 날까지 이루실 줄을 우리는 확신하노라"(빌 1:3-6).

겸손한 자는 정하신 때에 하나님께서 높이시고 많은 은혜를 주신다(엡 1:3-19; 벧전 5:5-7). 성령과 함께하며 모든 염려를 다 주님께 맡기고 '**겸손한 용기**'로 산다. 욕심과 이기심, 그리고 '메시아적 욕망'의 교만을 버리고 '겸손과 용기와 승리'를 체험하며 산다. 예수님은 자신의 십자가를 닮아 사는 겸손한 제자에게 하늘의 신령한 계시와 세상에서 필요한 지식과 지혜와 복을 더 풍성하게 주시기를 원하신다. 성령 충만 생활은 교만하지 아니한, 겸손함이다.

"네가 어찌하여 네 형제를 비판하느냐 어찌하여 네 형제를 업신여기느냐 우리가 다 하나님의 심판대 앞에 서리라. 기록되었으되 '주께서 이르시되 내가 살았노니 모든 무릎이 내게 꿇을 것이요 모든 혀가 하나님께 자백하리라'(사 45:23) 하였느니라. 이러므로 우리 각 사람이 자기 일을 하나님께 직고(直告)하리라"(롬 14:10-12).

"교만이 오면 욕도 오거니와 겸손한 자에게는 지혜가 있느니라"(잠 11:2).

"사람이 교만(pride)하면 낮아지게 되겠고 마음이 겸손하면 영예(honor)를 얻으리라"(잠 29:23).

"지극히 존귀하며 영원히 거하시며 거룩하다 이름하는 이가 이와 같이 말씀하시되 내가 높고 거룩한 곳에 있으며 또한 통회하고 마음이 겸손한 자와 함께 있나니 이는 겸손한 자의 영을 소생시키며 통회하는 자의 마음을 소생시키려 함이라"(사 57:15).

"여호와의 규례를 지키는 세상의 모든 겸손한 자들아 너희는 여호와를 찾으며 공의와 겸손(humility)을 구하라 너희가 혹시 여호와의 분노의 날에 숨김을 얻으리라"(습 2:3).

"아무 일에든지 다툼이나 허영으로 하지 말고 오직 겸손한 마음으로 각각 자기보다 남을 낫게 여기고"(빌 2:3).

"그러나 더욱 큰 은혜를 주시나니 그러므로 일렀으되 하나님이 교만한 자(the proud)를 물리치시고 겸손한 자(the humble)에게 은혜를 주신다 하였느니라"(약 4:6).

"젊은 자들아 이와 같이 장로들에게 순종하고 다 서로 겸손으로 허리를 동이라 하나님은 교만한 자를 대적하시되 겸손한 자들에게는 은혜를 주시느니라 그러므로 하나님의 능하신 손 아래에서 겸손하라 때가 되면 너희를 높이시리라"(벧전 5:5-6).

5. 마귀를 대적하여 승리하는 것이다

성령 충만 그리스도인은 악한 마귀를 대적하여 승리하는 자다. 예수께서는 자신의 이름으로 귀신들(the demons)의 항복을 보고하는 칠십 명의 전도인(傳道人) 제자에게 "사탄이 하늘에서 번개같이 떨어졌다는 것, 뱀과 전갈을 밟으며 원수의 모든 능력을 제어할 권세를 주었다는 것, 그리고 너희를 해할 자가 결단코 없으리라"는 말씀으로 격려하셨다. 또한 예수님은 귀신들의 항복으로 기뻐하지 말고 너희 이름이 하늘에 기록된 것으로 기뻐하라셨다(눅 10:17-20). 주님의 이름으로 귀신을 물리치는 일은 그 이름이 하늘에 기록되는 기쁜 일이요, 보상이다:

- 목회 초기 한동안 치유(healing)와 귀신축출(exorcism)의 은사가 임하여 그 봉사를 할 때이다. 교인들이 이웃 마을 40대 여인이 귀신 들려 고생한다고 데려왔다. 함께 기도한 후 귀신 들린 자에게 "네 이름이 무엇이냐?"고 하자 혼자 중얼거리며 머뭇거리기에 "나사렛 예수 그리스도의 이름으로 명하노니 네 이름이 무엇이냐?"라고 재차 말하자 여인은 ㅇㅇ이라 대답했다. ㅇㅇ이라는 이름은 실제 그 여인의 이름이 아닌,

함께한 교인들이 다 아는 오래전의 어떤 사연으로 인하여 동네 저수지에 빠져 죽은 한 소녀의 이름이었다. 죽은 소녀 ○○ 귀신이 그 여인에게로 들어 왔다는 얘기다.

- 예수께서 거라사인 땅의 군대 귀신 들린 자에게 행한 대로(눅 8:26-39), "악한 ○○ 귀신아! 나사렛 예수 그리스도의 이름으로 명하노니 그 여인에게서 당장 나와 ○○ 공동묘지(당시 사람들이 다 아는)로 가라"고 하자 "아이 전도사님도 참! 나는 손각시처럼 영리하지 못하여 거기는 너무 멀어서 못가요"라고 대답하기에 우습기도 했으나 곧 다시 그러면 어디로 가기를 원하느냐고 하자 "○○ 장소 조그마한 웅덩이로 가겠다" 하였다. 결국 ○○ 귀신은 그 여인에게서 나가고 정상으로 회복되었다. 귀신축출이 간단하게 끝나지 않았고, 귀신과의 대화 등등 더 소개할 것이 있으나 간단히 줄여 기록했다.

그날의 체험을 포함하여 교회 사역에서의 귀신 축출(逐出)과 그와 관련된 여러 가지 체험을 참고하여 아래와 같이 5가지로 정리한다. 본인 간증의 정리이다.

첫째, "나사렛 예수 그리스도의 이름으로 명하노니"라는 말씀에는 귀신이 두려워하는 능력이 있다. 그 말씀에 하나님의 능력이 역사함을 체험했다.

둘째, 귀신은 교인들의 사생활을 내게 말해준다. 함께한 심방원 중에서나 교인들의 단점들을 비밀이라 하며 나에게 말한다. 맞는 것도 있고 틀린 것도 있었다. '귀신같이' 아는 것도 있었다. "전도사님! ○○ 집사는 주일에 가져갈 성미를 성의 없이 준비한다"거나 "전도사님이 아궁이에 불을 때는데 필요한 부지깽이가 없어 불편한 것을 알면서도 만들어 오지 않았다"고 남자 집사를 지적하여 말해주기도 했다. 귀신 들린 자가 마을 사람의 비밀이라고 하며 내게만 말해준 것이 많다. 누구에게도 공개하지는 않았다. 진위(眞僞)를 떠난 귀신들의 장난이기 때문이다. 교인 중에 귀신이 들어가 있는 자와 말하다가 그 귀신에게 이용당하는 일이 생기기도 했다. 다른 하나의 간증이다:

- 귀신축출을 명하자, "전도사님! 귀신이 사람에게 들어가는 시간과 나가는 시간이 정해져 있어 밤 12시에 나간다"고 했다. 귀신 들린 자나, 심방원 중 아무도 시계는 없었고, 벽시계도 없었다. 혼자 손목시계를 보니 저녁 8시 30분이었다. 12시까지 기다릴 것 없어 ㅇㅇ 귀신 들린 자에게 "지금 12시 다 되었으니 기도하면 바로 나가라" 하고 기도하려는데, ㅇㅇ 귀신 들린 자가 말했다. "지금 8시 30분인데 왜 그러세요! 귀신도 살살 달래며 쫓아내야 하는 것 모르세요? 12시에 냉수 한 그릇 마시고 나갈게요"라 했다. 귀신 들린 자가 시계 없이 시간을 아는 것에 잠깐 놀랐다. 저녁 9시쯤에 ㅇㅇ 귀신은 축출되었다. 귀신에게서 비밀이나 초인적인 능력이 보인다고 하여 타협하거나 그들의 요구를 들어줄 필요는 없다. 귀신에게는, 대적이 상책이다(벧전 5:9).

셋째, 귀신은 자신을 따르는 자를 종처럼 부리고, 예수님은 신자에게 자유와 평안을 주신다. 귀신을 따르다가 예수님을 믿게 된 신자는 귀신과의 노예 관계에서 벗어나, '하나님의 자녀와 예수님과의 친구 관계'로서의 대우를 받으니 위로와 평안을 얻게 되어 너무 좋다고 고백하는 자가 많다. 예수님 믿기 전에는 3일이 멀다 하고 하는 푸닥거리나 자주 하는 굿 등등으로 노예처럼 살았고, 귀신이 자기를 노리개로 여기며 가지고 놀았다고 고백하기도 한다. 친구 되신 예수님은 우리 신자를 사랑하여 인격적으로 대하여 주시고, 그리고 자유와 평안을 주신다(요 15:14-15; 갈 5:1).

또한 귀신은 돌아가신 조상이나 어린아이의 혼 등등이 왔다고 하며 그들의 음성과 말투와 울음소리들을 흉내 내나, 사실이 아닌 귀신의 음성 변조(變調) 장난이다.

넷째, 귀신 들린 자는 일반 정신질환 환자와 구분되므로 그에 따른 치유가 필요하다.

다섯째, 귀신들은 자신들보다 예수님의 능력과 권세가 강한 것임을 알고 인정한다. 귀신 들린 자는 '예수님이나 십자가'라는 말을 하거나 그 말을 따라 하기도 싫어하고 또한 십자가 형상을 만지거나 보는 것조차 두려워한다. 성도의 굳건한 믿음에 귀신은 물러간다. 마귀를 대적하라, 그러면 마귀는 도망간다(눅 10:17-20; 롬 16:20; 갈 5:1; 약 4:7; 벧전 5:9; 벧후 1:10-11; 요일 4:4).

원시복음(原始福音, primitive gospel)이라 불리는 창세기 3장 15절에는 "내가 너로 여자와 원수가 되게 하고 너의 후손도 여자의 후손과 원수가 되게 하리니 여자의 후손은 네 머리를 상하게 할 것이요 너는 그의 발꿈치를 상하게 할 것이니라"고 하였다. 본래부터 마귀는 아담과 하와 부부와 원수이고, 하나님과 예수님과도 원수이다. 또한 우리 그리스도인과도 원수다. 영적 이해로 볼 때 귀신들은 친구나 인격적인 대우가 필요 없는 원수다.

성도는 악의 영들과 싸우는 전사다(엡 6:11-13; 딤전 6:12; 딤후 4:7). 처음 예수 믿고 신자로 사는 것을 방해하여 불신자로 머물게 하지 못한 귀신이 다시 찾아와 침투하려 할지라도, 예수님 믿는 믿음을 굳게 하여 곧 굳건한 믿음으로 신앙생활을 열심히 하고 있으면 마귀와 귀신들은 물러간다(마 12:43-45; 벧전 5:8-9).

태초에 하나님이 천지를 창조하셨다. 인간은 삼위일체 하나님의 협의에 따라 하나님의 형상(Image of God, Imago Dei)대로 창조되었다. 타락 전 본래 인간은 하나님의 형상과 모양을 지니고 하나님과의 인격적인 사랑의 교제를 나누었다. 아담 부부는 무죄(無罪)의 거룩한 존재로서 피조물 가운데 가장 으뜸가는 존재로 다른 피조물을 다스릴 권리를 가지고 있었다. 그들의 목적은 창조주 하나님께 영광을 돌리는 것, 곧 하나님께 예배드리고 그 예배를 통하여 하나님을 신뢰하고 경외하는 것이었다(창 1:1-2:25).

하나님의 형상대로 창조된 본래 인간은 마귀(the Devil)로 말미암아 타락했다. 마귀(사탄)는 사람이 타락하기 전에 천사 중 일부가 타락한 것에서 비롯된 존재였다. 그들은 자기 지위를 지키지 아니하고 자기의 처소를 떠나 범죄하였다. 그리고 마귀(뱀)는 하와에게 하나님을 배반하도록 유혹했고 그로 인하여 아담과 하와 부부는 죄(원죄)를 짓게 되었다(창 3:1-6).

타락한 천사 중에 아침의 아들(son of morning) 루시퍼(Lucifer)가 대장이다(사 14:12, KJV). 그는 자유를 행사하여 하나님과 같이 되려는 교만으로 대적하다 하늘에서 쫓겨났다.[223] 대장 루시퍼는 악의 존재가 되어 천사 중 타락한 그의 추종자들과 함께 하늘에서 쫓겨났다(계 12:7-13). 추방당한 루시퍼는 오늘날에도 하나님이 창조한 우주와 세상과 사람들의 행복을 질투하여 자신을 여러 형태의 뱀의 모습으로 숨기며 죄를 짓도록 접근하고 있다.

이와 같이 인간이 타락하기 전 하늘 천사들의 세계에서 하나님께 도전하고 거역한 불순종의 사건이 일어났다. 곧 천사들이 먼저 타락했고, 그다음 아담과 하와 부부가 타락했다. 성경에 하와를 유혹하여 타락시킨 사탄(마귀, 뱀)의 등장 이전 곧 태초에 하나님의 천지창조와 천사들의 교만으로 인한, 하나님께 반역한 행위의 때는 창세기 1장 1-2절 사이의 기간으로 추정되고 있으나 그 정확한 내용은 하나님만이 아신다(계 12:9, 20:2-3). 마귀는 피조물인 신분을 망각하여 교만으로 하나님에게 불순종한 것으로 인하여 하나님 계신 곳에서 추방되었고, 아담과 하와 부부를 타락시켰고, 그리고 이제는 악의 영들과 귀신들과 함께 성도에게 접근한다(엡 2:2, 6:12).

"죄(sin)를 범하는 자는 마귀에서 나왔다. 왜냐하면 마귀는 처음부터 죄를 짓기 때문이다. 하나님의 아들께서 나타나신 목적은 이것이다. 곧 그분께서 마귀가 하는 일들을 파괴하시려는 것이다"(요일 3:8, KJV).

"마귀의 간계를 능히 대적하기 위하여 하나님의 전신 갑주를 입으라 우리의 씨름은 혈과 육을 상대하는 것이 아니요 통치자들과 권세들과 이 어두움의 세상 주관자들과 하늘에 있는 악의 영들을 상대함이라"(엡 6:11-12).

성도는 구약시대나 예수님 시대나, 현재 성령시대에도 계속 존재하는 마귀와 악의 영들과 귀신들과 대적하여 싸우는 전사이다. 성도는 믿음을 굳게 하여 곧 굳건한 믿음(the firm faith)으로, 귀신 닮은 마귀적(demonic, 약 3:15) 행태를 버리고 악한 영과 귀신들과 싸운다. 성도는 길이요, 진리요, 생명이신 예수님을 믿고 따르는 전사다. 마귀와 귀신들의 일을 멸하려고 오신 예수님을 믿고, 그의 능력을 힘입어 악의 영들과 맞서 싸우고, 그리고 이미 승리자들로 마귀를 잊고 사는 하나님의 자녀요, 천국 백성이다(요 14:6; 고전 16:13; 약 3:13-18; 히 2:1-18, 12:2-4).

"평강의 하나님께서 속히 사탄(Satan)을 너희 발 아래에서 상하게 하시리라 우리 주 예수의 은혜가 너희에게 있을지어다"(롬 16:20).

수잔 데 디트리히(Suzanne De Dietrich)는 그의 책 『성서로 본 성서God's unfolding Purpose』에서 불순종과 교만을 다음과 같이 설명한다.

"현행되어지는 유혹, 즉 인간에게 근본적이며 실제적으로 작용하는 악마적 유혹은 '하나님인 체하려는 것'에 있다. 인간이 완전하신 하나님의 역할을 하려 한다는 의미이다. 여기서 우리는 에스겔이 그토록 힘있게 언급한 말이 생각난다. 이 세상 왕들이 교만에 취하고, 권세욕에 목이 말라 으쓱대고, 그리고 미혹에 빠져 있는 것을 본다(겔 28:1-19). 하나님의 역할을 하려는 사람은 크든지 작든지 간에 자신이 세계의 중심이 되게 한다. 하나님의 영광보다 자신의 영광을 구한다. 그는 자기의 삶이 하나님의 손으로부터 주어진 선물임을 인정하는 대신에 자기가 자기의 삶을 경영하기를 원한다. 가장 간략하게 표현하면 그는 하나님의 종으로서가 아니라 자신이 주인이 되기를 바라고, 섬기기보다는 지배하기를 바란다."224

마귀는, 예수님이 세상에 오셨고 또한 예수님 승천 후 그의 영으로 오신 성령으로 말미암아 많이 약해진 상태다. 마귀와의 싸움은 이미 이긴 싸움이다. 악의 영과 귀신들과의 싸움에서 승리한 성도의 이름은 하늘에 승리자로 기록된다. 예수께서는 70명 전도인이 '예수님의 이름으로 귀신들의 굴복함'을 기쁨으로 보고하자(눅 10:17), "너희 이름이 하늘에 기록된 것으로 기뻐하라"(눅 10:20)고 하셨다(눅 10:17-20; 엡 6:10-20). 성도가 하나님 능력을 믿고 예수님 닮아 특히 십자가를 중심으로 열심히 살면 마귀를 잊고 산다(눅 10:17-19; 요일 4:1-6). 악한 영들을 계속 의식하고, 그들 이름을 불러대면 오히려 접근하여 치근덕거린다. 성령 충만한 그리스도인은 하나님의 전신 갑주를 입고 악의 영과 귀신들과 싸워 승리하고 있으므로 대적 마귀를 잊고 살 수 있다(마 12:22-28; 롬 16:19-20; 엡 6:11-13; 딛 2:14).

　　마귀는225 기회 있는 대로 성도에게 미혹하려 접근하고, 성도는 기회 있는 대로 기도하며 신앙생활을 진행한다. 교회를 중심으로 기도하고 일하며, 오직 예수님 믿는 믿음을 굳게 하면 마귀는 틈타지 못한다. 그래서 마귀를 잊고 산다. 예수님은 성령을 힘입어 마귀를 쫓아내셨고 우리 성도는 예수님을 힘입어 마귀를 잊고 영생 천국 생활을 누리며 산다.

　　예수님은 "내가 하나님의 성령을 힘입어 귀신(demons)을 쫓아내는 것이면 하나님의 나라가 이미 너희에게 임하였느니라"(마 12:28)고 하셨다. 성도의 행복을 질투하는 마귀가 "얼마 동안" 떠나갔다가 다시 돌아와 들어갈 틈(place)이 있나 하고 엿본다고 해도 예수님을 믿고, 새로운 피조물로, 그리고 그리스도 대속의 은혜 안에서 신앙생활을 열심히 하는 것으로 마귀는 접근하지 못한다(마 12:28-29; 막 13:22; 눅 4:1-13; 갈 6:10; 엡 4:27; 딤후 3:15-17; 딛 2:14; 벧전 3:11, 5:8).

　　예수님은 길이요, 진리요, 생명이요, 빛이시다. 세상의 빛이신 예수님을 따르는 자는 이제 어두움에 다니지 아니하고 생명의 빛 안에 거한다. 어둡고 캄캄한 방에 빛이 비치면 어두움이 사라지듯이 우리 마음에 예수님이 들어와 중심에 좌정(坐定)하시면 마귀와 어두움과 그늘은 사라진다. 빛의 예수님이 성도들 안에 영주(永住)하신다. 오늘도 마귀와 악한 영과 귀신들은 어두움으로 어두움을 찾아다니며 삼킬 자를 찾고 있고, 성령 충만 그리스도인은 진리와 빛이신 예수님 모시고 생명의 길 가운데서 산다(마 5:14; 요 8:12, 12:46, 14:6; 벧전 5:8).

　　때로 그리스도인에게는 나갔던 귀신이 다시 들어와서, 그것도 더 악한 귀신 일곱을 데리고 와 전보다 더 어려운 형편에 처하게 될 수도 있다(마 12:43-45). **중생 후, '무공 공간'(無功空間)의 위험**이다. 성도의 오직 예수님 믿는 믿음을 굳게 한 신앙생활의 일상에 틈이 생긴 것이다.

"더러운 귀신(an impure spirit)이 사람에게서 나갔을 때에 물 없는 곳으로 다니며 쉬기를 구하되 쉴 곳을 얻지 못하고 이에 이르되 내가 나온 내 집으로 돌아가리라 하고 와 보니 그 집이 비고 청소되고 수리되었거늘 이에 가서 저보다 더 악한 귀신 일곱을 데리고 들어가서 거하니 그 사람의 나중 형편이 전보다 더욱 심하게 되느니라 이 악한 세대가 또한 이렇게 되리라"(마 12:43-45).

로이 라니에르(Roy. H. Lanier)는 그의 책 『구약 공부』에서 기독교 신자인 우리가 겪는 세 종류의 시험(temptation)을 이미 하와와 예수님도 겪었다고 말하며 다음과 같이 분류하여 설명하고 있다.226

"마귀가 하와에게는 '먹음직하고, 보암직하고, 지혜롭게 할 만큼이라는 말'로, 예수님에게는 '돌이 떡이 되게 하라, 마귀에게 경배하라, 성전 꼭대기에서 뛰어내리라는 말'로, 그리고 우리 성도에겐 '육신의 정욕, 안목의 정욕, 이생의 자랑이라는 말'로 각각 시험했다. 마귀의 시험이 먹는 것과 보는 것과 자랑하는 것에 관련된 것이다"(창 3:6; 눅 4:1-13; 요일 2:16).

악한 마귀와 귀신들이 시험하려고 접근하더라도 성령 충만 그리스도인들이 **'무공 공간(無功空間)의 영역'이 없이** 신앙생활을 열심히 진행하는 일상으로 인하여 모두 도망간다. 마태복음 12장 43절의 말씀대로 "이에 가서 저보다 더 악한 귀신 일곱을 데리고 와도", 청소된 방 안의 청정 공기(성령임재)와 귀한 가구들(성령 충만, 선한 일의 꽃과 열매들)이 가득 차 있어서 들어올 틈(place, 엡 4:27, KJV)이 없으니 문밖에서 도망하여 "그들이

한 길로 치러 들어왔으나 네 앞에서 일곱 길로 도망하리라"(신 28:7)는 승리를 얻는다. **중생 후 '무공공간'의 위험이 없는** 마귀를 잊고 사는 복이다. 그리스도인은 악한 영들과 귀신들에게서 벗어나, 그들을 잊고 산다.227 예수님을 본으로, 그를 닮아 사는 신앙생활로 마귀와 악한 영과 귀신들이 침투하지 못한다. 성도는 예수님의 이름으로, 곧 예수님을 믿는 믿음을 굳게 하여 악의 영과 싸워 승리하는 전사(warriors), **크리스천 엑소시스트(The christian exorcists)** 이다. 성령 충만 그리스도인은 귀신 축출자이다.

때로 하나님께서는 마귀의 시험과는 달리하여 자녀 사랑의 마음으로 성도를 시험하신다. 아브라함에게, "여호와께서 이르시되 네 아들 네 사랑하는 독자 이삭을 데리고 모리아 땅으로 가서 내가 네게 일러 준 한 산 거기서 그를 번제로 드리라"(창 22:2)고 시험하셨다. 하나님은 아브라함이 순종함으로 시험 감당하는 것을 보시고 "사자가 이르시되 그 아이에게 네 손을 대지 말라 그에게 아무 일도 하지 말라 네가 네 아들 네 독자까지도 내게 아끼지 아니 하였으니 내가 이제야 네가 하나님을 경외하는 줄을 아노라"(창 22:12)고 인정하셨다. 하나님은 아브라함의 믿음과 순종으로 하나님 경외함을 보시고, '내가 이제야 아노라'(Now I know) 하시며 시험에 합격시키셨다. 그리고 하나님께서는 신자를 사생자(私生子)가 아닌 참 아들의 신분에 합당하도록 징계로 훈련하신다. 하나님의 징계와 시험이 그리스도인들을 강하게 하는 도구와 훈련이 된다. 성도는 하나님의 경책(警責, chasten) 또한 훈련으로 받아들이며 산다(시 118:18; 딤후 4:2; 히 12:3-13).

인간의 위기가 곧 하나님의 기회(Man's extremity, God's opportunity)임을 체험하며 산다. 성령과 함께 닥친 위기를 믿음과 훈련으로 극복하여 하나님의 인정을 받고, 유익을 얻고, 그리고 참 아들이 되는 신분을 누린다. 아브라함이 이삭을 제물로 바친 위기의 순간이 하나님의 인정을 받는 기회가 되었다. 성령 충만 그리스도인은 마귀를 잊고, 하나님이 주시는 시험과 징계와 경책을 수용하여 극복하고 다가온 위기를 하나님의 기회로 만들며 산다(창 22:12; 히 12:5-13).

"마귀가 모든 시험(all this tempting)을 다 한 후에 얼마 동안(for a season, KJV) 떠나니라"(눅 4:13).

예수님을 시험하다 실패한 마귀는 "얼마 동안 떠났다"고 했다. 언젠가 또 온다는 것이다. 마귀는 한풀 꺾인 상태로 여전히 신자를 소유하려고 기회를 노린다(눅 10:18). 베드로전서 5장 8-9절에 "근신하라 깨어라 너희 대적 마귀가 우는 사자같이 두루 다니며 삼킬 자를 찾나니 너희는 믿음을 굳건하게 하여 그를 대적하라 이는 세상에 있는 너희 형제들도 동일한 고난을 당하는 줄을 앎이라" 했고, 야고보서 4장 7절에는 "그런즉 너희는 하나님께 복종할지어다 마귀를 대적하라 그리하면 너희를 피하리라"고 했다. **마귀는 달래거나 비위를 맞추려 힘쓰지 말고 믿음을 굳게 하여 대적하는 것이 상책이다.** 성도가 천국을 소망하며 하나님의 자녀로 예수님을 닮아 특히 그의 십자가를 지고 사는 신앙생활을 열심히 행하는 것으로, 곧 신앙적인 행함(faithful work)으로 공적(works)이 계속 저장되고 있어야 마귀와 악의 영들과 귀신들이 들어올 **'무공공간'의 틈**(place)이 없어지고 마귀를 잊고 산다(고전 3:8-17; 엡 4:27).

성령 충만 그리스도인은 악한 사탄을 공격하여 번개같이 떨어뜨린 하나님의 승리, 하나님 전신갑주(全身甲冑)를 입고 마귀와 세상 통치자들과 권세들과 악의 영들과 싸워 이기는 승리, 그리고 예수께서 육체로 오신 것을 부정하는 적그리스도 영과의 싸움에서의 승리를 체험하며 산다(눅 10:17-20; 엡 6:10-24; 벧전 5:8; 요일 4:1-4). 이 모든 넉넉한 승리는 성도를 택하시어 그날까지 단단히 묶어 끝까지 지키시는 "주 예수님 안에 있는 하나님의 사랑"으로 가능하다.

성령 충만 그리스도인은 마귀의 간계와 시험을 물리치신 예수님 닮아 대적 마귀와 악의 영들과 싸워 승리하는 전사(christian warrior)요, 크리스천 엑소시스트(christian exorcists)요, 십자가 군병(a soldier of the cross)으로 매일을 산다. 성도는 마귀의 대적자요, 귀신들 축출자다. **마귀 축출전사(逐出戰士)의 이름**이 모두 하늘에 기록되어 있고 지금, 여기 마귀 축출전사로서의 그리스도인에겐 승리의 기쁨이다. 성령 충만 생활(the Holy Spirit-filling life)은 하나님의 사랑받는 자녀로 다가온 시험을 감당함은 물론 마귀와 귀신들과 악의 영들과 대적하여 승리하는 자로 산다(창 22:12; 눅 10:20; 엡 6:10-17; 딤전 6:12; 딤후 2:3; 계 3:5, 20:12). 이제 성령 충만 그리스도인은 하나님의 사랑받는 자녀요, 넉넉한 승리자(more than conquerors)로 세상에 서 있다(롬 8:31-39).

> "내가 너희에게 뱀과 전갈을 밟으며 원수의 모든 능력을 제어할 권능을 주었으니 너희를 해칠 자가 결코 없으리라 그러나 귀신들(the spirits)이 너희에게 항복하는 것으로 기뻐하지 말고 너희 이름이 하늘에 기록된 것으로 기뻐하라 하시니라"(눅 10:19-20).

> "곧 너희는 또한 마귀에게 틈을 주지 말라"(Neither give place to the devil, 엡 4:27, KJV).

"칠십 인이 기뻐하며 돌아와 이르되 주여 주의 이름이면 귀신들도 우리에게 항복하더이다 예수께서 이르시되 사탄이 하늘로부터 번개 같이 떨어지는 것을 내가 보았노라"(눅 10:17-18).

6. 선한 청지기로 사는 것이다

성령 충만한 그리스도인은 선한 청지기로 사는 자다. 구원받은 그리스도인은 예수님을 닮아 신앙을 생활로 진행하여 꽃과 열매를 맺으며 성령 충만함을 받은 그 상태를 계속 유지함이 필요하다. 이는 그리스도인이 선한 청지기 직분을 감당함으로 효과적인 열매를 맺을 수 있다. 성령 충만 그리스도인이 세상을 살아가는 생활양식(christian life-style)은 선한 청지기(a good steward)로 사는 것이다(마 20:8; 눅 12:41-48; 벧전 4:10).

성경에 요셉과 청지기(창 43:19, 44:4), 포도원 주인과 청지기(마 20:8-10), 지혜 있고 진실한 청지기(눅 12:42), 부자와 청지기(눅 16:1), 그리고 하나님의 청지기로서의 감독(딛 1:7) 등이 등장한다.

존 스토트(John. R. W. Stott)는 그의 책『오늘날의 성령의 사역』에서 "예수님 믿는 자에게는 이미 성령과 그의 은사가 함께하고 있으므로 이제는 성령의 동행으로 선한 생활을 열심히 하며 사는 것이 시간을 지혜롭게 사용하는 일이라 했다."[228] 거듭난 성도는 이제 성령의 동행으로 일터에서의 신앙(faith at work), 삶에서의 신앙(faith in life)으로의 진행이 요구된다. 여전히 성령 체험이나 성령의 은사 유무(有無)에 지나치게 관심을 두는 것은 잘하는 일이 아니다.

"각각 은사를 받은 대로 하나님의 여러 가지 은혜를 맡은 선한 청지기같이 서로 봉사하라"(벧전 4:10).

성령 충만 그리스도인들이 교회를 중심으로 신앙생활을 영위하는 길에는 봉사와 선한 일이 다양한 양식과 형태로 놓여 있다. 이 세대를 따라 살지 아니하고, 믿음과 받은 은사의 분량에 따라 지혜롭게 생각하고, 그리고 '선한데 지혜롭고 악한 데 미련한 일상이 되기를 원하며' 사는 길에는 선한 청지기 직분을 감당하는 것에서 그 방법과 지혜를 찾을 수 있다(롬 12:1-21, 16:19; 고전 12:4-11; 벧전 4:10). 그리스도인은 지혜 있고 진실한 선한 청지기로 사는 것으로 효율적인 신앙생활을 영위(營爲)할 수 있는 것이다.

일반적으로 청지기라고 하면 주인을 대리하여 동산이나 부동산을 관리하여 가사를 맡아 보는 사람이다. 성서적 의미의 선한 청지기는 주인이신 하나님의 여러 가지 은혜와 비밀을 맡아 관리하는 지혜 있고 진실한 신앙생활의 그리스도인이다(눅 12:42-44; 고전 4:1; 벧전 4:10). 선한 청지기는 자신을 포함하여 시간, 재능, 은사, 그리고 물질을 하나님을 대리하여 유지하고 관리한다.

우리가 선한 청지기를 자동차에 비유하면 자동차의 동력(power)인 기름은 믿음과 성령, 기관(engine)은 생활, 그리고 변속장치(gear-box)는 선한 청지기 직분이다. 성도는 선한 청지기 직분(good stewardship)을 잘 감당하므로 성화의 단계를 효과적이고 지혜롭게 진행할 수 있다.

"주께서 이르시되 지혜 있고 진실한 청지기가 되어 주인에게 그 집 종들을 맡아 때를 따라 양식을 나누어 줄 자가 누구냐"(눅 12:42).

캠벨 페렌바흐(Campbell Ferenbach)는 그의 책 『청지기 직분*Preaching Stewardship*』에서 미국 연합 청지기협의회(The United Stewardship Council of the U. S. A.)와 한 스코틀랜드 교회의 이름으로 만들어 낸, 청지기 직분에 관한 1944년 발표문을 다음과 같이 소개하고 있다.

"크리스천의 청지기 직분은 시간, 능력, 그리고 여러 가지 물질적 소유를 그리스도의 구속적 사랑에 대한 감사 체험으로 모든 사람을 위해 봉사하도록 – 하나님이 우리에게 주셨다는 확신에 기초하여 그것들을 조직적이고 균형 있게 바치는 헌신의 행위이다." [229] – 미국 연합 청지기협의회

"크리스천의 청지기 직분은 우리 자신과 소유가 하나님에게서 왔다는 신앙으로 하나님의 구원역사에 따라 사는, 그리스도인의 신앙생활 양식이다." [230] – 스코틀랜드 교회의 소책자

위 정의를 참고로 청지기 직분(stewardship)은 "하나님으로부터 받은 시간, 재능, 은사, 능력, 그리고 물질을 하나님의 뜻에 따라 바르게 관리하여 그것을 하나님께 보고하는 그리스도인의 신앙생활 양식이다"라고 할 수 있다. 여기에서는 청지기 직분의 여러 감당할 분야에서 '시간'에 대한 것만 언급하고 그 외의 주제들은 책의 내용과 관련되어 여러 번 언급되고 있으므로 생략한다.

오늘 아침 선한 청지기는, "이것들이 아침마다 새로우니 주의 성실하심이 크시도소이다"(애 3:23)의 말씀으로 시작한다. 씨워드 힐트너(Seward Hiltner) 교수는 **'시효 지난 감정'**(dated emotion) 특히 '과거의 아픈 상처'는 이미 지난 것이니 그에 얽매이지 말라고 했다. 예수님은 오늘의 염려와 괴로움은 오늘로 족하니 내일의 염려는 내일 하라시었다(마 6:34).

성령 충만 그리스도인은 그리스도의 대속의 은혜를 체험하며 매일 새롭게 선한 청지기의 하루를 시작한다. 선한 청지기의 그리스도인은 하나님 놀라우신 은혜, 곧 예수님 사죄의 은총으로 하루를 새롭게 시작한다.[231] 시편 30편 5절에 "그의 노염은 잠간이요 그의 은총은 평생이로다. 저녁에는 울음이 깃들일지라도 아침에는 기쁨이 오리로다"라고 했다. 어제의 반성과 후회와 회개의 울음은 오늘 아침 교훈이 되어, 기쁨과 희망으로의 선한 청지기로 새로운 출발이다. 죄책감과 두려움은 더 이상 없다. 하나님의 놀라우신 은총으로 믿음에 굳게 서서 오늘 새로운 출발이다 (골 2:5-7; 딛 2:14, 3:8, 14; 요일 4:13-21).

오늘은 내 남은 삶의 첫날이다(Today is the first day of the rest of my life!).[232] 오늘 새롭게 시작이다. 서정범 교수의 『놓친 열차는 아름답다』라는 책이 있다. 이미 열차는 떠나갔는데 후회하고 아쉬워한들 괴롭기만 하다. 차분하게 다음 열차를 기다리든지 아니면 다른 탈것을 속히 찾는 것이 유익하다.

일본 기독교 사상가인 우찌무라 간조(내촌감삼, 內村鑑三) 선생은 "하루는 곧 일생이다"라고 하며 오늘 하루를 중요시했다. '오늘 할 일을 내일로 미루지 말라'(Don't put off till tomorrow what you can do today)는 격언도 있다. 내일은 오늘 시작이다(Tomorrow begins today). 그리고 오늘의 시작은 차분히 행한다. '한 번에 하나씩'(One at a time) 처리하는 습관을 익히며 사는 것이 중요하다(Will Rogers). 한결같이 떨어지는 물방울이 돌을 뚫는다. 수적천석(水滴穿石)이다.

예수님은 일상의 염려에서 벗어나 먼저 하나님의 나라와 그의 의를 찾는 믿음으로 살라고 하신다(마 6:25-34). 오늘 일을 차분히 '한 번에 하나씩' 처리하는 중에 선한 청지기의 일상이 지혜롭게, 꾸준하게 진행된다.

"어제로부터 배우고, 오늘을 위해 살고, 그리고 내일을 희망하라" (Learn from yesterday. Live for today. Hope for tomorrow)는 말이 있다.233 시간에 관한 좋은 글이다.

새로운 피조물인 그리스도인들은 매일 거룩한 산 제사로 산다. 일상에서 예배와 봉사는 함께 진행한다(롬 12:1-2; 빌 3:3).234 '봉사'를 말하는 영 단어, 서비스(service)는 실제로 예배(worship)의 의미로 사용된다. 영적 예배는 몸으로 하는 일상의 생활과 무관하지 않다. 영적 예배는 자신의 몸과 날마다 그 몸으로 행하는 모든 일을 하나님께 헌신하는 것이다. 기도와 의식을 행하는 예배를 포함하여 몸으로 행하는 생활로 하나님께 영광을 돌리며 산다(롬 12:1).

영 단어(acted)를, 예배와 생활과 관련하여 설명한 어느 성경교재 내용이다:

- 영어 단어 'acted'(행하는) 에서 예배를 행동하는 것(worship-acted)으로 이해하고, 행동을 의미하는 영어 단어(acted) 첫 알파벳(A. C. T. E. D)에 따른 단어들을 만들었다. 아래의 단어들로 기도와 생활, 예배와 행동이 서로 관련된 것으로 이해할 수 있다. 기도는 생활, 예배는 행동(봉사)과 함께 진행한다.
  - A - Adoration(하나님 경배)
  - C - Confession(죄의 자백)
  - T - Thanksgiving(감사)
  - E - Exegesis(말씀 풀이)
  - D - Dedication(헌신, 봉헌)

하나님은 선한 청지기로서의 성도가 남긴 꽃과 열매들을 귀하게 보신다. 받은 하나님의 은혜와 비밀을 비롯하여 시간, 재능, 은사, 능력, 그리고 물질로 선한 청지기 직분(good stewardship)을 감당하여 꽃과 열매를 맺는 것은 하나님의 은혜를 은혜답게 하는 일이다. 그리고 선한 청지기의 성도가 율법준수의 의무에서가 아닌 몸에 배어 나오는 복음의 자연스러운 신앙생활로 진행할 때 하나님 은혜의 선물을 더 귀하게 하는 일이 된다(롬 2:6-7; 고전 3:8; 고후 5:10).

신학교 제자 중에 사회복지사로 복지 관련 단체에서 오랜 기간 일한 ○○ 목사의 말이 생각난다. 하는 일이 보람 있고 기쁠 때도 있지만 힘들고 어려울 때도 많이 있다고 하면서, 어려울 때는 자기의 일을 율법과 의무에서만이 아니라 예수님을 본받아서 복음 중심의 태도로 감당하노라면 일이 효과적이고 클라이언트들이 아주 좋아한다는 것이다. 더욱이 "그렇게 일하는 나 자신이 복음의 합당한 생활로 느끼며 은혜와 자유로 일하니 힘이 덜 들고 매우 행복하다"는 고백이 은혜가 된다. 그리스도인이 율법과 의무를 감당하는 성실한 모습과 함께 복음 중심의 은혜로 진행하는 선한 청지기로서의 아름다운 일상의 모습이다(빌 1:27-28). **복음 라인**(the line of gospel) **중심의 그리스도인**이다.

선한 청지기는 율법 중심에서 복음 중심으로 진행함이 바람직하다. 예수님 중심 곧 복음에 합당한 신앙생활이다. 이와 관련하여 본인의 간증을 소개 한다:

• 1978년 12월 5일(화)–25일(월), 3주 21일 동안 오산리 기도원에서의 금식기도 간증이다. 기도원에 4일(월) 도착하여 5일부터 금식했다. 그때까지 3일 이상 금식한 적이 없어 금식 기간은 정하지 않고 시작하

였다. 기도원 정기 집회 후 다른 성도들이 하는 대로 토굴에 들어가 혼자 기도하며 이틀이 지나갔다. 3일째가 되니 배가 고파 더 이상 진행이 힘들었다. 주님의 응답을 듣기로 했다. "하나님이 보시기에 금식기도를 계속하는 것이 좋으면 배고프지 않게 해 주시고 만일 참지 못할 정도로 배고프면 식사하며 기도하라는 계시로 알겠습니다" 하고 두세 시간 동안 있는 힘을 다하여 큰 소리로 기도하였다. 그런데 계속 기도하는 중에 나도 모르게 배고픈 것이 사라졌다. 하나님께서 계속 금식기도 하라는 은혜로 믿고 감사하며, 계속 금식하며 기도했다.

- 금식 첫 주 금요일에 집에 가 교회사역하고 다음 주 월요일에 기도원에 와서 기도하던 곧 둘째 주 목요일(14일) 저녁 집회 끝나고 모두 그 자리에서 함께 큰 소리로 통성기도 하는 중 갑자기 누가 야구 방망이 같은 것으로 나의 뒤통수를 내리쳤다. 그리고 누가 환한 빛을 쏘며 앞을 확 지나가며 "앞으로는 교회의 모든 일을 네 맘대로 네 방식으로 하지 말고 내 중심으로 하거라. 나는 너를 사랑한다"는 말을 던지고는 바람처럼 사라졌다. 그 순간 예수님이시구나! 하는 생각이 확 들었다. 정신 차리고 방망이에 맞은 뒷머리를 만졌으나 피는 나오지 않았고 다른 성도들은 주위에서 여전히 통성으로 울부짖으며 기도하고 있었다. 주위는 그대로였다.

나 혼자만의 환상과 체험이었다. 울부짖어 기도하던 내게 주님이 오시어 정신 번쩍 나게 성령의 방망이로 때리신 후 귀한 말씀을 주신 것으로 믿었다. 주님 계시에 감사하며, "이제부터 내가 아닌 예수님 중심 목회와 일상을 진행하도록 하겠습니다"는 결단으로 그날 하루 금식기도를 기도원에서 보냈다.

- 셋째 주 기도원에서 계속 금식기도 하다가 주말(토) 집에 와서 12월 25일 성탄절(월)까지 계속 금식했다. 하나님의 도우심으로 3주간의

금식에도 몸의 건강 상태는 아무 이상 없이 매우 좋았다. '금식 3주 21일'로, 금식기도를 끝냈다. 그때의 금식기도 체험은 '하나님께서 기뻐하시는 우리의 간구에는 응답하여 주신다는 사실과 목회 생활의 주체와 중심은 내가 아닌 예수님 중심의 하나님 사역이신 것'을 성령의 계시로 알려주셨음을 확신했다. '나의 사역을 하나님 사역에 접속시켜주신'(connecting my work to God's work, 티모시 켈러) 하나님의 은혜이시다.

선한 청지기 직분에서는 다음의 세 가지가 강조되고 있다:

- 우리 생활의 모든 영역에서 하나님의 통치권과 그리스도의 주권이 인정되어야 한다(빌 2:9-11).
- 그 결과 우리의 존재와 모든 소유는 하나님께서 우리에게 위임한 것이다.
- 위임받은 것을 예수 그리스도의 가르침과 생활에 따라 충실하게 사용하여야 한다.

위의 세 가지 청지기 직분의 강조점에 따라 더 구체적으로 청지기 직분의 기본원리를 정리하면 다음과 같다:

- 하나님은 우주 만물과 인간의 창조자이시다.
- 하나님은 창조하신 모든 것을 지배하시고, 섭리하시고, 다스리시는 최상의 통치자인 주권자이시다.
- 하나님은 선한 청지기인 인간에게 생명을 비롯한 모든 소유를 위탁하여 관리하도록 하신다.

- 청지기는 하나님의 풍성한 은혜에 대한 응답으로 하나님을 섬기고 예수님을 본으로, 예수님을 닮아 산다.
- 청지기는 자기의 청지기 직분에 대하여 언제나 하나님께 보고하고 셈할 수 있어야 한다(눅 16:2).
- 청지기 직분의 목적은 하나님께 영광을 돌리는 일이다.

성령 충만 그리스도인은 영과 혼과 몸을 가진 통전적 존재(whole being)로 삶의 향방을 **하나님 앞에서**(before God), **예수 그리스도 중심**(Jesus Christ the center), 그리고 **성령의 동행**(walking with the Spirit)에 두고 선한 청지기 직분을 감당하는 자다. 성령 충만한 생활은 선한 청지기로 사는 것이다.

7. 강한 능력인 동시에 조용한 혁명이다

성령 충만 그리스도인은 강한 능력인 동시에 조용한 혁명을 이루는 자다. 성령 충만은 급하고 강한 바람 같은 능력인 동시에 누룩처럼 부풀어 오르는 조용한 혁명이다. 하나님의 구원역사 안에서의 성령 충만한 역사는 오늘날에도 여전히 강한 바람으로, 그리고 조용한 누룩과 밀알로 다가와 역사하신다.

성령 충만 받은 생활은 예수님의 마음을 품고 예수님을 닮아 사는 조용한 혁명이다. 예수님 믿고 거듭난 그리스도인은 "하나님의 나라는 사람이 씨를 땅에 뿌림과 같으니 그가 밤낮 자고 깨고 하는 중에 씨가 나서 자라되 어떻게 그리되는지를 알지 못하느니라 땅이 스스로 열매를 맺되 처음에는 싹이요 다음에는 이삭이요 그다음에는 이삭에 충실한 곡식이라"(막 4:26-28)의 말씀처럼 조용히 하나님 구원역사(the history of God's salvation)의 길을 걸어간다. 하나님 예정하신 선한 일 진행에는 성도의 '모든 선한 노력'(every good endeavor, 티모시 켈러)이 조용한 혁명으로 함께 흐른다. 우리 그리스도인이 조심하며 꾸준히 걸어가는 조용한 신앙생활이다(마 6:1-8; 막 4:26-29; 빌 2:5; 히 12:1-2; 딛 3:4-8).

성령 충만 생활은 강한 능력으로 진행한다. 자신의 이기적 욕망을 억제하고, 악을 떠나 선한 일을 힘쓰며, 그리고 마귀와 악의 영들과 귀신들과 싸우는 전사로 산다. 천국은 침노(侵擄)하는 자가 얻는다. '급하고 강한 바람 같은' 굳건한 믿음으로 강하게 싸우는 그리스도인 전사이다. 성령 충만 성도는 천국을 바라며 때로는 강한 바람 같은 능력으로, 때로는 조용한 누룩과 밀알의 혁명으로 천로역정 순례자의 길을 걸어간다. 선한 목자 예수님이 가신 길을 따라 강한 바람 같은 전사로 또한 조용한 누룩과 밀알 같은 성도로 생활의 변화와 혁명을 이루며 계속 진행한다(삼상 27:8; 미 5:2-4; 마 2:6, 11:12; 눅 9:23; 요 5:17, 10:7-18; 행 2:1-4; 롬 12:9-21; 엡 6:10-18; 벧전 2:11, 3:11, 5:8-10).

레이 로젤(R. Rozell)은 그의 책 『주일학교 교육Talks on Sunday School』에서 선한 가르침이 실제 생활로 계속 이어지는, 곧 예수님 닮아 사는 선한 일의 습관을 강조한다. 그는 크리스천의 몸에 밴 자연스러운 습관화된 행동을 **'이행행동'**(移行行動, the carry-over activity)이라 하며 다음과 같이 말했다.

"크리스천이 하나님의 자녀로서 예수 그리스도를 닮아 선한 일을 힘쓰며 사는 것은 습관화된 일상(in the habit of living)이다."[235]

목회에서의 습관화된 일상과 관련한 예화이다:

- 중고등부 주최 예배 시 "묵도로 시작하겠습니다"고 한 후 1, 2분이 지나도 묵도의 순서를 끝내지 않아 고개를 들어 사회자를 쳐다보자 당황하여 힘차게 "바로!"라고 했다. 묵도를 끝내는 방법을 몰라 학교에서 광복절 행사 때 '순국선열에 대한 묵념!' 하고, "바로!"라고 끝내던 것을 따라 했음을 알았다. 어떤 일을 반복하다 보면 몸에 밴 습관이 되어 자연스러운 일상이 되는 법이다.

중학교 다닐 때 일기 쓰기와 관련된 습관의 한 예다:

- 학교 방침으로 일기장을 무료로 학생들에게 나눠주어 일기 쓰기를 장려했다. 일기장에는 '일일일선'(一日一善)이란 작은 빈칸이 있어 매일 가정이나 학교나 밖의 생활에서 하루 한 가지 정도로 선한 일 한 것을 기록하도록 했다. 처음엔 힘들었으나 일 년쯤 되니 자연스러워졌다. 그리고 생각보다 주위에는 선한 일이 많음을 알았다. 일기장에 '일일일선' 내용이 없어도 학교에서 확인하는 부담은 주지 않았다.

하나님은 선한 일의 주체이시다. 악한 일 아닌 선한 생활은 하나님의 뜻 안에서 성령의 도우심으로 진행된다(엡 2:10; 롬 8:26-30; 딛 2:14, 3:4-8). 곧 성령 충만 성도의 성화 과정의 진행이다. 성도가 예수님을 본으로, 그를 닮아 사는 매일은 습관화된 자연스러운 일상이다. 습관이 되어 어렵지 아니하다. 교회를 중심으로 행하는 봉사와 헌신을 포함한 모든 개인의 신앙생활은 각각 자기 일을 돌보며 또한 각각 다른 사람의 일을 돌보는, 서로의 기쁨을 나누는 자연스러운 일상이다(빌 1:6, 19, 2:4, 13; 요일 4:13).

"마음을 살피시는 이가 성령의 생각을 아시나니 이는 성령이 하나님의 뜻대로 성도를 위하여 간구하심이니라(intercedes) 우리가 알거니와 하나님을 사랑하는 자 곧 그 뜻대로 부르심을 입은 자들에게는 모든 것이 합력하여 선을 이루느니라 하나님이 미리 아신 자들을 또한 그 아들의 형상(the image of his Son)을 본받게 하기 위하여 미리 정하셨으니 이는 그로 많은 형제 중에서 맏아들이 되게 하려 하심이니라 또 미리 정하신 그들을 또한 부르시고 부르신 그들을 또한 의롭다 하시고 의롭다 하신 그들을 또한 영화롭게 하셨느니라"(롬 8:27-30).

성령과 함께하는 하나님의 선한 역사는 바람과 같아 눈에 나타나 보이지는 않으나(요 3:8) 나무의 잎이나 가지가 흔들리면 바람이 부는 것을 알 수 있는 것처럼, 성도의 생활에 나타나기 마련이다. '지지고 볶고 사는 일상'에서도 꽃과 열매로 나타난다. 성도의 신앙생활은 예수님을 닮아 특히 그의 십자가를 닮아 사는 일상에서의 자연스러운 열매이다.

"그러므로 안식일에 이러한 일을 행하신다 하여 유대인들이 예수를 박해하게 된지라 예수께서 그들에게 이르시되 내 아버지께서 이제까지 일하시니 나도 일한다 하시매"(요 5:16-17).

예수님은 세상에 계실 때 꾸준히 기도하시고 일하셨다. 성도도 꾸준히 기도하고 일한다. 성도의 하루는 "기도하고 일하고"(Pray and Work)[236]의 일상이다. 저녁 잠들기 전, 그날 하루에 하나님께 돌린 영광, 죄와 실수와 허물로 인한 잘못된 일들의 회개, 그리고 그리스도 사죄의 은총이 합력하여 새로운 피조물의 존재임을 다짐하며 아침을 맞이한다 (고전 10:31; 계 3:1-3).

'오라 에트 라보라'(Ora et Labora), 곧 '기도하고 일하고'의 일상으로 성도의 하루가 진행된다. 그리스도인의 아름다운 꽃과 열매는 자연스러운 신앙생활의 산물(産物)이다. 나타나는 다양한 노동과 봉사를 비롯하여 쉬고, 잠자고, 식사하고, 기도하고, 그리고 자신의 건강을 위한 운동 등이 함께 조화를 이루며 성도의 생활이 진행되고 있다. **먹고 마시는 일로도 하나님께 영광을 돌린다**(고전 10:31). 일상에서의 조용한 아름다운 꽃과 열매이다. 성도는 하나님 앞에서 '기도하고 일하고, 일하고 기도하는 일상'에서 지혜로운 경영 관리로 신앙생활의 하루를 산다. 성령 충만 그리스도인의 일상이 "아름다우며(excellent) 사람들에게 유익한(profitable) 일"로 자연스럽게 진행되고 있다(딛 3:8).

요한삼서 1장 11절에 "사랑하는 자여 악한 것을 본받지 말고 선한 것을 본받으라 선을 행하는 자는 하나님께 속하였고 악을 행하는 자는 하나님을 뵈옵지 못하였느니라"고 했다. 성도의 신앙생활이 자연스럽게 흐른다. 선한 청지기같이 각각 서로 봉사하며 살고 있다. **일상에서 진행되는 삶의 다양한 형태로 볼 때 모두가 주는 자요, 동시에 모두가 받는 자다.** 받는 자는 계속 받기만 하지는 않는다. 성도의 다양한 형태의 신앙과 행함(faith and work), 곧 여러 가지 다양한 신앙생활에서 자신에게 있는 것으로 대접하고 봉사한다. 우리 그리스도인들은 믿음의 분량, 타고난 재능, 받은 은사, 그리고 자산(assets)의 복들을 지혜롭게 운영하여서 봉사하는 기브 앤 테이크(give and take)요, 상부상조(mutual help)요, 윈-윈(win-win)의 일상으로 하루를 산다(마 25:15; 롬 12:3, 6-8, 16:19; 벧전 4:9-10).

"모든 사람 하나하나는 자기 일들을 돌아볼 뿐만 아니라, 모든 사람 하나하나는 남의 일들도 또한 돌아보라"(빌 2:4, KJV).

존 웨슬리는 '힘껏 벌고, 힘껏 저축하고, 그리고 힘껏 쓰라' 했다. 봉사는 자신이 가진 것으로 남에게 베푼다. 광에서 인심 난다. 자신의 믿음의 분량을 비롯하여 시간, 재능, 은사, 재물, 인격, 기술, 지식과 지혜 등이 있어야 남에게 베풀 수 있다. 자신을 돌아보아 어떤 분야이건 힘껏 벌고, 힘껏 저축하고, 그리고 힘껏 쓰는 지혜가 필요하다. 자신을 돌아보는 일과 봉사는 함께 진행된다. 기도와 노동, 자신을 돌아보는 일과 봉사에는 **'지경관'**, 곧 **'지혜로운 경영관리'**가 필요하다. 성도의 봉사와 자신을 돌아보는 경영 관리의 지혜이다.

"그러므로 우리는 기회 있는 대로 모든 이에게 착한 일을 하되 더욱 믿음의 가정들에게 할지니라"(갈 6:10).

도날드 G. 반하우스(Donard Grey Barnhouse)는 누룩과 밀알의 크리스천이 예수님을 닮아 사는 노력을, 수(繡)를 놓을 때(embroider) 그 본을 따라 놓는 것에 비유한다.237 예수님을 닮아 사는 일상은 아름답고 사람에게 유익한 한땀 한땀 바늘과 실로 완성되는 작품과 같은 것이다. 예수님을 닮아 사는 하나의 작품은 그리스도의 복음에 합당하게 생활하는 한땀 한땀 수를 놓아가는 일상에서 이루어진다(벧전 2:21; 빌 1:25-30).

유대인은 표적을 구하고 헬라인은 지혜를 찾으나 특히 그리스도인은 십자가를 지신 예수님을 닮아 사는 것이 아름답고 중요하다. 예수님의 십자가는 바로 하나님의 능력이요, 하나님의 지혜이다(고전 1:17-28). 예수님 고난의 십자가를 닮은 삶을 통하여 하나님의 능력과 지혜를 체험한다.

성도의 십자가를 지는 삶의 형태는 다양하고 복잡하다:

• 「다락방」 잡지에서 읽은 내용이다. 미국에서 크리스천 할머니 한 분이 주일에 어린 손자와 함께 교회에 갔다. 도착하여 잠깐 기도한 후에, 손자가 말했다. "할머니 저기 앞면 벽에 내가 유치원에서 배운 수학 기호, 더하기표가 있어요." 손자가 손가락으로 가리키는 곳을 보니 앞면 벽에 십자가가 있었다. 손자는 커다란 십자가를 더하기표(plus sign)로 생각하고 신기했던 모양이다.

성도의 신앙생활은 십자가의 더하기표다. 빼기표(minus sign)가 아닌, 더하기표의 삶을 사는 것에는 귀한 의미가 있다. 십자가에는 나와 다른 사람에게서 좋은 것을 빼내는 것이 아니라 더하여주는 표다. 자신의 삶에 플러스 사인이 된 사람은 잊히지 않고 그 사람을 생각하면 언제나 고맙다. 예수님의 고난의 십자가는 우리에게 더해 주는 표다. 십자가 더하기표의 은혜는 잊을 수 없다. 부모의 사랑 또한 더하기표다. 그 사랑은 계속 생각난다. 예수님의 십자가를 닮아 플러스 사인으로 진행되는 일상은 아름다우며 서로에게 유익하고 복된 일이다.

예수님은 "천국은 마치 여자가 가루 서 말 속에 갖다 넣어 전부 부풀게 한 누룩과 같으니라"(마 13:33) 했고, 또 "내가 진실로 진실로 너희에게 이르노니 한 알의 밀이 땅에 떨어져 죽지 아니하면 한 알 그대로 있고 죽으면 많은 열매를 맺느니라"(요 12:24)고 하셨다. 그리스도인이 십자가를 닮아 행하는 복음에 합당한 일상은 하나님의 능력과 지혜로 누룩과 밀알처럼 조용히 언제 어디서나 기적으로 부풀어 역사한다. 조용한 혁명이다(요 12:24; 빌 1:27-30; 갈 5:9).

서울, 감리교 강동지방의 ○○ 목사(밀알교회)는 개인의 은밀한 선한 일로 그 지역에서 은퇴한 원로 목사에게 매년 추석 명절에 정성껏 마련한 선물을 마련하여 조용히 위로와 문안 인사를 한다. 한 15년 이상 계속 진행한 것으로 알고 있다. 아름다우며 사람들에게 유익한 일이다(딛 3:8).

하나님의 역사 안에서의 성령 충만 생활은 강한 바람으로, 그리고 조용한 혁명으로 계속 진행한다. 땅에 뿌린 씨앗처럼 조용히 자라서 크고 많은 열매를 맺는다(막 4:26-29). 성도가 뿌린 씨가 조용한 혁명과 강한 바람으로 역사한다. 때로는 한 성도가 개인적인 특별한 처지와 어려운 환경으로 인하여 실제 행동으로 선한 생활을 열심히 행하지 못했다고 할지라도, 하나님의 예정하신 구원과 선한 일의 역사는 그 성도를 포함한 모든 진행을 하나님의 뜻대로 인도하시고 섭리하신다. 태초 하나님의 천지창조 때부터 하나님과 사탄, 선과 악, 성령과 귀신들, 선한 일과 악한 일, 그리고 선인과 악인은 대립 구도로 존재했고 그 갈등과 투쟁의 역사는 계속이다. 예수님 재림의 종말의 때, 곧 하나님과 사탄, 선과 악의 최후 전쟁인 '아마겟돈 전쟁' [238]에서 모든 투쟁이 끝이다. 하나님의 승리로 끝이다. 성도는 그날에 하나님 편에 서게 될 기쁨과 영광을 소망하고, 믿음을 지키고, 그리고 예수님 닮아 오늘을 산다. 하나님께서 착한 일을 시작하시고 완성하신다. 이 믿음과 희망으로 성도는 급하고 강한 바람같이, 그리고 조용한 누룩과 밀알같이 성령과 함께 걷고 있다(빌 1:6).

하나님께서는 성도가 절박한 상황에서도 하나님의 도우심의 기적을 소망하며 조용히 누룩과 밀알의 일상을 계속 진행하기를 원하신다. 모세의 출애굽 당시 앞으로 나갈 길이 막힌 이스라엘 백성이 홍해 앞에서 두려움과 원망과 불평들로 헤매고 있을 때(출 14:10-12), 하나님께서는 홍해를 갈라 육지의 길을 내셔서 출애굽의 기적을 행하셨다(출 14:15-31). 출애굽기 14장 13-14절에 하나님은 모세를 통하여 다음과 같이 말씀하셨다.

"모세가 백성에게 이르되 너희는 두려워하지 말고 가만히 서서 여호와께서 오늘 너희를 위하여 행하시는 구원을 보라. 너희가 오늘 본 애굽 사람을 영원히 다시 보지 아니하리라 여호와께서 너희를 위하여 싸우시리니 너희는 가만히 있을지니라."

성도에게는 진퇴양난(進退兩難), 곧 이러지도 저러지도 못하는 어려운 처지에 처하게 될 때가 있다. 이때 원망과 불평을 자제하고 믿음을 굳게 하여 조용히 기도하며 하나님의 응답을 기다린다. 성도는 "형통한 날에는 기뻐하고 곤고한 날에는 생각하라 하나님이 이 두 가지를 병행하게 하사 사람으로 그 장래 일을 능히 헤아려 알지 못하게 하셨느니라"(전 7:14)는 말씀을 묵상하며 산다.

시편 37편 4-5절에 "또 여호와를 기뻐하라 그가 네 마음의 소원을 네게 이루어 주시리로다 네 길을 여호와께 맡기라 그를 의지하면 그가 이루시고"라고 했다. 성도는 자신이 처한 곳에서 예수님 닮아 자신의 크리스천 라이프스타일로 살아가고 있다. 그가 가는 선한 신앙생활의 길에서 하나님을 기뻐하고, 의지하고, 그리고 '하나님 앞에 잠잠하고 참고 기다리면', 홍해가 갈라지는 기적은 언제 어디서나 일어난다 (시 37:3-9).

"이르시기를 너희는 가만히 있어 내가 하나님 됨을 알지어다(Be still, and know that I am God) 내가 뭇 나라 중에서 높임을 받으리라 내가 세계 중에서 높임을 받으리라 하시도다"(시 46:10).

"내가 네게 명령한 것이 아니냐 강하고 담대하라 두려워하지 말며 놀라지 말라 네가 어디로 가든지 네 하나님 여호와가 너와 함께 하느니라 하시니라"(수 1:9).

한국기독교 역사에는 순교자를 비롯한 유명한 성도들이 많다. 그리고 이름 없이 빛도 없이 살다 간 무명의 전사자(戰死者)와 순교자, 그리고 일반 성도들 또한 많다. 모두 하나님 앞에서 훌륭하고 복된 성도이다. 유명, 무명의 성도는 모두 다음의 말씀을 마음에 담고 꾸준히 순례자의 길을 걷고 있다.239

"무명한 자(unknown) 같으나 유명한 자(known)요 죽은 자 같으나 보라 우리가 살아 있고 징계를 받는 자 같으나 죽임을 당하지 아니하고 근심하는 자 같으나 항상 기뻐하고 가난한 자 같으나 많은 사람을 부요하게 하고 아무 것도 없는 자 같으나 모든 것을 가진 자로다"(고후 6:9-10).

"내가 이미 얻었다 함도 아니요 온전히 이루었다 함도 아니라 오직 내가 그리스도 예수께 잡힌 바 된 그것을 잡으려고 달려가노라 형제들아 나는 아직 내가 잡은 줄로 여기지 아니하고 오직 한 일 즉 뒤에 있는 것은 잊어버리고 앞에 있는 것을 잡으려고 푯대(goal)를 향하여 그리스도 예수 안에서 하나님이 위에서 부르신 부름의 상을 위하여 달려가노라"(빌 3:12-14).

유명 무명의 성도는 지금, 여기 모두 '**겸손한 용기**'로 산다. 하나님 앞에서 유명, 무명 관계없이 성령과 함께 푯대를 향해 진행할 뿐이다. 오늘 지금은 '은혜의 날, 구원의 날'인 것을 고백하며 예수님을 닮아 살고 있다(고후 6:2). 하나님 목회(God's ministry)에서의 그리스도인은 한 무리 한 목자의 신앙과 희망으로 교회를 중심 하여 신앙생활을 열심히 하는 하나님의 친 백성이요, 선한 청지기요, 충성된 일꾼이다. 급하고 강한 바람 같은, 그리고 조용한 누룩과 밀알의 천국 백성이다. '**한 무리 한 목자 신앙**'

으로 모인 '**일상의 은밀한 선한 생활인**'이다.240 성령 충만 그리스도인은 **천국교회의 '한한신 일은선생'** 형제자매이다(요 10:16; 고전 4:1-5; 벧전 4:10-11; 딛 2:14; 계 7:15-17).

"또 이 우리에 들지 아니한 다른 양들이 내게 있어 내가 인도하여야 할 터이니 그들도 내 음성을 듣고 '한 무리가 되어 한 목자'(one flock and one shepherd)에게 있으리라"(요 10:16, NIV).

성령 충만 그리스도인은 예수님을 본으로, 그를 닮아 진행되는 신앙생활에서 '**지금 여기 내가 있다**'(Here and now, I am. 눅 19:8)는 새로운 피조물로서의 존재감으로 출발한다.241 주님 대속의 은혜 안에서 성령 충만의 상태를 유지하며 '강한 바람 같은 능력인 동시 조용히 부풀어 오르는 혁명을 이루는 소망의 믿음'으로 예수님을 닮아 계속 진행이다. 그리스도의 대속의 은혜 안에서 '**성령 체험과 성령 충만 생활과의 역동적 관계**'(dynamic relationship)를 체험하면서 계속 진행이다. 지금, 여기 성령 충만 그리스도인은 오직 우리가 어디까지 이르렀든지 그대로 행하고 있다는 신앙으로의 진행이다. 성령 충만 받은 생활은 강한 능력인 동시에 조용한 혁명이다.

"또 이르시되 하나님의 나라는 사람이 씨를 땅에 뿌림과 같으니 그가 밤낮 자고 깨고 하는 중에 씨가 나서 자라되 어떻게 그리 되는지를 알지 못하느니라 땅이 스스로 열매를 맺되 처음에는 싹이요 다음에는 이삭이요 그 다음에는 이삭에 충실한 곡식이라 열매가 익으면 곧 낫을 대나니 이는 추수 때가 이르렀음이라 또 이르시되 우리가 하나님의 나라를 어떻게 비교하며 또 무슨 비유로 나타낼까 겨자씨 한 알과 같으니 땅에

심길 때에는 땅 위의 모든 씨보다 작은 것이로되 심긴 후에는 자라서 모든 풀보다 커지며 큰 가지를 내나니 공중의 새들이 그 그늘에 깃들일 만큼 되느니라"(막 4:26-32).

"내가 진실로 진실로 너희에게 이르노니 한 알의 밀이 땅에 떨어져 죽지 아니하면 한 알 그대로 있고 죽으면 많은 열매를 맺느니라"(요 12:24).

"여호와께서 이르시되 너는 나가서 여호와 앞에서 산에 서라 하시더니 여호와께서 지나가시는데 여호와 앞에 크고 강한 바람이 산을 가르고 바위를 부수나 바람 가운데에 여호와께서 계시지 아니하며 바람 후에 지진이 있으나 지진 가운데에도 여호와께서 계시지 아니하며 또 지진 후에 불이 있으나 불 가운데에도 여호와께서 계시지 아니하더니 불 후에 세미한 소리가 있는지라"(왕상 19:11-12).

8. 그리스도인 전 존재의 결단과 행동이다

성령 충만 그리스도인은 영과 혼과 몸을 지닌, 곧 그리스도인 전 존재의 결단과 행동으로 사는 자다. 사람은 영과 혼과 몸으로 구성되어 있다. 사도 바울은 영과 혼과 몸이 장차 주님 그리스도 강림하실 때까지 흠 없게 보전되기를 기도하고 있다(살전 5:23).

내 몸은 주님 것이다.[242] 몸은 성령이 내주하시는 하나님에게서 받은 몸으로 예수님이 값을 치르고 산 몸이다. 성도는 하나님의 자녀, 하나님의 백성, 하나님 성품의 참여자, 그리고 선한 청지기로서 그 실체를 드러내며 세상을 산다.243 나의 몸이 썩어 없어진다고 하여 홀대하고, 무시하고, 그리고 돌보지 않음은 잘하는 일이 아니다. 우리 그리스도인의 몸은 성령의 성전이고, 몸으로 하나님께 영광을 돌린다(요 14:16-17; 고전 3:16, 6:19-20).

태초에 하나님 형상대로 창조된 인간은 '영 혼 몸'의 전 존재로 온전하였다.

"주 하나님께서 땅의 흙으로 사람을 지으셨고, 생명을 주는 숨을 그 코에 불어 넣으셨다. 그렇게 해서 사람이 살아 있는 혼이 되었다"(창 2:7, KJV).

"여호와 하나님이 흙으로 사람을 지으시고 생기를 그 코에 불어 넣으시니 사람이 생령이 된지라"(창 2:7, NIV).

사람에게 영(spirit)이 있다(살전 5:23). 흙으로 빚어진 코에 생기, 곧 하나님의 영(the Spirit)244이 들어와 생령으로서의 사람이 되었다. 하나님의 영은 사람 안에서 사람의 영과 관련하여 역사하신다(욥 32:8; 계 11:11). 사람의 영은 사람에게서 고상한 부분으로 혼과 몸을 지배한다. 그리고 사람의 영은 하나님의 영을 인식하고, 교통하고, 그리고 접촉한다.

사람에게 혼(soul)이 있다. 혼은 자아(self)와 관계하고, 자유의지(free will)를 행사하고, 그리고 인격의 기관으로 지성과 감정과 의지를 표현한다. 혼은 사람 안에서 사람의 인격과 관련하여 작용한다. 혼은 하나님의 영과 관련하여 작용한다(고전 2:10-13; 롬 8:27; 행 16:6-7).

사람에게 몸(body)이 있다. 몸은 물질과 외부 세계를 인식하는 곳이다. 오관(五官) 곧 시각, 청각, 미각, 후각, 그리고 촉각이다. 눈, 귀, 혀, 코,

그리고 피부의 기능이 그것이다. 흙으로 빚어진 물질에 하나님의 영이 들어와 생령으로서의 몸, 곧 성령의 성전이 되었다(요 1:12-13, 14:16-17; 고전 3:16, 6:19). 그런데 영(the Spirit)의 하나님께서는 인간과 마찬가지로 보고, 듣고, 냄새를 맡고, 만지고, 그리고 말씀하신다(창 8:21, 16:13, 32:31-32; 시 94:9; 벧후 1:18). 그리고 하나님께서는 사람이 볼 수 있는 사람의 모습으로 나타나시기도 하신다(창 18:1-15).

하나님은 태초 천지창조 시 여섯째 날 사람을 창조하셨다. 일곱째 날에는 안식하시고 그날을 복되고 거룩하게 하셨다(창 2:2-3). 하나님은 사람에게 복을 주시고 특히 창조된 만물을 다스려 지키게 하셨다. 창세기 2장 15절에 "여호와 하나님이 그 사람을 이끌어 에덴동산에 두어 그것을 경작하며 지키게 하시고"라 했다.

하나님의 형상대로 창조된 본래의 인간은 영과 혼과 몸의 온전한 존재로 하나님의 사랑과 돌보심을 받고 하나님의 신뢰를 받았다. 태초 창조 시 인간은 무죄(無罪)의 거룩한 존재로, 피조물 가운데서 가장 으뜸가는 존재로, 다른 피조물을 다스리고, 그리고 하나님의 사랑을 받았다(창 1:26-2:25). 이러한 인간 본래 모습의 온전한 회복이 성도의 희망이다.[245]

인간의 세 구성 요소를 전등에 비유하면 영은 빛의 근원인 전기 자체이고, 혼은 전기를 통해 오는 빛이고, 그리고 몸은 전등의 재료로 유리와 철이다. 성전에 비유하면 영은 지성소이고, 혼은 성소이고, 그리고 몸은 바깥마당이다.

※ 다음의 도표를 참고하자.

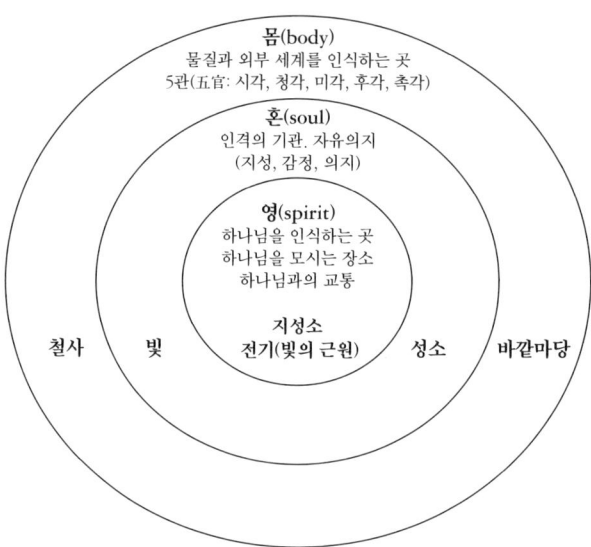

인간의 구성 요소 (창 2:7; 살전 5:23; 히 4:12; 고전 3:16)

"평강의 하나님이 친히 너희를 온전히 거룩하게 하시고 또 너희의 온 영과 혼과 몸이 우리 주 예수 그리스도께서 강림하실 때에 흠 없게 보전되기를 원하노라 너희를 부르시는 이는 미쁘시니(faithful) 그가 또한 이루시리라"(살전 5:23-24).

인간은 태초 창조 시 하나님의 형상대로 지음 받은 영과 혼과 몸의 온전한 생령이었으나 아담의 마귀로 인한 타락의 원죄와 그 유전으로 인하여 본래의 아름다운 모습을 상실했다(창 3:1-24). 그리고 오랜 세월 동안 "공중의 권세 잡은 자, 곧 지금 불순종의 아들들 가운데 역사하는 영을 따라 모두 본질상 진노의 자녀"로 살아오게 되었다(엡 2:2-3). 타락하여 영원히 멸망할 인간은 구원의 손길이 필요했다. 사람에게는 "너희로 온전히 거룩하게 하시고 또 너희 온 영과 혼과 몸이 우리 주 예수 그리스도 강림하실 때 흠 없게 보전되기를 원하시는"(살전 5:23) 기도가 언제나 필요하다.

    때가 이르러 사람은 하나님의 크신 은혜와 사랑으로 인하여 "허물로 죽은 우리를 그리스도와 함께 살리셨고[너희가 은혜로 구원을 얻은 것이라]"의 존재(엡 2:4-5)가 된 것이다. 사람이 예수님을 믿어 구원받았고 또한 성령을 받았다. 그리고 하나님의 자녀와 하나님의 성품의 상속자가 되었다.246 그리스도인은 그리스도 안에 있고, 그리스도 안에 있는 신자에게는 성령이 내재하여 있다. 본질상 진노의 자녀가 된 타락한 상태에서 벗어나 하나님 자녀의 신분을 얻은 것이다(고전 3:16; 엡 2:13-22; 골 2:6). 이제 구원받은 성도는 영과 혼과 몸이 타락한 상태에서 벗어나 '하나님 앞에서, 예수 그리스도 중심으로, 성령 동행하며, 그리고 선한 청지기로' 살고 있다.

    성도는 몸을 경시하지 않는다. 성도는 영과 혼과 몸이 예수님 다시 오실 때 흠 없게 보전되기를 원하고, 그 희망으로 산다. 우리가 영과 혼과 몸으로 구분하여 사람의 기능을 이해하나, 이것은 지나치게 차등(差等)을 두고자 함은 아니다. 그리고 때로 육신의 장막(the tent of this body, 벧후 1:13)을 벗어나 속히 주님 앞에 가기를 희망하기도 한다. 사도 바울은 우리가 몸(the body)으로 있든지 떠나서 있든지 주님을 기쁘시게 하는 목표(goal)로 살게 되기를 힘썼다. 우리 그리스도인은 장차 그리스도의 심판대 앞에서 각각 선악 간 그 몸으로 행한 것에 따라 심판을 받게 된다. 그날 육의 몸으로 심고 신령한 몸으로 다시 산다. 거듭난 새로운 피조물 그리스도인은, 그리스도 안에서 신령한 몸(a spiritual body)을 지닌 신령한 사람(the spiritual)을 소망하며 지금, 여기에 사는 것이다(고전 3:6-17, 21-23, 15:42-49; 고후 5:8-10, 17; 살전 5:23-24).

    히브리적 사고는 헬라적 사고와는 달리 영혼과 육체를 이원론(二

元論, dualism)으로 엄격하게 구분하지 않고 전체로 본다.247 사람의 영혼과 몸에서, 영혼은 선하고 '몸은 악하다'고 하지 않는다. 그리고 영과 혼과 몸을 각각 지나치게 분리하지도 않는다.248 성도는 육체와 그것에 관계된 일에는 소홀히 하고, 영혼과 그것에 관계된 일에는 지나치게 열중하는 것은 바람직하지 않다. 하나님께서는 세상을 사랑하시어 독생자 예수님을 세상에 보내셨다(요 3:16). 그리스도 예수님이 육체로 오신 것을 시인하면 성령이요, 부인하면 적그리스도의 영이다(요일 4:1-6). 그리스도인은 하나님 앞에서 영혼만이 아닌 **'영과 혼과 몸'으로서의 '인간 전 존재의 결단과 행동'**으로 사는 자이다. 다시 말하면 **한 개인으로서의 그리스도인 전 존재의 삶의 향방(向方)과 그에 따라 행하는 신앙생활에서 영적 신자와 육적 신자가 구별된다.** 사람의 영혼과 몸 또는 영과 혼과 몸을 지나치게 구별하지 않는 의미의 정의(定義)이고 신앙이다.249

베드로전서 2장 24절에 "친히 나무에 달려 그 몸으로 우리 죄를 담당하셨으니 이는 우리로 죄에 대하여 죽고 의에 대하여 살게 하심이라 저가 채찍에 맞음으로 너희는 나음을 얻었나니"라 했고, 갈라디아서 2장 20절에는 "내가 그리스도와 함께 십자가에 못 박혔나니 그런즉 이제는 내가 사는 것이 아니요 오직 내 안에 그리스도께서 사시는 것이라 이제 내가 육체 가운데 사는 것은 나를 사랑하사 나를 위하여 자기 몸을 버리신 하나님의 아들을 믿는 믿음 안에서 사는 것이라"고 했다. 그러므로 성도는 예수님을 닮아 일상에서 몸소 십자가를 지고 산다. 그리고 십자가 닮아 사는 신앙생활에서 예수님의 죽으심과 부활, 고난과 영광, 그리고 하나님의 은혜와 기적을 체험하며 산다.

성도에게서 예수님의 십자가 지는 생활은 **고난과 희생과 인내의 상징**일뿐만 아니라 **위로와 승리와 부활 영광의 상징**이다. 예수님을 본으로 특히 그의 십자가를 지고 사는 성도는 현실 도피적인 신비주의나 광적 신앙에 빠지지 않는다. 성령 충만한 성도는 **영과 혼과 몸의 통전적 존재** (統全的 存在, whole being)로, 곧 그리스도인 전 존재의 결단과 행동으로 예수님 십자가의 고난과 부활의 영광을 체험하며 산다.

창조하시고, 예정하시고, 그리고 성도들 각각에 따른 섭리로 계속 진행하시는 성삼위 하나님의 목회 안에서 성도의 구원역사는 계속 진행된다. 성도가 어려운 형편과 환경으로 성숙한 성도의 자리에 이르지 못하였다고 할지라도, 믿음을 굳게 하여 예수님을 중심에 모시고 꾸준히 행하면 하나님은 그에 따른 구원역사를 이끌어가신다. 하나님은 꾸준한 신앙생활의 성도에게 "너는 두려워 말라 내가 너를 구속하였고 내가 너를 지명하여 불렀나니 너는 내 것이라"(사 43:1)고 인정하신다. "너는 내 것이라"(you are mine) 불러주시는 은혜에 감사하며 성령 충만 그리스도인은 일상의 신앙생활을 **영과 혼과 몸 전 존재의 결단과 행동**으로 꾸준히 진행한다(삼상 16:7; 시 51:6; 롬 8:30, 11:29; 엡 1:4-6, 2:10).

9. 보상과 상급의 보장이다

성령 충만 그리스도인은 보상과 상급을 보장받은 자다. 하나님은 자기를 찾는 자들에게 상 주시고, 주님 재림의 그날 행위에 따라 보상하시고, 그리고 하나님이 각각 재능에 따라 주신 것으로 일한대로 자기의 상을 받는다(마 25:14-30; 고전 3:8; 히 11:6; 계 22:12).

보상에 관한 예수님의 '달란트 비유'가 있다(마 25:14-30). 집주인이 타국에 갈 때 종들에게 각각 재능대로 금 다섯 달란트, 두 달란트, 한 달란트를 주었다. 그 후 그 종들의 주인이 돌아와 결산할 때 금 한 달란트를 받은 사람은 그것을 땅에 감추어 두었다가 그대로 가져와, 주인으로부터 '그 있는 것까지 빼앗기리라'는 책망을 받고 집에서 쫓겨났다. 그러나 다섯 달란트와 두 달란트를 받은 종들은 주인에게 그 받은 달란트로 수고하여 각각 배로 남긴 결산을 보고했고, 그 두 종은 주인의 '똑같은 내용'(마25:21, 23)의 충성된 종으로 인정받으며 많은 것을 받고 주인의 즐거움에 참여하라는 복을 받았다. 오늘 주인 예수님은 우리 성도가 받은 달란트의 수량이 얼마인가 보다 그 받은 달란트로 얼마나 충성된 자녀로 살았는지를 보시고 주님의 즐거움에 참여하라신다.

"잘하였도다 착하고 충성된 종아 네가 적은 일에 충성하였으매 내가 많은 것을 네게 맡기리니 네 주인의 즐거움에 참여할지어다"(마 25:21, 23).

보상에 관한 것은 앞에서(교회와 봉사와 보상 pp. 130-144) 자세히 다루었으므로 여기에서는 성경에 나타난 구원과 관련하여 받을 복과 예수님을 본으로 하는 선한 일이 무엇인지를 간단하게 살피고자 한다.

구약시대의 구원과 관련한 복과 보상은 다음과 같다:

- 가축과 토지들의 물질적인 손해로부터의 속량(贖良, redemption)을 통한 원상회복(출 21:28-32; 레 25:24-28)과 희년의 노예생활에서의 구출과 해방.[250]
- 애굽, 앗수르, 바벨론 등 주변 족속들의 위협과 압박으로부터의 구원 (시 68:19-35; 출 3:7-12).
- 정신적, 영적 구원.[251]

신약시대의 구원과 관련된 복과 보상은 다음과 같다:

- 육체적 질병의 치유(마 9:21; 눅 8:36).
- 위험으로부터의 구출.252
- 패역한 세대로부터의 구원(행 2:40).
- 멸망으로부터의 구원,253 곧 죄로부터의 구원,254 진노로부터의 구원(롬 5:9; 살전 5:9), 정죄로부터의 구원,255 그리고 죽음으로부터의 영생 천국의 복.256

심판의 날(the Day) 성도는 하나님 앞에서, 예수님 중심으로, 그리고 성령과 함께하며 행한 것에 인정받을 만한 공적(works)이 있으면 보상(rewards)을 받고 그 공적이 없으면 불 가운데서 얻은 것 같은 구원이 되어 보상이 없다. 고린도전서 3장 13-15절에 "각 사람의 공적이 나타날 터인데 그날(the Day)이 공적을 밝히리니 이는 불로 나타내고 그 불이 각 사람의 공적이 어떠한 것을 시험할 것임이라 만일 누구든지 그 위에 세운 공적이 그대로 있으면 상을 받고 누구든지 그 공적이 불타면 해를 받으리니 그러나 자신은 구원을 얻되 불 가운데서 얻은 것 같으리라"라고 했다. 심판의 날, 곧 장차 그날에 '지금 여기' 매일 살아가고 있는 일상에서의 공적이 그대로 있어야 상을 받는다. 그리스도인은 오늘 종말론적인 존재로 살고 있다. 그리스도인에게 오늘은 **'영원한 지금'**(the eternal now)이다(고전 3:10-15).

"그런즉 심는 이나 물주는 이는 아무것도 아니로되 오직 자라게 하시는 이는 하나님뿐이니라 심는 이와 물주는 이는 한가지이나 각각 자기가 일한 대로 자기의 상을 받으리라"(고전 3:7-8).

"또 이르시되 하나님의 나라는 사람이 씨를 땅에 뿌림과 같으니 그가 밤낮 자고 깨고 하는 중에 씨가 나서 자라되 어떻게 그리 되는지를 알지 못하느니라 땅이 스스로 열매를 맺되 처음에는 싹이요 다음에는 이삭이요 그 다음에는 이삭에 충실한 곡식이라 열매가 익으면 곧 낫을 대나니 이는 추수 때가 이르렀음이라"(막 4:26-29).

그리스도인은 추수의 열매를 소망하며 심고, 물주고, 그리고 가꾸는 일을 한다. 그리고 그에 따른 하나님의 심판과 보상이 있음을 안다(롬 14:10; 벧전 1:17; 계 20:12-13). 한 사람이 예수님 믿어 구원받음이 창세 전 예정된 하나님 섭리이듯이 한 성도가 예수님을 닮아 악한 일 아닌 선한 일 중심으로 진행되도록 역사하시는 것 또한 하나님의 예정이다. 한 사람의 구원과 예수님 닮은 선한 일상은 하나님이 시작하시고, 진행하시고, 그리고 완성하신다. 우리 그리스도인은 선한 신앙생활이 지속되기를 힘쓰며 특히 '조심하여 선한 일을 힘쓰는 생활'은 '아름다우며 사람들에게 유익한 일'로 진행된다(롬 8:29-30; 엡 1:4-5, 2:10; 빌 1:6, 19; 딛 3:8).

그리스도인이 예수님을 닮아 사는 선한 신앙생활의 진행 단계와 유의할 점을 네 가지로 살핀다.

첫째, 선한 일은 예정된 성도의 본분이다. 그러므로 성도의 일상은 선한 일과 관련하여 흘러간다. 그리고 하나님께서 그리스도 예수의 날까지 그 일을 완수하실 것을 믿고 매일을 산다. 선한 의도와 관련된 일상의 모든 일은 선하게 진행된다.

둘째, 성도는 은밀한 중에 보시는 하나님 앞에서 은밀한 선한 일을 행한다. 선한 일에는 하나님과 나만이 아는 선한 일이 있다. 선행을 다른 사람이 모르게 할 수 있다. 예수님은, 은밀한 중에 보시는 아버지 하나님께서 그 은밀한 선한 일을 보시고 보상으로 갚아 주신다고 하셨다(마 6:1-7).

셋째, 나타나는 선한 일이다. 스스로 외부로 나타나는 선한 일을 하거나 그 일들에 동참하여 행한다. 가정과 교회, 사회, 그리고 국내외 구제와 선교 모임 등에서 명목 있는 선한 일을 하거나 그 일을 함께하며 후원한다. 그런데 은밀하건, 나타나건 간에 사람을 의식하여 사람에게 보이려는 의도가 아닌, '하나님 앞에서'의 신앙을 전제로 한 선행이면 모두 하나님께 영광이요, 성도에게 유익하고 아름다운 일이다(마 6:1-6; 딛 3:8).

넷째, 선한 일은 예수님의 대속의 은총으로 지속되고 완성된다. 그리스도 대속의 은혜의 도움으로 그리스도인은 꾸준히 악한 일이 아닌 선한 일과 관련하여 하루를 진행할 수 있다(막 10:45; 롬 3:25, 16:19; 요삼 1:11).

성령 충만 성도의 일상은 모든 선한 일(all good works)과 관련되어 움직인다. 혹 어떤 선한 일을 구체적으로 계획하고 진행하지 못하였다고 할지라도 성경 말씀 안에서 일상을 기도하며 선한 생활로 진행하고 있다면 그의 모든 신앙생활은 악한 일 아닌 선한 일과 관련되어 흘러간다. 성령과 함께하며 기도하며 말씀으로 사는 성도들의 일상이 그러하다. 기도와 말씀이 모든 선한 일을 행하기에 온전케, 곧 "모든 선한 일을 행할 능력을 갖추게 하려 함이라"(딤후 3:17)로 역사한다.

> "또 어려서부터 성경을 알았나니 성경은 능히 너로 하여금 그리스도 예수 안에 있는 믿음으로 말미암아 구원에 이르는 지혜가 있게 하느니라 모든 성경은 하나님의 감동으로(God-breathed)된 것으로 교훈과 책망과 바르게 함과 의로 교육하기에 유익하니 이는 하나님의 사람으로 온전하게 하며 모든 선한 일을 행할 능력을 갖추게 하려 함이라"(딤후 3:15-17).

하나님의 예정에 따라 기도와 성령의 말씀과 함께 진행되는 성도의 일상은 악한 일이 아닌 선한 일 중심으로 흘러간다. 우리 그리스도인은 "그가 우리를 대신하여 자신을 주심은 모든 불법에서 우리를 구속(속량)하시고257 우리를 깨끗하게 하사 선한 일에 열심하는 친(자기) 백성이 되게 하려 하심이라"(딛 2:14)의 말씀을 묵상하며 산다. "성령으로 살면 또한 성령으로 행하듯이"(갈 5:25)의 말씀 따라 성도의 일상은 성령과 함께하며 악한 일 아닌 선한 일 중심으로 꾸준히 진행된다.

하나님께서 예정하신 선한 길을 따라 '**먹든지 마시든지 무엇을 하든지 다 하나님의 영광이 되는 길**'을 따라 계속 진행이다. 성도가 때로는 실수와 허물과 죄로 괴로워하거나 또한 이방인으로부터 "악행을 한다는 비방"을 받을 수도 있다(벧전 2:12). 그러나 천로역정 순례자로서의 우리 그리스도인은 주님이 오시는 그날(on the day)을 소망하고, 예수님을 믿는 믿음을 굳게 하고, 그리고 매일 거듭난 새로운 피조물의 존재임을 체험하며 하나님께 영광 돌릴 수 있는 길을 따라 계속 진행이다. 그 길에는 많은 수고와 무거운 짐이 있을 수 있다. 그러나 그 수고와 짐을 가볍게 하여 주시고 복으로 만들어 주시는 예수님이 함께하시기에 성도의 하루는 은혜받은 일상으로 진행된다(마 11:28-30; 고전 3:8, 10:31; 딤전 6:18-19).

지금 여기 성도의 일상은 하늘 보좌 생명책의 내용과 함께 진행된다(계 20:11-15). 전지전능하신 사랑과 정의의 하나님께서는 모든 수고의 선한 신앙생활의 일상에 현세와 내세에 상으로 갚아 주신다. 그리스도인에게는 "그런즉 심는 이나 물 주는 이는 아무 것도 아니로되 오직 자라나게 하시는 이는 하나님뿐이니라 심는 이와 물 주는 이는 한가지이나 각각 자기가 일한 대로 자기의 상을 받으리라"(고전 3:7-8)는 말씀이 함께 한다.

중3 시절 친구들과 함께 종종 외우고 다니던 시가 있다:

- 제정 러시아의 시인이요, 소설가인 푸시킨(Aleksandr Sergeyevich Pushkin, 1799-1837)의 "삶이 그대를 속일지라도"라는 제목의 시이다. 당시 서로 외우며 다니던 그대로 적는다.

- "삶이 그대를 속일지라도 노하거나 슬퍼하지 말라!
  설움의 날을 참고 견디면 머지않아 기쁨의 날이 오리니
  마음은 미래에 사는 것 현재는 언제나 슬픈 것
  모든 것은 일순간에 지나간다. 그리고 지나간 것은 그리워진다."

- 요즘 번역(최선 옮김) 끝부분에는 '모든 것은 순간적인 것, 지나가는 것이니 그리고 지나가는 것은 훗날 소중하게 되리니'이다. 이 부분에 신앙의 의미를 부여하면 다음과 같다.

"모든 성도의 선한 신앙생활은 순간적인 것, 지나가는 것이니 그리고 지나간 것은 훗날 주님 앞에 소중하게 보여드리게 되리니."

성도가 걸어가는 천로역정 순례자의 길은 평탄한 것만은 아니다. 그 길에는 모든 선한 노력(Every Good Endeavor, 티모시 켈러)이 언제나 필요하다. 일상의 신앙생활에는 '**지경관**', 곧 '**지혜로운 경영 관리**' 또한 매우 필요하다. 성도는 "선한데 지혜롭고 악한데 미련하여야"(롬 16:19) 한다는 말씀을 마음에 담고 각각의 생활양식과 그에 따른 다양한 일상의 신앙생활을 자신의 믿음의 분량(롬 12:3), 타고난 재능(마 25:14-30), 받은바 은사 (롬 12:6-21), 그리고 자산(assets)들을 지혜롭게 활용하며 꾸준히 걸어간다.

성도는 공적이 나타나는 그날을(the Day) 소망하며 예수님을 본으로 달려간 달음질의 수고가 헛되지 않아 그리스도의 날에 자랑할 수 있어야 한다(호 2:16; 고전 3:13; 갈 2:2; 빌 2:16; 살후 3:1; 딤후 1:18).

요한계시록 22장 12절에는 "보라 내가 속히 오리니 내가 줄 상이 내게 있어 각 사람에게 그의 일한대로 갚아 주리라"고 하였다. 성도는 푯대(the goal)를 향하여 예수님 안에서 하나님이 위에서 부르신 부름의 상을 위하여 달려간다. 성도는 보상과 상급을 보장받은 자다. 성령 충만 그리스도인의 생활은 예수님 닮아 꾸준히 악한 일 아닌 선한 일 중심으로 진행하는 일상이다(빌 3:13-14).

"내가 그리스도와 그 부활의 권능과 그 고난에 참여함을 알고자 하여 그의 죽으심을 본받아 어떻게 해서든지 죽은 자 가운데서 부활에 이르려 하노니 내가 이미 얻었다 함도 아니요 온전히 이루었다함도 아니라 오직 내가 그리스도 예수께 잡힌바 된 그것을 잡으려고 달려가노라 형제들아 나는 아직 내가 잡은 줄로 여기지 아니하고 오직 한 일 즉 뒤에 있는 것은 잊어버리고 앞에 있는 것을 잡으려고 푯대를 향하여 그리스도 예수 안에서 하나님이 위에서 부르신 부름의 상을 위하여 달려가노라 그러므로 누구든지 우리 온전히 이룬 자들은 이렇게 생각할지니 만일 어떤 일에 너희가 달리 생각하면 하나님이 이것도 나타내시리라 오직 우리가 어디까지 이르렀든지 그대로 행할 것이라"(빌 3:10-16).

"생명의 말씀을 밝혀 나의 달음질이 헛되지 아니하고 수고도 헛되지 아니함으로 그리스도의 날에 내가 자랑할 것이 있게 하려 함이라"(빌 2:16).

제9장

성령 충만과 인격

1. 성령 체험

성경은 삼위일체 하나님의 구원역사(the triune God's 'Salvation History')이시다. 곧 성부와 성자와 성령 하나님이 인간의 역사에 개입하시고 간섭한 하나님의 구속사(救贖史, God's redemptive history)이시다. 오늘날 성령 시대의 성도는 하나님과 예수님의 영인 성령을 영접하여 받아들이면 어떤 징조와 느낌과 변화가 일어난다. 성령이 성도들 안에 오시면 그들 인격(person)에, 곧 지성과 감정과 의지에 느낌과 변화가 일어나는 것이다. 성도들의 성령 체험이다. 예수님의 인격과 우리의 인격이 만나는 영적 체험이다.

"내가 너희에게 알리노니 하나님의 영으로 말하는 자는 누두든지 예수를 저주할 자라 하지 아니하고 또 성령으로 아니하고는 누구든지 예수를 주시라 할 수 없느니라 은사는 여러 가지나 성령은 같고"(고전 12:3-4).

우리는 '그리스도의 몸이요, 지체의 각 부분'이다(고전 12:27). 예수님 믿을 때, 성령과 그의 은사 받을 때, 그리고 성령 동행의 생활 중에 임하는 성령 충만 받을 때, 곧 예수님의 영이신 성령을 만나 영접할 때 어떤 징조와 느낌과 변화가 일어난다. 이것이 성령 체험이다. 예수님을 중심에 모시고 사는 체험이다. 그리고 성령을 받은 곧 영접한 체험이 다양한 모습과 형태로 나타날지라도 모두 같은 한 성령(one and the same Spirit)의 역사이시다. 성령 체험은 성령이 그의 뜻대로 우리를 찾아와 만나는 영적 체험이다(고전 12:11-13, 27).

A. 다양한 성령 체험

성령 체험의 나타나는 현상은 성도마다 다르다. 그 차이는 하나님의 계획과 사람마다 다른 인격적 특성들과의 만남에서 비롯된다. 시간과 장소에 따라서, 조용하거나 거의 느낄 정도로 미미하게, 그리고 주위의 사람들이 놀랄만한 초자연적 형태로 각각 다르게 나타난다. 모두 같은 한 성령의 역사이시다. 천국에서 주님 만날 때까지 성령은 계속 역사하시고 성령이 동행하시는 성도들 일상에서의 성령 체험은 언제 어디서나 계속 일어난다.

한때 성령을 바르게 이해하지 못하던 시절 어떤 부흥 집회에 참석하여 큰 소리로 찬송하고 부르짖어 기도할 때 몸이 진동하고 뜨거워지면 성령이 임했다고 생각했다. 그러다가 온기가 사라지고 진동이 멈추면 성령이 떠난 것으로 생각한 때도 있었다. 온몸이 아주 뜨거워 거의 혼수상태에 이르면 성령 충만이고 덜 뜨거운 상태는 성령 미만으로 생각하기도 했다. 성령이 성도에게 임하거나 나타나는 현상은 언제, 누구에게나 같은 방식으로 임하지 않는 것은 분명하다. 엘리야 선지자가 체험한 하나님 음성은 강력한 징조들 후의 아주 세미한 소리로 임했다(왕상 19:12). 강한 바람과 지진과 불과 같이 강력하고 뜨거운 불이 지나가고 조용한 상황에서 세미한 소리로 임한 것에 그 특징이 있다. 한나 또한 오래 기도하는 동안 입술만 동하고 음성은 들리지 아니하는 가운데서 조용한 중에 기도의 응답을 받았다(삼상 1:12-13, 19-20; 왕상 19:11-13).

성령은 강한 바람이나 조용한 음성으로 임하신다. 뜨겁고 요란하게, 그리고 차갑고 차분하게 임하신다. 하나님의 절대적, 주권적 행사로 다양한 방법과 형태로 찾아오시어 우리들의 일상에 함께하신다. 성도는 성령과 함께하며 **"먹든지 마시든지 무엇을 하든지 다 하나님의 영광을 위한 일"**(고전 10:31)과 관련하여 일상을 산다. 예수님을 믿어 구원받고, 성령과 함께하고, 그리고 영생 천국을 소망하여 살아가는 신앙생활의 일상은 하나님 은혜요, 기적이요, 성령 체험의 나날이다. 성령 체험은 언제나 일어나고 성령 충만한 일상의 신앙생활은 꾸준히 진행된다. 성령 충만 그리스도인은 **하나님 앞에서, 예수님을 본으로, 그리고 성령과 함께하며** 오늘을 산다.

B. 성령 체험 간증

그동안 많은 목회자와 교인의 성령 체험과 간증을 들었고, 그리고 은혜를 받았다. 여기에서는 본인 목회 초기를 시점으로, 그 전후의 형편과 성령 체험 간증을 소개한다. 먼저 목회 시작 전의 간증이다.

- 저의 모친은 당시 평양과 강릉지역에서 1900년대 초 감리교회 목회자이셨던 이익모(李益模) 목사와 함께 교회에서 평신도로 교인 생활을 하셨다고 한다. 이익모 목사께서는 당시 감리교회 강릉지방 감리사이셨고, 저의 모친의 외삼촌이셨다. 저의 모친은, 그의 셋째 아들로

한국기독교 음악발전에 크게 공헌한 이유선(李宥善) 교수와 어릴 때부터 교회를 중심으로 친밀하게 지내셨다고 한다. 본인의 목회 사역 당시 이유선 교수를 교회에 초청하여 찬송가와 관련된 음악 강의와 교수께서 작곡하신 찬송가를258 중심으로 신앙 간증을 들었다. 본인의 전도 내용의 찬송가 가사에, 작곡을 해 주시기도 하셨다(본 책자 끝부분, 부록에 수록하였다). 저는 이익모 목사에게서 '영아세례'를 받았다고 한다.

- 모친께서는 어린 시절의 저에게 종종 "너는 하나님이 주시는 자녀 중에 장남은 목사로 키우기로 서원 기도한 응답의 결과이니 그리 알고 순종하라"고 하셨다. 다섯 자녀 중 장남인 본인의 목사로의 진행은 신학교에 입학하는 것에서 구체화되었다. 1962년 강원도 동해시의 북평고등학교를 졸업할 당시 처음 시행된 대학입학자격 국가 고사에 합격하였고, 당시 출석 교회인 묵호 감리교회의 신학생 선배들과 부모의 권유로 목원대학교 신학과에 입학했다.

- 신학생 시절 이호운 학장께서는 종종 "우리나라의 농촌재건운동에 참여하는 마음으로 졸업 후 농촌지역의 목회 사역을 권장하신다"고 하시며 농촌목회를 권장하셨다. 학장께서는 "덴마크의 교육자요, 농업운동가인 그룬트비히 선생의 신념과 방법을 소개하시면서 그의 농촌 재건 운동을 참고로 하여 우리나라 농촌 성장 발전에 도움이 되는 일을 하라"고 하셨다. 특히 "배우자는 가능하다면 학교 교사를 만나 한 농촌 마을에서 목사는 교회 일을, 사모는 마을 학교의 교사가 되어 함께 일하면 효과적이라고 하시며, 이는 그룬티비히 선생께서도 강조하신 말씀이니 가능하면 그리들 하라"고 하셨다.

- 신학교 졸업 전 1965년 10월 육군에 입대하여 논산훈련소 28연대 군종과에서 군 복무를 마치고, 1969년 신학교를 졸업하였다.

목회를 시작한 때의 간증이다:

- 신학교 1학년 때 결심한 대로 이호운 학장의 말씀을 따라 강원도 원주지방의 한 농촌지역에 부임했다. 강원도 동해의 묵호항이 있는 항구 도시에서 자란 본인이 사역을 낯선 농촌에서 시작한 것은 이호운 학장의 영향이 크다. 첫 목회지는 강원도 원주지역의 면 소재지 근방 농촌지역 교회(후용감리교회)였다.
- 1970년 3월 교회 사역을 시작했다. 결혼 예정 배우자는 공주교대를 막 졸업한 때라 본인이 있는 지역으로 발령받아 오면 도움이 되고 또한 이호운 학장의 분부를 실행하는 일이었다. 그러나 그 수속에서 매우 어려운 행정상의 처리임이 분명했다. 그러던 어느 날 하나님의 도우심을 바라며 사전 약속 없이 강원도 교육청에 찾아갔다. 교육감께서 부재중이어서 함께 일하고 계시는 분에게 선처를 바란다고 하며 이호운 학장과 그룬트비히 선생, 그리고 그분들과 관련된 나 자신의 솔직한 꿈을 간단히 전하고 늦기 전에 집에 가야 한다며 황급하게 떠나왔다. 얼마 후에 배우자는 집에서 도보로 10분 정도의 거리에 있는 초등학교 교사로 첫 부임 발령으로 오게 되었다.
- 은퇴 후 지금 돌이켜보니 모든 것이 하나님의 은혜와 섭리다. 그러나 다른 한편 사전에 그 어떠한 약속 없이 갑자기 방문한 행동을 이해하여 도와주신 당시 강원 교육감과 함께 일하시던 분, 그 두 분 어르신께 지금도 은혜롭고 감사한 마음뿐이다. 아직껏 전화 한 통 못 드려서 정말 죄송하고 부끄럽기 그지없다. 지금 다시 생각해 보아도 귀하고 감사할 뿐이다.
- 이 세상은 위의 두 어르신과 같이 선한 사람의 선한 일에 의하여 아름답게 유지되고 성장하고 있음을 믿는다. 본인에게 필요한 급한 일이

라 하며, 제대로 성의 있는 인사 한번 드린 일 없이, 사명감이라는 명목을 내세우고, 잠깐의 여유도 없이, 버스 운행이 끝나기 전에 서둘러 집으로 가야 하는 본인의 입장만을 생각하고, 바쁘다고 하며 10분 정도 본인의 사정과 부탁을 드린 후, 그리고 제 말을 조용히 듣고만 계시던 그분의 딱 한 마디인, "말씀 잘 들었습니다. 교육감님이 오시면 의논하여 연락하겠습니다"를 끝으로 저는 시골로 왔고, 얼마 되지 않아 그 두 분의 어떤 사전 연락 없이 해당 부서의 발령으로, 사모는 교회 근처의 초등학교에 부임해 온 것이다.

- 사회나 나라 전체가 겉으로는 여러 가지 불의와 부정, 그리고 인정 없는 메마른 인간관계로 종종 비관에 빠지기는 하나 실제 안으로 들어가면 오늘날에도 그 교육계의 두 분처럼 귀한 인격과 봉사로, 조용히 겸손하게, 그리고 이타적인 많은 선한 사람의 선한 일들로 인하여 유지되고 성장하고 있음을 믿는다. 앞에서 종종 언급한 '**일은선생**', 곧 '**일상의 은밀한 선한 생활인**' 의미의 의인이 많이 계신다. 선한 일을 사람이 알게 모르게, 또한 유명인이나 무명인이나에 관계없이 사람을 의식하지 아니하고 저 높은 하늘(하나님)을 바라보며 행한다는 의미다. 우리 주위에는 여전히 많은 '일은선생' 의미의 위인, 곧 선인과 애국자와 성도가 많으리라 믿는다. 이들 하나님 앞에서의 선인과 선행의 위인들이 **우리의 위로요, 기쁨이요, 행복이요, 희망**이다.

- 그렇게 하나님의 은혜와 '일은선생' 의미의 선한 위인의 도움으로 시작한 교회 소재지의 마을에는 아직 전기가 들어오지 않아 밤이면 캄캄했다. 결혼 전이라 나 혼자였다. 그때 본인의 신경을 건드린 일은 밤 12시 인적이 없는 조용한 밤, 한 남자 취객이 거의 매일 내가 들으라고 고성방가하며 집 옆을 지나가는 일이었다. 한 10여 일 밤 동안 그가 소리친 말이 많으나 기억이 나는, 그가 떠들던 말은 "니가 전도

사냐, 도사냐?, 니가 뭔 도사여? 중대가리 도사냐? 개똥 도사냐?" 들이었던 것 같다.

- 그런 일을 거의 매일 밤 겪으면서 자신이 매우 초라하게 느껴졌다. 앞으로 그룬트비히 선생과 같은 농촌 봉사와 재건의 원대한 꿈(?)이 걱정이었다. 그러던 어느 날 밤늦도록 성경을 읽고 있었다. 때는 수난절 기간이라 수난절 관련 말씀을 읽고 있었다. 마태복음 26장 65-68절의 말씀이었다.

"이에 대제사장이 자기 옷을 찢으며 이르되 그가 신성모독 하는 말을 하였으니 어찌 더 증인을 요구하리요 보라 너희가 지금 이 신성모독 하는 말을 들었도다 너희 생각은 어떠하냐 대답하여 이르되 그는 사형에 해당하니라 하고 이에 예수의 얼굴에 침 뱉으며 주먹으로 치고 어떤 사람은 손바닥으로 때리며 이르되 그리스도야 우리에게 선지자 노릇을 하라 너를 친 자가 누구냐 하더라"(마 26:65-68).

- 이 말씀에 기분이 상했다. 예수님이 신(神), 하나님이신데 아무리 예수님의 심문 기록이라 해도 이해가 되지 않았다. 그 기록 대신 누가 예수님의 얼굴에 침을 뱉었는데 침이 곧바로 그 사람의 입속으로 다시 들어가 입이 터졌다든지, 예수님 얼굴을 주먹으로 쳤으나 주먹이 예수님의 얼굴 대신 때린 자에게 되돌아가 그자의 얼굴을 쳤다든지, 그리고 손바닥으로 때렸는데 바로 그 손이 뒤집어져 병신이 되었다는 등등의 기록이었다면 훨씬 은혜롭고 기적적(?) 이어서 기분이 상쾌했을 것 같았다. 물론 나도 모르게 갑자기 그렇게 중얼거린 것이 후회되어 곧 회개하기는 했다. 마음을 다시 가다듬고 상한 기분으로 계속 말씀을 읽던 중, 마태복음 27장 26-30절의 말씀에 이르렀다.

"이에 바라바는 그들에게 놓아 주고 예수는 채찍질하고 십자가에 못 박히게 넘겨 주니라 이에 총독의 군병들이 예수를 데리고 관정 안으로 들어가서 온 군대를 그에게로 모으고 그의 옷을 벗기고 홍포를 입히며 가시면류관을 엮어 그 머리에 씌우고 갈대를 그 오른손에 들리고 그 앞에서 무릎을 꿇고 희롱하여 이르되 유대인의 왕이여 평안할지어다 하며 그에게 침 뱉고 갈대를 빼앗아 그의 머리를 치더라"(마 27:26-30).

- 나는 그 내용에 순간 화가 나서, 읽고 있던 성경책을 방바닥에 내던지고 씩씩거리고 있었다. 이렇게 힘없고 나약하신 예수님을 평생 믿고 또한 이런 분을 '인간과 세상을 구원할 자'라고 평생 전해야 한다고 생각하니 나 자신이 초라하게 느껴지고 갑자기 앞이 캄캄해졌다. 그리고 여기 도움이 되는 일을 하겠다고 온 것이 슬퍼졌다. 그 후 1, 2분 정도 지났을 무렵 갑자기 천장에서부터 시원한 바람이 내려와 머리 위에 닿는 것을 느낄 수가 있었다. 손으로 머리를 만지는데 머리와 손이 시원했다. 시원한 바람이 이마와 눈과 코와 입과 목 부분을 지나 가슴에 와서 멈추는 것을 생생하게 느낄 수 있었다. 그러면서 가슴이 약간 따뜻해져 옴을 느낄 수 있었다. 그때 갑자기 나도 모르게 나 혼자 다음과 같이 중얼거리고 있었다. 나는 말하고 싶지 않았는데, 누가 내 입을 열어 중얼거리게 하는 것을 느꼈다.

"그러니 주님이시지, 그러니 세상을 구원할 구세주이시지, 주는 그리스도요, 살아계신 하나님의 아들이시지, 나도 고난받은 예수님 생각하며 살아야지."

- 그리고 내가 정신 차리고 혼자 한 말이 지금도 분명하게 생각난다. "주님! 앞으로 목회하는 동안 아니 평생 살아가는 동안에 이 시간 깨닫게 해 주신, '전지전능하신 하나님의 아들로 묵묵히 고통을 당하시는 십자가 고난의 진정한 의미'를 항상 생각하며 기쁘게 살도록 노력하겠습니다."
- 그 체험 후 나도 모르게 마음이 평온해졌다. 쓸쓸함도, 예수님 고난당함의 억울함도, 밤에 고성방가하는 사람같이 이해가 잘 안되는 사람들과의 관계도, 그리고 특히 앞으로의 목회에 대한 두려움도 사라졌다. 온전한 마음의 평화가 위에서 따뜻하게 내려옴을 느꼈다. 그리고 하나님께 죄송한 마음으로 방바닥에 던져진 성경책을 소중하게 가져와 수난절 관련 말씀을 한 두 시간 더 읽다가 잠이 들었다. 다음 날 아침해가 창문을 환하게 비칠 때 일어났다. 창문을 열자마자 눈에 들어오는 햇빛과 바람과 풀과 나무와 꽃 등등의 풍경이 그처럼 아름답고 화려하게 느껴지기는 처음이었다. 매일 아침 보던 모습이 아닌 새로운 느낌이었다. 보이는 모든 만물이 다정한 친구였다. 기쁨이 충만했다.

"나의 사랑하는 이는 내 것이요, 나는 당신 것입니다. 당신께서 백합 가운데서 양 떼를 먹이십니다"(아 2:16, KJV).

앞에서 언급한(p.85) 알란 워커(Alan Walker)의 말을 상기한다. 자기의 생각(ideas)을 하나님 뜻으로 오인하지 않도록 주의해야 하며, 다음의 조건과 상황에서는 성령 계시가 나타날 수 있으니 긍정적 고려를 하라고 권고한다:259

- 지금 일어나고 있는 주위의 환경(막 1:14).

- 하나님(성경)의 말씀(시 119:1-176).
- 교우의 조언과 대화.
- 출석 교회의 권위와 방침.
- 기도 중의 계시.

2. 성령 충만과 인격

성령은 하나님이시고,[260] 하나님은 인격적이시다. 성령 또한 인격적이시다. 코너(Walter. T. Conner)는 그의 책 『성령 사역 The Work of the Holy Spirit』에서 성령 인격(personality)의 세 요소를 지성, 도덕적 분별력, 그리고 의도성이라고 했다.[261] 성령은 인격으로 지성,[262] 감정,[263] 그리고 의지[264]의 요소(qualities)가 있다.[265] 사람 또한 인격적 존재(personal being)로 지성(mind), 감정(heart, emotion), 그리고 의지(will)의 요소가 있다. 흔히 "머리는 차게, 가슴은 뜨겁게"라고 말한다. 지성은 차가운 머리, 감정은 뜨거운 가슴, 의지는 단호한 결단이다. 사람에겐 합리적인 사고의 지성, 느낌이나 기분의 감정, 그리고 행동하는 실천의 의지가 있다.

우리에게는 지성과 감정과 의지적인 특성들이 다양하게 나타난다. 그 특징이 나쁜 방향으로 나가면 지성은 완고한(hard-headed) 고집, 감정은 절제되지 않는 변덕, 그리고 의지는 아무 일에나 생각 없이 뛰어드는 무모함으로 나타난다. 인격의 바람직한 인간상은 합리적인 생각(rational thinking), 동정심(soft-hearted feeling), 그리고 단호한 결단(definitive decision)의 행동이 조화와 균형을 이루며 나타난다. 이는 바람직한 인격의 목표요, 꿈이다. 성령은 본래 가지고 있는 사람마다의 지성과 감정과 의지의 특성을 무시하지 않으시고 그것을 장악하여 들어 쓰신다.

"교각살우"(矯角殺牛)의 사자성어가 있다. 소의 뿔을 바로 잡으려다가 소를 죽일 수 있다는 말이다. 사람들이 자신의 결점이나 흠을 온전하게 고치려는 일에만 지나치게 집착하면 잘못될 수도 있다는 것이다. 성도는 하나님 앞에서 자신의 결점이나 흠을 고치려고 노력함은 물론 하나님이 주신 장점과 재능을 살려 하나님을 기쁘시게 함이 보다 필요하다. 우리 그리스도인은 하나님께서 주신 성격과 기질과 인격들의 특징과 장점을 활용하여 성령이 장악하고 들어 쓰시게 함이 중요하다. 때로 하나님은 장점을 중심으로 한 긍정과 실천의 의지로 예수님을 닮아 사는 일상을 열심히 하는 것을 보시고 그의 단점과 실패, 그리고 그들이 남긴 흔적들을 사라지게 하시고, 고치시고, 그리고 새로운 존재로 다시 태어나게 하신다. 긍정의 태도가 필요하다.

긍정과 열정의 삶을 강조한 노만 빈센트 필(Norman Vincent Peale) 목사는 열정이 차이를 만든다(Enthusiasm makes the different)고 한다. 열정이 사람을 차이 나게 한다. 열정은 사람을 꺼지지 않는 불꽃, 설득의 힘, 그리고 행동하게 하는 강한 능력으로 이끈다. 열정을 동기로 긴장과 불안감을 극복하고, 두려움을 없이 하고, 고난 속에서 꽃피게 하고, 그리고 기적을 만들어 낸다.

노만 필 목사는 그의 소책자 『열정Enthusiasm!』에서 에머슨(Emerson)의 말을 인용하여 '열정 없이 성취된 위대한 일은 없다'고 하며, 다음과 같이 말하였다.

"불타오르는 열정의 믿음으로(as faith that has been set afire) 우리 삶을 다시 만들 수 있다(remake). 이 책을 읽는 독자들이 당면한 여러 문제를 해결함에서 열정이 기적을 일으키는 능력(the miracle-working power)을 함께

체험할 수 있게 되기를 바란다."²⁶⁶

또한 필 목사는 그의 책에서 '열정적인 삶에 이르는 8단계'(Eight steps to an enthusiastic life)를 다음과 같이 소개한다:²⁶⁷

- 자기 자신을 수준 이하로 평가하지 마시오(Stop running yourself down). 자신의 실패와 실수의 흔적을 속히 정리하고, 자신의 많은 장점을 찾아내고, 그리고 자기 자신을 존중하시오.
- 자기 연민을 없이 하시오(Eliminate self-pity). 잃은 것에 연연하지 말고 현재 지닌 장점들의 자산(assets)을 적어보시오.
- 자기 생각을 그만두고, 남을 도울 생각을 하시오(Quit think of yourself. Think of helping others). 도움이 필요한 사람을 찾아가 도움을 주시오. 자신만을 위한 생각에 빠져 있으면 여유로운 삶의 모습은 결코 누리지 못한다(눅 6:38).²⁶⁸
- "회사를 가진 사람은 세상을 자신에게 맞추려 한다"라고 말한 괴테를 기억하시오. 전능하신 하나님이 주신 불굴의 의지를 적극 활용하시오.
- 목표를 정하고 그에 따른 시간표를 정해 놓으시오.
- 당신의 정신적 에너지를 불평불만이나 사후(事後, post-mortems), 곧 지난 일로 허비하는 것을 중단하시오. 그러면 지금 해야 할 일이 생각나기 시작합니다. 놀라운 일은 건설적으로(constructively) 생각할 때 일어납니다.
- 매일 아침과 저녁에 다음의 말씀을 천천히 소리 내어 읽으시오: "내게 능력 주시는 자 안에서 내가 모든 것을 할 수 있느니라"(빌 4:13).
- 매일 세 번 다음의 말씀을 소리 내어 말하시오: "이날은 여호와의 정

하신 날이라 이날에 우리가 즐거워하고 기뻐하리로다"(시 118:24).

　인간관계에서 서로 서로에게는 다른 사람의 성격과 기질과 인격적 특성이 나와 다를 뿐, 다르다는 그 자체로는 어느 누구의 잘못도 아니다. 각자의 특성과 장점을 인정하고 서로 균형과 조화를 이루는 인격과 지혜가 필요하다. 성령은 모두가 합력하여 선을 이루게 하신다(롬 8:28). 일곱빛 깔무지개의 아름다움은 일곱 색(빨주노초파남보)이 '다름, 그리고 같이', 조화와 균형으로 빛나기 때문이다. 그리스도인은 각각 믿음의 분량(롬 12:3), 타고난 재능(마 25:14-30), 받은 은사(롬 12:6-21), 자산, 그리고 인격적 특성을 고려하며 조화롭게 산다.

　성도는 인격적인 면에서 예수님 닮아 계속 성장함이 필요하다(마 5:48). 한때의 바울처럼 "오호라 나는 곤고한 자로다"(롬 7:24)라고 하며 인간의 한계 속에서 괴로워하기도 한다. 때때로 만물보다 거짓되고 심히 부패한 것이 인간의 마음인 것을 느끼며 산다(렘 17:9). 그야말로 희비쌍곡선상(喜悲雙曲線上)의 인생이다. 성도 앞에는 여전히 '**하나님의 시험과 징계와 훈련**'(창 22:2; 히 12:5-13; 딤전 4:7-8), '**마귀의 유혹**'(창 3:1-6), 그리고 '**세상의 시련과 시험과 환란**'(요일 3:13; 벧전 4:12; 요 16:33; 고후 7:4-5)들이 놓여 있으며 또한 여전히 **예수님의 대속의 은혜와 성도의 믿음**이 함께 하고 있다. 그리스도인은 지금, 여기 여전히 새로운 피조물로, 성령의 동행으로, 그리고 승리자로 서 있다(고전 15:57-58; 고후 5:17).

　우리는 아담과 하와, 그리고 예수님이 겪으신 시험을 함께 겪으며 살고 있다(창 3:6; 눅 4:1-12; 요일 2:16). 곧 "육신이 욕망하는 것, 눈이 욕망하는 것, 그리고 삶이 자랑하는 것"(요일 2:16, KJV)의 유혹이다. "세상이 사라지고, 세상에서 나오는 욕망도 사라지나, 하나님께서 원하시는 것들을 행하는 자는 영원토록 거한다"는 말씀을 소망하며 산다(요일 2:17, KJV). 그리스도 대속의 은혜 안에서269 매일 하나님 자녀로 새로운 피조물의 신분을 굳게 하며 새로운 존재로 산다. 하나님이 원하시는 것을 행하는 성도는 언제나 새로운 피조물로 존재한다.

성도는 허물과 죄로, 그리고 인격적 결함과 그 상처로 괴로워할 때가 있다. 그때마다 보혜사 성령의 위로가 임하신다. 성령의 동행, 곧 예수님이 함께하시는 것이다. 우리는 고아가 아닌 아버지 하나님의 자녀로 산다. 그리고 예수님을 주님으로 모시고 제자로 사는 우리를 종이나 노예처럼 부리지 않고 친구로 대하여 주심이 행복하고 위로가 된다. **예수님은 내가 있는 그대로 나를 사랑하신다**(Jesus loves me just as I am). 악한 영과 귀신들을 따르다가 예수님 믿고 교회 생활하는 성도의 고백을 들어보면, 귀신들의 비인격적 처사에 많은 상처를 받고 있었음을 들을 수 있다. 예수님 제자로서의 그리스도인은 자상하시고 자애로운 주님에게서 받은 것, 특히 인격적인 면에서 너무나 많기에 항상 빚진 자로 감사하며 산다(마 28:19-20; 요 1:12, 14:18, 27, 15:14-15).

오늘도 우리 성도는 주님 닮아 인격자, 곧 지성과 감정과 의지의 조화와 균형을 갖춘 자로 살기 원하며 기도하며 일한다. 길이요, 진리요, 생명이신 예수님이 주님과 친구로 함께 하시기에 위로와 용기로 인격자의 모습을 갖추려고 힘쓴다. 성령 충만 그리스도인은 타고난 지성과 감정과 의지의 좋은 특성을 힘껏 활용하여 성령 충만 상태를 계속 유지하고 진행한다. 인격적인 인간관계에서 '다름, 그리고 같이'의 조화와 균형을 통하여 서로의 성령 충만 생활은 꾸준히 진행한다. 예수님을 주님으로 모시고 그를 닮아 사는 건전한 인격자들이 모인 곳에는 일곱빛깔무지개의 아름다움이 함께 한다.

3. 성령 충만과 마가공동체의 제자상

책을 마무리하며 마가복음서를 중심으로 바람직한 제자상을 살핀다. 여기에는 열두 제자와는 다른 부류의 신자로 예수님을 가까이 따르고 있는 자들이 등장한다(막 2:4). 그들은 마가복음서에서 "무리"(the crowds)라고 불리며 모두 38회 등장한다.270 헬라어 "오클로스"(ὄχλος, ochlos)라고 불리는 오클로스 공동체다.271

오클로스 공동체를 중심으로 바람직한 제자상을 살핀다. 이 공동체의 당시 시대적 상황은272 매우 어려워 그들 무리는 대부분 변두리 지역의 사람으로 "세리와 죄인들"(막 2:13-17)로 불리 운다. 그들은 전쟁으로 집과 가족과 재산을 잃고 떠돌아다니던 약하고 힘없는 자들의 모임인 일종의 방랑자나 비밀집단으로 분류되기도 한다. 특히 병든 자, 가난한 자, 어린이, 그리고 여인들이 의미 있는 귀한 자들로 등장한다. 이러한 어려운 상황에 예수님을 따르며 살아가던 거의 모두 무명의 무리인 오클로스 공동체를 중심으로 열두 제자 공동체와 관련하여 나타난, 바람직한 제자상(弟子像)을 다음의 네 가지로 소개한다.

A. 따름의 제자상(막 1:1-6:29)

예수님의 제자는 예수님을 따르고(following), 다른 사람들이 예수님을 따르도록 인도한다. '너희로 사람을 낚는 어부가 되게 하리라'는 예수님의 말씀을 듣고 순종하여 따르는 자들이다(막 1:16-20, 2:13-17).

B. 섬김의 제자상(막 6:30-10:45)

예수님의 제자는 십자가를 지고 섬기는(serving) 자세로 산다. 소자와 어린아이들에게도 겸손과 섬김의 자세로 대한다. 십자가를 감당하신 예수님이 자기 목숨을 많은 사람의 대속물(a ransom, 막 10:45)로 주신 은혜에 감사하며, 섬기며 겸손한 자로 산다. 예수님 십자가의 은혜와 사랑은 우리에게 '자기부정과 온유와 겸손', 그리고 '진정한 용기와 승리'로 살도록 인도한다.[273] 예수님 제자는 메시아적 영광을 소망하며 십자가의 고난과 은혜와 승리를 체험하며 겸손과 섬기는 자세로 산다(막 8:31-37, 9:31-42, 10:42-52).

파스칼은 예수님의 십자가 신앙의 언급에서 "십자가의 죽음에 이르도록 창피당한 하나님, 자신의 죽음으로서 죽음을 이긴 메시아, 그리고 그리스도 예수님의 두 본성, 두 강림, 인간 본성의 두 상태"[274]라 했다. 우리는 마귀 닮은 욕망과 교만은 버리고 예수님 닮은 십자가 신앙이 겸손과 섬김으로 산다. 그리스도인은 하나님이 아니라 하나님의 자녀이고, 예수님이 아니라 예수님을 본으로, 예수님 닮아 사는 제자이다. 우리 그리스도인은 예수님의 제자로 십자가를 지고 섬기는 자세로 산다.

C. 충성의 제자상(막 10:46-16:8)

예수님을 따르고 섬김의 자세로 사는 예수님의 제자는 이제 끝까지 충성(being loyal)이다. 오클로스 공동체와 열두 제자 공동체의 제자는 예수님의 죽으심과 관련하여 어려움이 다가오자 모두가 충성이 흔들리고 무너졌다. 열두 제자가 더욱 심했다. 오클로스 중에도 예수님의 십자가 처형을 원하는 배신자들이 있었고, 열두 제자는 모두 예수님을 버리고 도망

했다. 열두 제자 중 중심인물인 베드로마저도 주님으로 모시던 예수님을 멀찍이 쫓아가다가 끝내는 열심히 따르던 예수님의 제자임을 세 번 부인하고 충성이 무너졌다(막 14:43, 50, 66-72, 15:8, 11, 15).

"제자들이 다 예수를 버리고 도망하니라"(막 14:50).

예수님께서 십자가에 달리시고 제자들이 모두 사라진 후 마가복음서에는 오클로스 공동체의 일원으로서 소경이었다가 예수님을 만나서 치유를 얻게 된 바디매오를 부각(浮刻)시켜 내세운 것처럼, 오클로스의 세 여인(막달라 마리아, 야고보와 요세의 어머니 마리아, 그리고 살로메)을 공개적으로 이름을 밝히면서 등장시키고 있다. 어렵고 위급한 상황임에도 불구하고 세 여인 외에 예수님을 따라 예루살렘에 올라온 무명의 여자들이 많이 있었다(막 10:46-52, 15:40-41, 47, 16:1).

"멀리서 바라보는 여자들(women)도 있었는데 그 중에 막달라 마리아와 또 작은 야고보와 요세의 어머니 마리아와 또 살로메가 있었으니 이들은 예수께서 갈릴리에 계실 때에 따르며 섬기던 자들이요 또 이외에 예수와 함께 예루살렘에 올라온 여자들도 많이 있었더라"(막 15:40-41).

이들은 어렵고 위급한 상황에서 끝까지 예수님을 따른 오클로스 공동체의 상징적인 인물들이다. 끝까지 충성한 오클로스 공동체 무리요, 충성의 순례자(the faithful pilgrims)이다. 예수님의 제자는 재림을 소망하며275 그때까지 항상 깨어있고(watch!), 주의하고, 그리고 끝까지 충성이다.

"그때에 인자(人子)가 구름을 타고 큰 권능과 영광으로 오는 것을 사람들이 보리라"(막 13:26).

D. 공생의 제자상(막 14:28, 16:7)

예수님을 따르고, 섬기고, 그리고 충성한 제자는 이제 공생(共生, living together), 곧 모두 도우며 함께 살기를 희망한다. 마가복음서 끝부분에 열두 제자가 모두 사라지고 오클로스의 활동은 계속 남아 있다. 그리고 예수님은 승천 전에 갈릴리로 가신다는 말씀이 두 번 나온다.

"그러나 내가 살아난 후에 너희보다 먼저 갈릴리로 가리라"(막 14:28).

"가서 그의 제자들과 베드로에게 이르기를 예수께서 너희보다 먼저 갈릴리로 가시나니 전에 너희에게 말씀하신 대로 너희가 거기서 뵈오리라 하라 하는지라"(막 16:7).

마가복음 14장 28절, 16장 7절의 말씀은 열두 제자 공동체와 오클로스 공동체가 예수님 승천 후 갈릴리에서 만나 새로운 공동체의 탄생과 새로운 관계 회복의 가능성을 갖게 해 준다. 예수님에게는 유명, 무명의 분리나 빈부귀천의 구별이 중요하지 않다. 갈릴리에서의 만남으로 하여 오클로스 공동체와 열두 제자 공동체가 새로운 공동체에서 예수님 안에서의 공생 관계를 회복하는 희망이다. 열두 제자가 자랑하던 성전 건물이 부활 이후 더 이상 의미를 상실하고 예수님을 통하여 다른 성전이 세워지는 희망이다(막 13:1).

"우리가 그의 말을 들으니 손으로 지은 이 성전을 내가 헐고 손으로 짓지 아니한 다른 성전을 사흘 동안에 지으리라 하더라 하되"(막 14:58).

"예수께서 큰 소리를 지르시고 숨지시니라 이에 성소가 휘장이 위로부터 아래까지 찢어져 둘이 되니라 예수를 향하여 섰던 백부장이 그렇게 숨지심을 보고 이르되 이 사람은 진실로 하나님의 아들이었도다 하더라"(막 15:37-39).

예수님 부활 이후에 손으로 짓지 아니한, 예수님을 기초로 새로운 성전이 세워져 그 안에 열두 제자와 오클로스 공동체의 무리가 함께 모여 도우며 사는 희망이다. '열두 제자와 오클로스'가 함께 제자가 되는 관계 회복의 가능성을 굳게 한다.

그 희망이 담긴 마가복음서의 오클로스 공동체와 열두 제자 공동체를 통하여 나타난 제자상은 예수님 안에서의 따름, 섬김, 충성, 그리고 공생으로 정리된다. 오늘날에도 예수님 제자로서의 성도는 **따름, 섬김, 충성, 그리고 공생**의 네 가지 제자상을 마음에 담고 그에 합당한 제자직(discipleship)을 감당하려고 힘쓰며 산다.

장차 천국에서 열두 제자 공동체와 오클로스 공동체, 그리고 지상의 모든 교회공동체의 성도는 '**한한신 천국교회**'에서 한 형제자매의 천국 백성으로 만남을 희망하며[276] 위로와 기쁨과 행복을 얻는다. 모든 성도는 세상 끝날까지 언제나 함께하시는 하나님의 어린양 예수님의 제자로, 그리고 천국 백성으로 영적 교제를 나누며 살고 있음이 위로와 희망이다(요 1:29; 계 7:17).

"이는 보좌 가운데에 계신 어린 양이 그들의 목자가 되사 생명수 샘으로 인도하시고 하나님께서 그들의 눈에서 모든 눈물을 씻어 주실 것임이라"(계 7:17).

"사랑하는 자들아 주께는 하루가 천 년 같고 천 년이 하루 같다는 이 한 가지를 잊지 말라"(벧후 3:8).

그리스도인은 저녁에는 울음이 깃들일지라도 아침에는 기쁨이 온다. 저녁에는 죄인 중에 괴수요, 마른 막대기보다 못한 자요, 비참한 자요, 때로는 죽어 마땅한 자라 한탄하며 울음이 깃들일지라도, 아침에는 하나님의 어린양 친구 되시는 예수님과 보혜사 성령이 함께하심으로 기쁨이 온다(시 30:5; 애 4:8; 요 14:16, 15:15; 롬 7:24, KJV; 딤전 1:15; 계 5:12-13).

한 무리의 그리스도인은 한 목자이신 예수님을 모시고 매일 아침 성령이 동행하며 새로운 피조물의 존재임을 굳게 하며 산다. 하나님의 자녀와 상속자요, 새로운 피조물이요, 선한 청지기요, **영생 천국에서 환영받는 백성**(a rich welcome, 벧후 1:10-11)으로 새로운 출발이다.[277] 그리스도인의 **오늘은 '영원한 지금'**(the eternal now)이다. 오늘 새로운 존재로 새로운 시작이다.

성경은 여전히 베스트셀러(best seller)이고 그 말씀 따라 사는 성도는 세상 곳곳에서 강력한 바람과 조용한 누룩과 밀알의 혁명을 일으키며 주님의 증인으로 살고 있다. 성도는 천로역정의 나그네와 행인이요, 순례자요, 전사이다. 예수님 재림 시 아마겟돈 최후 전쟁에서 하나님의 선의 승리를 확신하는 성도는 장차 천국 백성, 곧 **한한신 천국교회 공동체**의 모든 성도와의 만남을 소망하며 오늘을 산다. '만물의 마지막이 가까웠으니 기도하라'는 말씀을 마음에 담고 다가온 종말을 예비하며 산다(벧전 4:7, 5:2-11).

예수님이 우리에게 자유를 주셨다. 그리스도인은 예수님 안에서 자유인으로 산다. 예수님의 복음에 합당한 진리, 곧 **복음 라인**(the line of the gospel)**의 성도와 제자로**, 그리고 자기의 크리스천 라이프 스타일로 자유롭게 살고 있다(요 8:31-32; 갈 5:1; 빌 1:27-28).

카슨(D. A. Carson)과 제프 로빈슨(Jeff Robinson Sr.)은 그들의 책,『자유를 주신 예수님 Christ Has Set Us Free』에서 "자유(freedom)는 복음의 목표(the goal of the gospel)이기도 하다"고 하며 다음과 같이 크리스천의 자유(the Christian's liberty)를 8가지로 제시한다:

- 율법의 저주(the curse of the law)에서의 자유(free, 갈 3:13).
- 아담의 저주(the curse of the Adam)에서의 자유(롬 5:12, 17).
- 영적 죽음(spiritual death)에서의 자유(엡 2:5-6).
- 사망의 두려움(the fear of death)에서의 자유(히 2:14-15).
- 정죄(condemnation)에서의 자유(롬 8:1).
- 죄(sin)에서의 자유(롬 6:17-18).
- 사탄의 권세(the authority of Satan)에서의 자유(골 1:13; 히 2:14).
- 그리스도의 구속(redemption)으로 얻은 하나님의 상속자로 누리는 모든 자유(free to inherit all, 갈 4:5-7).[278]

"그러므로 예수께서 자기를 믿은 유대인들에게 이르시되 너희가 내 말에 거하면 참으로 내 제자가 되고 진리를 알지니 진리가 너희를 자유롭게 하리라"(요 8:31-32).

이스라엘 백성 중에 종들이 희년(in the Year of Jubilee)에 종의 신분에서 벗어나 자유인이 되었다.

"그가 이같이 속량되지 못하면(not redeemed) 희년에 이르러는 그와 그의 자녀가 자유하리니 이스라엘 자손은 나의 종들이 됨이라 그들은 내가 애굽 땅에서 인도하여 낸 내 종이요 나는 너희의 하나님 여호와이니라"(레 25:54-55).

이와 관련하여 카슨과 로빈슨은 오래전 찬송가 가사("Make Me a Captive, Lord," by George Mathison, 1890)를 인용하여, 다음과 같이 소개하고 있다.279

"주님, 나를 당신의 포로로 삼으시어 나를 자유롭게 하시고 나의 검을 내게서 버리게 하여 나를 승리자가 되게 하셨나이다"(Make me a captive, Lord, and then I shall be free, Force me to render up my sword, and I shall conqu'ror be).

예수님의 포로인 성도는 예수님 진리 안에서 자유인이다. 바울은 자신이 예수께 사로잡혀 산, 곧 예수님의 종인 것을 인정하며 살았다. 예수님의 종이요, 예수님의 포로 된 성도는, 그때 예수님의 제자가 되어 자유인으로 산다. 예수님의 진리 안에서의 자유, 곧 예수님의 구속(redemption)

으로 얻은 하나님의 상속자로 누리는 모든 자유를 누린다(요 8:31-32; 갈 4:5-7; 빌 1:1).

> "그러므로 이제 그리스도 예수 안에 있는 자에게는 결코 정죄함이 없나니 이는 그리스도 예수 안에 있는 생명의 성령의 법이 죄와 사망의 법에서 너를 해방하였음이라"(롬 8:1-2).

> "때가 차매 하나님이 그 아들을 보내사 여자에게서 나게 하시고 율법 아래에 나게 하신 것은 율법 아래에 있는 자들을 속량하시고 우리로 아들의 명분을 얻게 하려 하심이라 너희가 아들이므로 하나님이 그 아들의 영(the Spirit of his Son)을 우리 마음 가운데 보내사 아빠 아버지(아람어 Abba, Father)라 부르게 하셨느니라 그러므로 네가 이후로는 종이 아니요 아들이니 아들이면 하나님으로 말미암아 유업을 받을 자니라"(갈 4:4-7).

성도들은 마귀의 올무에서 벗어나 하나님께 사로잡힌 바 되어 하나님의 뜻을 따라 산다. 모든 무거운 것과 얽매이기 쉬운 죄를 벗어 버리고, 오직 예수님만 바라고 예수님 자유의 진리 안에서 오늘도 달린다. 주 성령이 계신 곳에는 자유가 있고, 예수님의 진리가 우리를 자유롭게 하신다(요 8:31-32; 고후 3:17; 갈 5:1; 딤후 2:26; 히 12:1-2). 성령 충만 그리스도인은 성삼위 하나님의 구원역사 안에서 아마겟돈 전쟁에서의 최후 승리와 구원의 완성을 향하여 꾸준히 걸어간다.

> "그가 우리를 대신하여 자신을 주심은 모든 불법에서 우리를 속량하시고 우리를 깨끗하게 하사 선한 일을 열심히 하는 자기 백성이 되게 하려 하심이라"(딛 2:14).

"각각 은사를 받은 대로 하나님의 여러 가지 은혜를 맡은 선한 청지기 같이 서로 봉사하라"(벧전 4:10).

성령 충만 그리스도인은 지금 여기 하나님의 인간 창조와 섭리, 악한 마귀의 인간 타락과 유혹, 예수님의 대속과 은혜, 그리고 성령 충만 일상을 실감 체험하며 산다. 오늘도 성령이 동행하며 하나님 자녀와 천국 백성으로,[280] 믿음의 선한 싸움을 싸우는 전사와 승리자로,[281] 선한 청지기로, 그리고 한한신 천국교회의 일은선생으로 계속 진행이다.

"마라나타(Maranatha)!. 아멘, 주 예수여 오시옵소서!
주 예수의 은혜가 모든 자들에게 있을지어다." 아멘(계 22:20-21).

목원대학교 졸업식 전 기념사진 (1969년)

맺음말

고등학교 다닐 때 기차로 통학했다. 토요일이나 시험 기간 등 일찍 집으로 올 때는 기차 운행시간이 아니어서 친구들과 걸어가곤 했다. 학교에서 집에까지 한 두세 시간 정도의 거리였다. 다니던 길이 철로 옆이어서 같은 내용의 표지판이 종종 세워져 있었다. 표지판의 내용은 이러했다.

"생각이 딴 데 있으면 보아도 보이지 않고 들어도 들리지 않으니 아예 철길로 다니지 맙시다."

당시 그 표지판을 볼 때마다 이미 목회자의 길이 정해졌으니 딴 데를 쳐다보며 흔들리지 말고, 예수님이 가신 길을 따라 그 길로 가리라고 결심한 대로 지금, 여기까지 올 수 있도록 인도하신 하나님의 은혜에 감사할 뿐이다. 그리고 여러 가지로 부족한 점이 많으나 본인의 성령론을 정리할 수 있도록 도움 주신 성령의 동행에 감사한 마음이다. 우리가 예수님을 믿고 구원받아 성령과 함께하며 악한 일 아닌 선한 신앙생활을 진행할 때 그 안에 성삼위 하나님의 예정된 구원역사로 말미암아 **성령, 은사, 성령의 충만함, 그리고 '은혜와 평안과 자유와 복음의 요소'**들이 상호 연락하고 활동하여 역사하신다. 우리를 언제나 승리와 행복, 그리고 본향 천국으로 인도하여 주심에 위로와 용기를 얻는다.

이 책을 통하여 '한한신 천국교회의 일은선생'으로 천로역정 순례자의 길을 함께 한 모든 성도에게 감사하며, 그리고 앞으로 순례자의 길을 함께 걸어가는 우리에게 예수님의 은혜와 하나님의 사랑과 성령의 교통하심이 언제나 함께하기를 소망한다.

제1장 삼위일체의 하나님과 성령(주 1-30, pp.13-22)

1) T. C. Hammond, 『간추린 조직신학- 지혜에 장성한 사람이 되라*In Understanding Be Men- A Hand book of Christian Doctrine*』. 나용화 역(서울: 기독교문서선교회, 1994), 72.
2) 창 1:26; 마 28:19; 요 3:34-36; 고후 13:13; 벧전 1:2.
3) 창 1:2; 욥 26:13-14, 33:4; 시 33:6-7, 104:29-30.
4) 성령은 ① 다른 위(位)와 합일되거(눅 3:22; 요 16:15; 고후 13:13; 벧전 1:1-2; 유 1:20-21; 행 10:38), ② 성자와 구별되고(마 28:19; 요 14:16, 16:7, 13; 행 2:33), ③ 성자와 함께 행하시고(행 2:33, 16:7; 갈 4:6; 빌 1:19), 그리고 ④ 성부(요 14:16; 롬 8:9)와 성자(요 15:26, 16:7, 13-14)에게서 발출(發出)된다.
5) 요 1:14, 18, 3:16, 6:40, 10:30, 17:4; 고전 1:30; 갈 4:4-5; 엡 1:7; 빌 2:5-11; 골 1:14-15; 딤전 2:5; 히 1:2-8, 5:7-10.
6) 요 14:16-18, 15:26, 16:13-15; 롬 8:26-28; 고전 12:13; 엡 2:18, 22; 살후 2:13.
7) 롬 14:17; 엡 6:18; 빌 3:3; 살전 1:5-6.
8) 요 16:13-23; 롬 1:2-17; 롬 8:26-28; 고후 1:12-22.
9) 롬 8:26-28; 고전 12:13; 갈 3:1-5; 엡 2:18,22; 빌 1:19; 살후 2:13.
10) 마 28:19-20; 행 1:8, 4:24-31; 롬 1:19-20, 8:18-23, 11:36; 엡 3:9-21; 골 1:16.
11) 행 2:33; 롬 8:2; 고후 5:17; 빌 1:19; 히 10:15-20; 계 21:1-11.
12) 사 49:26, 60:15-16; 렘 14:8; 호 13:4; 눅 2:11; 엡 1:4-5; 딤전 1:1; 딤후 1:9-10.
13) Emil Brunner, our faith(New York: Charles Scribner's sons, 1962), 89.
14) 막 1:15; 요 3:34; 히 13:8; 계 1:4-8.
15) 사 11:1-2; 마 3:16; 롬 8:9; 고전 3:16; 벧전 4:14.
16) 행 16:7; 롬 8:9; 빌 1:19; 벧전 1:11.
17) 이요한, 『행복에의 길』(서울: 한국 가정문서선교회, 1973), 12. 1) 하나님의 본질(essence): ① 유일하심(딤전 2:5). ② 영이심(요 4:24). ③ 인격이심(사 55:8-9; 마 11:25). 2) 하나님의 속성(attribute): ① 전지(omniscience, 창 18:14; 사 46:10; 잠 15:3). ② 전능(omnipotence, 창 17:1; 마 19:26; 계 19:6). ③ 영원(eternity, 창 21:33; 시 90:2). ④ 편재(遍在,omnipresence, 시 139:7-10; 렘 23:24; 행 17:24-25). ⑤ 불변(immutability, 약 1:17) ⑥ 거룩하심(holiness, 사 5:16; 눅 1:49; 고후 1:12) ⑦ 사랑(love, 요 3:16; 요일 4:8). ⑧ 정의(justice, 시 119:137; 사 9:7, 42:1; 행 17:31). 3) 하나님의 역할: 역할은 삼위일체로 나타난다(마 28:19; 고후 13:13-14). 하나님의 본질은 하나이나, 하시는 일에 따라서 세 부분으로 나누인다. 즉 창조와 통치의 주역(主役)으로서의 아버지 하나님(창 1:1), 구원의 완성을 위하여 속죄의 죽음을 죽으신 아들 예수 그리스도(막 10:45; 눅 6:27; 요 3:16, 6:40, 10:30; 히 9:12), 그리고 교회의 형성과 진리를 가르치는 활동의 중심이 되시는 성령(요 14:16-28, 15:26, 16:13-15; 엡 2:20-22)의 활동이시다.
18) 요 14:16-31, 16:7-15; 행 1:1-11.
19) 욜 2:28-32; 요 7:37-39, 14:26; 행 1:4.
20) 요 3:16, 5:24, 7:37-39; 행 2:38-40, 11:14-17, 19:2-7; 엡 1:13, 2:4-8.
21) '거듭나다'(be born again)는 말은 성령으로 다시 태어나 '새롭게 되다'(renewal)의 뜻이다(요 3:3; 딛 3:5). 중생 (regeneration), 신생(new birth), 재생(rebirth)이라고도 한다. 그리고 거듭남(born again), 곧 중생

은 헬라어로는 '팔링게네시아'(παλιγγενσία, palingenesia)라고 하는데 인간의 거듭남(딛 3:5)과 세상의 회복(마 19:28에 사용되었다. 그리스도인들은 예수 그리스도를 믿고 성령으로 다시 새롭게 태어난 새로운 존재(the new creation, 고후 5:17)로, 장차 새로운 세상(new world, 계 21:1-2)까지 영원히 지속한다.
22) 사 1:18; 마 6:12, 9:6, 20:28; 막 10:45; 눅 7:47-49; 롬 3:23-25, 6:1-13; 갈 3:13; 엡 1:7; 골 1:14,20-22; 골 2:13; 딤전 2:5; 딛 2:14; 히 5:5-10, 7:24-28, 9:12, 10:10; 벧전 1:2, 2:24; 요일 1:7-9, 2:1-2, 12.
23) 요 14:16, 26, 15:26, 16:7.
24) 롬 8:9, 9:1; 고전 2:10-16, 3:16, 6:19; 엡 2:22, 4:30.
25) 시 110:4; 히 3:1, 4:14, 13:8; 롬 8:26-27; 빌 1:19.
26) Walter T. Conner, *The Work of The Holy Spirit*(Nashville: Broadman Press, 1949), 173.
27) Ibid., 174.
28) Colin W. Williams, *John Wesley's Theology Today*(Naslivlle Abingdon Press, 1979), 126.
29) 최대광, 『하나님의 창조 안에 거닐다』(서울: 신앙과지성사, 2023), 24, 217.
30) 김영진, 『성서백과 대사전』(서울: 성서교재간행사, 1981. 제7권), 395. 고린도전서 16장 22절에 한번 나오는 '주 예수여 오시옵소서'는 헬라어로는 '마라나타'(Μαρανα θα, Maranatha)이다. 히브리어 원본(Hebrew Language)에 아람어(Aramaic Language)로 기록이 되어있다. 아람어는 히브리어와 연관되어 있는 셈어 계통의 한 방언이다. 신약 성서에는 '달리다 굼'(Talitha koum, 막 5:41), '에바다'(Ephphatha, 막 7:34), '엘리 엘리 라마 사 박다니'(Eli, Eli, lama sabachthani, 마 27:46)들이 그 당시 사용하던 아람어로 표현되어 있다.

제2장 상징을 통한 성령이해(주 31-33, pp.23-32)

31) Charles C. Ryrie, *The Holy Spirit*(Chicago: Moody Press, 1979), 25-32.
32) Kathryn Kuhlman, 『성령의 은사Gifts of the Holy Spirit』, 김병수 역(서울: 은혜출판사, 2018), 148-151.
33) 사 44:3, 55:1; 겔 36:25; 막 1:8; 요 4:10, 14; 롬 8:10; 히 10:22; 계 21:6, 22:1, 17.

제3장 성령이 하시는 일(주 34-57, pp.33-48)

34) 정순국, 『교리성구사전』(진주: 복음문화사, 1991), 130-135. 제1장과 제3장의 주요 목록과 참고 성경 구절들은 대부분 이 '교리성구사전'을 참고하였다.
35) 죄(sin)는 원죄(原罪, original sin)로 헬라어로는 하마르티아(ἁμαρτία, hamartia)라고 한다. 하마르티아는 '과녁을 빗나간 화살'이라는 뜻이다. 하나님께서 사람을 지으신 목표가 빗나갔다는 것이다. 하나님으로부터 벗어난 그 원죄를 타락(fall)과 교만(hybris), 그리고 반역 행위들(rebellious acts)로 표현한다.
36) 창 3:1-6; 눅 4:13; 요 3:16; 엡 2:1-10; 행 2:21, 16:31; 롬 8:1-30, 10:10.
37) 마 5:16; 고전 3:12-14; 살전 5:12-24.
38) 창 3:1-6; 눅 4:13; 롬 3:24, 5:1-21, 16:20; 고전 12:3; 고후 1:22; 엡 1:13, 4:27, 6:11-12; 딛 3:5-7; 히 9:14-15.
39) William Barclay, *The Letters to the Romans*(Edinburgh: The Saint Andrew Press, 1975), 22. 바클레이는 사람이 하나님 앞에서 의인으로 인정받기에는 사람의 노력만으로는 불가능함을 강조한다. 도덕적으로 정당하고 의로운 사람이 되는 일은 하나님의 은혜와 도우심으로 가능한 일이다. 예수님 믿은 신자는 온전한 의인에 이르지 못했을지라도 하나님에 의하여 '대단한 인물의 신분으로' 인정을 받고 대접을 받는다(to treat or account or reckon a person 'as something'). 하나님은 마귀에게서 벗어나 예수님을 믿고 따르는 신자를 온전한 의인이 아닐지라도 온전한 의인으로 인정하시고 사랑하신다. 하나님은 그를 사랑받는 자녀로 다루신다(God treats him as a child to be loved). 참고: C. L. Scofield, 『스코필드 성서연구』(서울: 성지사, 1977), 59; Martin Luther, 『크리스천의 자유』 지원용 역(서울: 컨콜디아사, 1970), 57; Herschel H. Hobbs, 『신앙의 기본원리』 도한호 역(서울: 침례회출판사, 1969), 156.

40) 롬 12:7-8; 고전 12:7-11; 엡 4:12; 벧전 4:10.
41) 겔 36:27; 눅 12:12; 요 3:34; 행 1:16; 고전 9:9-11; 엡 6:17; 벧전 1:15-16; 약 2:14-26.
42) 행 13:2, 20:28; 고전 6:19; 엡 1:22-23.
43) 히 9:14-15; 살후 2:13-14. 영원히 산다는 것은 단순히 '영원히 지속되는 생명'이기보다는 '구원받아 새롭게 변화된 생명의 영원'을 말한다. 예수님을 믿으면 영생, 곧 하나님의 나라를 이미 소유했고(요 3:15-16), 그 완성은 종말의 때에 된다(계 21:1-7; 살전 4:13-17). 예수님은 생명수요, 구원의 물이다(요 4:14, 10:10).
44) Herschel H. Hobbs,『신앙의 기본원리』. 도한호 역(서울: 침례회출판사, 1969), 162.
45) Paul Tillich,『영원한 지금The Eternal Now』. 김경수 역(서울: 대한기독교서회, 1973), 128.
46) 살전 5:9-10; 약 1:12, 4:7; 계 2:10, 12:10-12.
47) 재림을 헬라어로는 파루시아(παρουσια, Parousia)라고 한다.
48) 합 2:3; 살후 2:1,14; 요일 4:3-4, 5:4-5; 계 2:7, 11, 26, 3:5, 12-13, 21, 17:14.
49) 호 2:16; 암 5:18; 미 4:1; 막 13:19-20; 롬 2:16; 고전 1:8, 5:5; 고후 1:14; 빌 1:6, 10, 2:16; 딤후 1:18.
50) 창세기 3장에서의 하와와 아담의 범죄로 인한 실낙원의 슬픈 역사는 요한계시록 21장 이후 복락원의 기쁜 역사로 마친다. 실낙원과 복낙원 사이에는 예수님 십자가와 부활 중심의 신앙 역사가 있고, 그리고 성령의 역사와 그와 함께 그리스도인이 존재한다. 하나님의 구원행위는 예수님 이름으로 오신 성령과 더불어 계속 진행 중이고, 그 완성은 예수그리스도의 재림(second advent of Christ)으로 된다. 세상에서 성도의 생활은 순간 순간이 종말로 이해된다. 그리스도인은 매일 종말론적 교회공동체에서 종말론적 존재로 살고 있다.
51) 헬라어의 시간을 의미하는 말로 크로노스(χρόνος, chronos)와 카이로스(καιρός, kairos)가 있다. 크로노스는 하루 24시간 변함없이 흐르는 객관적 시간이고, 카이로스는 각각 개인마다 다르게 의미가 적용되는 주관적 시간이다. 같은 10시간이 어떤 사람에게는 지루하게 천천히 흘러가고 다른 사람에게는 재미있게 빠르게 흘러가는 것으로 느끼는 것은, 객관적인 크로노스의 시간에 주관적인 카이로스의 시간을 의미로 부여했기 때문이다. 구원의 역사는 카이로스의 시간이다. 그리스도인은 구원의 확신과 기쁨으로 영생 천국을 소망하며 오늘을 산다. '지금 여기'「하나님 앞에서, 예수님을 본으로, 그리고 성령과 함께하는 삶」을 목표로 일상을 살고 있다. 성도는 크로노스의 시간에서 카이로스의 구원의 의미와 보람을 체험하며 매일 성령동행의 복된 날이 되기를 소망하며 산다. 크로노스는 땅의 시간, 카이로스는 하늘의 시간이다.
52) 리사이틀(recital)은 이야기, 사실의 자세한 설명, 독주회, 연주회들의 의미이다.
53) 행 2:16, 10:43; 롬 1:2; 고전 12:3; 고후 5:20; 엡 6:20.
54) 김영선,『존 웨슬리와 감리교 신학』(서울: 대한기독교서회, 2002) 40.
55) 딤후 1:9-10, 3:15-17; 엡 1:4-14, 2:10; 요삼 1:11.
56) 케리그마(κήρυγμα, kerygma)는 예수 그리스도를 통하여 나타난 하나님의 구원행위, 곧 복음의 선포와 내용이다. 성서의 전체 내용에서의 케리그마는 다음과 같다. ① 구약에서 기독교적 의미의 사신(使臣)들이 예언한 것의 성취(행 2:16, 10:43; 롬 1:2) ② 예수님의 생애 즉 출생, 죽음, 부활, 승천, 재림들에 관한 역사적 사실과 해설(행 2:23-24, 30, 5:30, 10:37-38; 롬 1:3-5) ③ 회개와 사죄와 수용(acceptance)의 선포(행 2:38, 3:19, 10:43; 고전 1:21-22, 2:4)들이다. 이러한 내용의 선포가 바로 복음(εύαγγέλιον, Euaggelion)이요, 또한 기독교의 기점(home base)이고 표준(criterion)이다. 다음의 설교들에서 보다 더 구체적으로 나타난다. ① 예수님의 설교(막 1:14-15: 복음, 하나님의 나라) ② 사도들의 설교(특히 베드로의 설교, 행 2:14-40, 3:11-26, 5:29-32, 10:34-43) ③ 바울의 설교(고전 15:1-11; 행 14:15, 17, 24; 살전 1:9-10)이다. 이들 설교의 요약은 구원의 선포, 즉 '회개하고 주님 예수 그리스도를 믿어 구원을 받으라'이다(행 16:31). 그리고 참고로 디다케(διδαχή, didache)는 복음의 설교인 케리그마와는 달리 윤리적인 교훈을 의미한다.
57) Paul Tillich,『영원한 지금The Eternal Now』, 128-130.

제4장 성령과 은사(주 58-73, pp.49-60)

58) Frederic D. Bruner, *A Theology of the Holy Spirit* (Michigan: Eerdmans Publishing Company, 1977), 87-117.
59) 요 3:16; 롬 5:5-21, 8:9-17; 고전 12:3; 고후 1:22, 4:3-6; 갈 2:20; 엡 4:30; 빌 1:19; 살후 2:13.
60) C. Luke Salm, F. S. C. *Studies in Salvation History* (New Jersey: Prentice-Hall, Inc, 1965), x iii.
61) William Barclay, *Crucified and Crowned* (London: SCM Press LTD, 1963), 179. 주(Lord)를 헬라어로는 "쿠리오스"(κύριος)라 하는데, 그 뜻은 예수는 생명의 주, 왕의 왕, 황제들의 주, 이방인의 신들과 우상보다 뛰어나신 신(神)이라는 것이다.
62) 요 1:12; 행 2:36; 롬 8:14-21; 고전 12:3; 갈 3:26, 4:28; 엡 2:19-22, 6:10-18; 벧후 1:4.
63) 김영진, 『성서 백과 대사전』(서울: 성서교재 간행사, 1981), 제11권, 41. 그리스도인의 거듭남 곧 중생을 헬라어로는 '팔링게네시아'(παλιγγενεσία)라고 하는데, '신생(新生, new birth)'이나 재생(再生, rebirth)'이라고도 한다. 이 용어는 구원에서의 "중생의 씻음과 성령의 새롭게 하심"(딛 3:5, the washing of rebirth and renewal by the Spirit)과 장차 천국에서의 "세상이 새롭게 됨"(마 19:28)에 나온다. 참고: 눅 11:13; 요 3:1-8, 14:16; 행 8:17, 19:5-6; 딛 3:5.
64) Leslie B. Flynn, *19 Gifts of the Spirit* (Wheaton: SP Publications, 1979), 25-27.
65) 이에 대한 보다 자세한 내용은 본 책자 '제3장 성령의 하시는 일'(p.33)을 참고하기 바란다.
66) Walter Thomas Conner, *The Work of the Holy Spirit* (Nashville: Broadman Press, 1949), 70, 141.
67) 롬 12:8-10; 고전 12:4-10, 28-30.
68) 슥 9:9; 눅 2:14, 19:5-6; 요 5:24; 행 2:21, 26-28, 4:12, 16:31; 롬 10:10.
69) 구약에서의 성도(saint)는 하나님께 헌신하고 봉헌하는(신 33:2-3; 시 89:5), 경건하고 하나님을 두려워하는(시 31:23, 37:28), 미래에는 왕국에 들어갈 백성(단 7:18, 21-22)이다. 신약에서의 성도는 예수님 부활 이전의 신자(마 27:52), 그리스도 예수 안에 있는 자(빌 1:1), 교회의 구성원(롬 1:7; 고전 1:2; 엡 1:1; 빌 1:1; 골 1:2), 예수님 재림 중에 영광 받을 무리(고전 6:2; 엡 1:18; 골 1:12, 26; 살전 3:13; 살후 1:10)이다. 오늘날 같은 의미에서 성도(골 1:26, the Lord's people)가 여러 가지로 불리고 있다. 신자(believer), 기독교인, 기독교 교인, 그리스도인(Christian, 행 11:26, 26:28; 벧전 4:16), 크리스천(Christian), 예수인, 예수 신자, 교회와 관련하여 교인, 교우, 형제, 자매들이다.
70) 마 3:8, 7:15-29; 막 4:28; 눅 6:43-49; 곧 1:10
71) 눅 19:8; 살후 3:6-15; 딤전 4:15-16; 벧전 1:15-16; 벧후 3:18.
72) 마 25:14-30; 눅 16:1-2; 벧전 4:7-10.
73) Richard B. Gaffin, Jr., 『성령 은사론*Perspectives on Pentecost*』, 권성수 역(서울: 사)기독교 문서선교회, 2015), 10-11.

제5장 19은사의 분류와 성경적 이해, 그리고 사용 지침(주 74-122, pp.61-106)

74) 롬 12:3-8; 고전 12:8-10, 28-30; 엡 4:11.
75) Leslie B. Flynn, *19 Gifts of the Spirit*, 29; B. E. Underwood, 『성령과 아홉 은사*The Gifts of the Spirit*』, 정용섭 역(서울: 보이스사, 1982), 20.
76) 마 10:1-4; 막 3:13-19, 6:30; 눅 6:12-16; 행 2:14, 6:2, 9:27; 고전 15:5, 7; 엡 4:11.
77) Leslie B. Flynn, *19 Gifts of the Spirit*, 40.
78) 눅 22:29-30; 행 9:27; 고전 15:7; 계 21:14.
79) Leslie B. Flynn, *19 Gifts of the Spirit*, 57-58.
80) Ibid., 43-47.
81) Kathryn Kuhlman, 『성령의 은사*Gifts of the Holy Spirit*』, 김병수 역(서울: 은혜출판사, 2018), 130-131.
82) 복음은 라틴어로 에반겔리움(evangelium), 헬라어로는 유앙겔리온(εὐαγγέλιον, Euaggelion)이라 하는데 좋은 소식(good news)이란 의미이다. 본 책자 제3장 '8. 인간을 구원하심'에서, 「주」 56, p.47) '케리그마'를 참고하면 도움이 됨.

83) Lesile B. Flynn, *19 Gifts of the Spirit,* 61.
84) 요 10:11, 14, 16; 벧전 2:25, 5:4.
85) 삼상 17:34-37; 시 23:1-6; 사 40:11; 렘 3:15; 요 10:1-16; 행 20:28-31; 벧전 5:2-3.
86) Andrew Purves. 『십자가의 목회*The Crucifixion of Ministry*』 안정임 역(분당: 도서출판 새세대, 2016), 52.
87) John R. W. Stott, 『오늘날의 성령의 사역』, 조병수 역(서울: (주)개혁주의신행협회, 2002), 27. 목사의 목회 사역에서 행하는 설교 내용 역시 주 예수 그리스도가 중심이어야 한다. 이와 관련하여 설교를 작성할 때 고려할 점을 살핀다. 성경 본문을 선택하여 다음의 단계를 거친다. ① 본문(text)에 나타나 있는 이야기(story)나 진술(statement)이 모두 사실(fact)이다. ② 이야기나 진술의 사실 배후(背後)에 숨겨진 계시와 의미를 찾는다. ③ 본문의 전후 문맥이나 전체의 흐름을 고려하여 해석한다. 스토트는 "문맥이 넓으면 넓을수록 좋다. 가장 넓은 문맥은 전 성경이다"라고 했다. 그리고 성경 전체의 초점(focus)과 중심이 예수님이시기에 본문은 항상 예수님의 인격과 말씀과 교훈에 연결되도록 한다. 즉 예수님의 '생애와 말씀과 사역의 복음'(kerygma)이 나타나게 한다. 우리는 성경 어느 부분의 본문에서도 예수 그리스도의 빛을 발견한다. ④ 본문(text)의 의미와 교훈이 우리의 삶(context)에 적용(application)되도록 한다. 예수님의 빛 곧 복음 안에서의 성도의 선택(choice)과 결단(decision), 행동(action)이 강조된다.
88) Lesile B. Flynn, *19 Gifts of the Spirit,* 74.
89) 막 9:5, 10:51, 11:21; 마 8:19, 12:38, 26:25; 요 1:38,49, 3:2, 4:31, 6:25, 9:2, 11:8, 13:13, 20:16.
90) 권고는 헬라어로 파라클레시스(παράκλησις)라고 한다.
91) 행 14:21-22, 16:40, 20:1,17-35.
92) Warren W. Wiersbe, *Be Skillful*(Colorado: Chariot Victor Publishing, 1995), 10.
93) 마 10:19-20; 행 4:8, 5:29-32, 22:1, 23:1, 24:10, 25:6, 26:1.
94) 마 22:21; 행 17:2-3, 17:17, 19:8; 벧전 3:15.
95) 왕상 3:16-28; 행 25:9-11; 약 1:5, 3:15-18.
96) '지혜로운 경영 관리'를 줄여서 '지경관'이라 표현한다.
97) 딤전 3:2, 5:10; 딛 1:8; 벧전 4:9.
98) 막 10:42-45; 요 13:14-15; 롬 8:29; 빌 2:7; 살전 1:6; 벧전 2:3, 21.
99) 본 책자에 수록된 노만 V. 필 목사의 방송설교는 AFKN(American Forces Korean Network, 주한미군 방송)의 2005년 9월 22일 방송분을 녹화해 두었던 자료에서 발췌 정리한 것이다.
100) Robert W. Burtner & Robert E. Chiles, *A Compend of Wesley's Theology*(New York: Abingdon Press, 1956), 156.
101) "Jesus died as a ransom and has freed the individual from the grasp of the devil"(막 10:45).
102) 막 10:45; 고전 15:57, 58; 빌 1:25-30; 골 1:14; 벧전 5:8-9; 요일 2:1-2, 5:1-21.
103) Lesile B. Flynn, 19 Gifts of the Spirit, 153.
104) Alan Walker, *Break Through*(Nashville & New York: Abingdon Press, 1985), 32-33.
105) 엡 2:2-3, 6:12; 딤전 4:1; 벧전 5:8.
106) Edward Thurneysen, 『목회학 실천론』, 박근원 역(서울: 서울 한국 신학연구소 출판부, 1977), 59.
107) 창 1:26; 마 28:19; 고후 13:13.
108) 요 1:14; 롬 8:3-4; 빌 2:6-8; 요일 2:22-23.
109) ① 초대교회 시대에서의 이단 종파 중 하나였던 그노시스파에서는 '영지주의'(Gnosticism)라는 이론을 주장했다. 그들은 예수님이 신(하나님)이시기에 인간의 몸과 몸으로 행한 지상의 모든 활동은 환상이었다는 가현설(假現設, Docetism)을 주장했다. 그들은 요한복음 1장 14절의 "말씀이 육신이 되어 우리 가운데 거하시매"의 말씀 곧 예수님의 성육신(incarnation)을 부정했다. 참고: 요 3:16; 빌 2:5-11; 히 5:7-10; 요일 4:2-3.

② Arnold B. Rhodes, 『통독을 위한 성서해설*The Mighty Acts of God*』, 문희석·황성규 역(서울: 대한기독교서회, 1977), 23. 예수님의 출생을 기점으로 하여 주전(主前)과 주후(主後) 곧 'B. C.와 A. D.'로 갈린다. B. C.는 'Before Christ'의 약자로 '예수 출생 이전'을 의미하고, A. D.는 라틴어 'Anno Domini'의 약자로 '우리 주님의 시대에'(in the year of our Lord)를 의미한다. '기원전과 기원후'라고도 한다.

110) 사 42:1; 마 12:18, 28; 요 15:26-27, 20:22; 롬 8:9, 16:7; 고전 2:10-11; 고후 3:3; 빌 1:19.
111) 마 11:20; 롬 15:18-19; 갈 3:5.
112) 출 7:3; 신 4:34; 요 4:48; 행 2:22.
113) 왕상 13:3, 5; 마 12:38, 16:3, 24:3, 30.
114) 마 7:22, 8:16-33, 9:32-34, 10:8, 15:22-28.
115) 막 4:35-41; 눅 8:22-25.
116) 막 5:35-43(회당장의 딸); 눅 7:11-17(나인성 과부의 독자); 요 11:17-44(나사로).
117) Lesile B. Flynn, *19 Gifts of the Spirit*, 181-185.
118) 온전은 헬라어로 '카타르티스몬'(καταρτισμόν)인데, 그 뜻은 가장 좋은 상태로 만든다는 의미다.
119) Kathryn Kuhlman, 『성령의 은사*Gifts of the Holy Spirit*』 17-18.
120) Z. Oswald Sanders, 『성령과 그의 은사*The Holy Spirit and His Gifts*』, 권혁봉 역(서울: 요단출판사, 1975), 109; Frederic D. Bruner, *A Theology of the Holy Spirit* (Michigan: Eerdmans Publishing Company, 1977), 171-172. 브루너는 "헬라어 동사 아오리스트 시제(the aorist tense)는 '짧은 한순간'을 말하는 것으로, 이 동사는 성령을 받는 것에 주로 사용되었고 성령 충만을 받는 것에는 거의 사용되지 않고 있다"고 하였다. 그러나 "성령과 성령의 충만을 받는 것이 한순간에 일어날 수도 있다"고도 했다.
성도가 성령과 동행하며 신앙생활을 하는 중에 평안하고 평범한 때와는 다른 초자연적인 강력한 성령의 도우심을 보거나 자신이 그러한 체험을 하기도 한다. 이때 신자는 성령이 오시어 "성령 체험을 했다"고 말한다. 그러나 실제로 성도가 성령(the Spirit)을 받는 것은 '예수님 믿을 때' 한번 받는 것이고, 그 후엔 성도들 안에 거하여 믿음을 상실하지 않는 한 계속 동행하신다. 성도가 일상의 조용하고 평범한 때에는 성령이 떠났다가 초자연적인 현상이나 삶의 기적 같은 일이 발생할 때만 성령이 찾아와 역사하시는 것이 아니다. 성령은 사람이 예수님 믿고 구원받을 때 한번(once), 그것도 순간적(aorist tense)으로 임하시고, 그 이후 계속 성도와 함께하시며 일상의 신앙생활에 역사하신다.
121) 욥 26:13; 시 33:6, 104:30; 계 21:2.
122) Kathryn Kuhlman, 『성령의 은사*Gifts of the Holy Spirit*』, 16-17.

제6장 성령과 교회(주 123-160, pp.107-144)

123) 본 책자 제1장, 「3. 성령의 칭호(pp. 16-20)」란 참고.
124) 행 1:4-5, 8, 2:33, 38-39.
125) John. R. W. Stott, 『오늘날의 성령의 사역』, 조병수 역(서울: (주)개혁주의신행협회, 2002), 31-41; Alan Walker, *Break Through*(Nashville & New York: Abingdon Press, 1969), 40.
126) 살전 1:5-6; 요 14:16; 롬 14:17; 고전 3:16, 8:6, 12:11, 13; 엡 6:18.
127) 막 16:15-16; 눅 24:46-49; 행 1:6-8; 마 28:18-20.
128) 마 3:11; 눅 4:18-19; 요 14:25-26; 행 1:5, 2:1-4.
129) Gerhard Von Rad, 『폰 라드의 구약신학』, 김정준 역(서울: 대한기독교서회, 1973), 144. 참고: Arnold B. Rhodes, 『성서해설』, 문희석 · 황성규 공역(서울: 대한기독교서회, 1977), 22.
130) 마 3:16, 4:1; 막 1:10; 눅 3:21-22, 4:1, 14-19; 행 10:38. 본 책자 제3장, 「4. 예수님의 일생과 사역에 동행하심"(p. 36)의 내용을 참고할 수 있다.
131) 마 3:11; 막 1:8; 요 7:37-39, 14:15-20, 16:7-16; 행 1:13-14, 2:1-5, 17, 33; 벧전 1:8-12.
132) W. A. Criswell, *The Baptism, Filling & Gifts of the Holy Spirit*(Michigan: Zondervan Publishing House, 1979), 15.
133) 행 1:4-5, 2:1-4; 요 14:16, 26, 15:26, 16:7; 엡 4:8-10.
134) 마 27:3-5; 눅 22:3; 요 6:70-71, 13:2, 27, 18:2.
135) Millar Burrows, 『성서신학 총론』, 유동식 역(서울: 대한기독교서회, 1967), 331; 박장균, "웨슬레의 은총론", 『신학과 선교』 창간호 (서울신학대학출판부, 1972), 76. 구원은 예정된 하나님의 은혜로운 선물인 것은 분명하나, 인간 또한 그에 대한 자유로운 선택과 책임을 져야 한다는 것이 강조된다. 이것

을 신인공동구원설(synergism), 또는 복음적 신인공동구원설(evangelical synergism)이라 한다; Mack B. Stokes, 『감리교인은 무엇을 믿는가』, 남기철 역(서울: 감리교총리원 교육국, 1977), 175. 스톡스 교수는 한번 은총 안에 있으면 언제나 은총 안에 있다는, 즉 "그리스 도인이 된 후에는 그리스도를 떠날 자유가 없다"는 말은 틀린 것이라고 하였다. 자유의지(free will)의 인정이다. 데마는 이 세상을 사랑하여 떠났다(딤후 4:10). 타락의 가능성은 언제나 있다.

성경에는 구원받을 자가 창세 전 이미 예정되었다(예정론)는 것과 사람이 구원의 선물을 받을 수도 있고 받지 않을 수도 있다는 내용(자유의지론)이 함께 수록되어 있다. 이 두 가지 곧 하나님 구원역사에서의 하나님 중심의 예정론과 인간의 자유의지론이 함께 진리로 작용한다. 사람의 구원은 전지, 전능하신 하나님의 부르심에 대한 인간의 자유로운 선택과 책임으로 완성된다. 만일 이 구원의 진리를 듣지 못한 사람이나, 들었으나 그 선택과 책임을 형편상 결단하거나 감당할 수 없는 사람의 구원 여부(與否)는 전지전능하신 하나님께서 판단하시고 심판하실 일이다.

136) 마 10:22; 막 3:28-29; 눅 12:9-10, 18:8; 요 3:16.
137) Robert W. Burtner & Robert E. Chiles, *A Compend of Wesley's Theology*(New York: Abingdon Press, 1956), 23. 제5장 '하나님이 마음에 변화를 일으키시는 역사'(the change which God works in the heart)의 항목에서 복음 전도자(Evangelist)로서의 웨슬리에게 결정적인 해(The decisive year)인 1738년의 일기를 기반으로 하여 그의 영적 체험과 당시 상황을 자세히 소개하고 있다. 참고: Percy Livingstone Parker, *The Journal of John Wesley*(Chicago: Moody Press, 1965), 64.
138) D. M. Lloyd-Jones, 『성령세례 *The Baptism with the Holy Spirit*』, 정원태 역(서울: 사)기독교문서선교회, 2004), 11-63. 특히 26. 31. 로이드 존스는 "예수 믿고 중생할 때 받는 성령과 오순절 날 임한 성령(성령세례)은 구분된다"고 했다.
139) 구원받는 수가 144,000명(계 7:4-8)은 넘을 것 같이 생각되나, 이 숫자(십사만 사천 명)의 기록에는 '모든 사람이 다 구원받지는 못한다'는 것만은 확실하게 알려주고 있다.
140) Timothy Keller, *Every Good Endeavor*(New York: penguin.com, 2016), 54. 참고: 창 17:19; 신 7:6-8; 사 10:20-22, 11:16, 46:3; 롬 8:30; 고전 1:9; 엡 1:1-4, 22-23; 골 3:15; 벧전 2:9-10.
141) Karl Barth, *Credo*(New York: Charles Scribner's sons, 1962), 137.
142) Karl Barth, 『휴머니즘과 문화』, 박봉조·전경연 역(서울: 향린사, 1970), 70.
143) 행 1:8; 롬 15:18-19; 고전 2:1-5; 벧전 1:12; 요일 5:9.
144) Hershel H. Hobbs, 『신앙의 기본원리』, 도한호 역(서울: 침례회 출판사, 1969), 196.
145) 고전 1:2, 16:1; 갈 1:2; 살전 2:14.
146) 요 10:16; 계 7:9-17의 말씀을 근거로 유형무형의 모든 교회는 '한한신'의 천국교회 공동체이고, 그곳 모든 교인은 영적으로 한 형제자매다. 곧 모두 천국 백성인 것이다(사 62:10-12; 렘 31:1; 눅 17:20-21; 고전 13:1-13; 빌 3:20-21; 살전 1:8; 벧전 2:9; 계 7:15-17, 21:1-22:5).
147) Søren Kierkegaard, *Works of Love*. Howard and Edna Hong 역(New York: Harper and Row Publishers, 1964), 172-181; Campbell Ferenbach, *Preaching Stewardship*(Edinburgh: The Saint Andrew Press, 1970), 19.
148) Walter Thomas Conner, *The Work of the Holy Spirit*, 185.
149) J. C. Hoekendijk, 『흩어지는 敎會 *The Church Inside Out*』, 李桂俊 譯(서울: 大韓基督敎書會, 1975), 77.
150) John Fleming & Ken Wright, 『새로운 선교와 교회구조』, 김정준·주재용 역(서울: 대한기독교서회, 1969), 54; John R. W. Stott, 『현대 기독교 선교』, 김명혁 역(서울: 성광 문화사, 1982), 41.
151) W. A. Criswell, *The Baptism, Filling & Gifts of the Holy Spirit*, 17.
152) Donard Grey Barnhouse, *Teaching The Word of Truth*(Michigan: Wm. B. Eerdmans Publishing Company, 1979). 124-125.
153) 롬 1:4, 15:16; 고전 6:11; 살후 2:13; 벧전 1:2.
154) William Barclay, 『바울신학 개론 *The Mind of St. Paul*』, 박문재 역(서울: (주) 기독교출판유통, 2004), 167.
155) 송홍국, 『웨슬리 신학과 구원론』(서울: 대한기독교서회, 1975), 188.
156) Robert W. Burtner & Robert E. Chiles, *A Compend of Wesley's Theology*(New York: Abingdon Press, 1956), 244. 그리스도인은 '힘껏 벌고, 힘껏 저축하고, 그리고 힘껏 쓰라'(gain all you can, save all you can, and give all you can)는 경제관으로 산다.

157) 홍창의, "병의 선용", 「함춘의 강단」(서울대학교병원 기독봉사회, 1981. 9. 27), 4.
158) Ibid., 3.
159) 유동식, 『한국종교와 기독교』(서울: 대한기독교서회, 1672), 34. 240. 제재초복(除災招福)이란 굿을 하면 재앙이 물러가고 저절로 복이 굴러 들어온다는 것이다.
160) 유동식, 『한국무교의 역사와 구조』(서울: 연세대학교출판부, 1981), 60. 기복중심(祈福中心) 신앙이란 무당 종교의 의타적인 신앙에서 온 것으로 구하기만 하면 현세의 복을 받는다는 것으로, 곧 신앙생활이 '복을 받고 못 받고'를 중심으로 진행과 평가가 이루어지는 복 중심의 신앙 형태를 말한다. 여기에는 개인의 입신양명, 무병장수, 만사형통, 그리고 소원 성취들이 신앙과 기도의 주요 목표이다.

제7장 성령 충만과 신앙생활(주 161-174, pp.145-158)

161) The R.S.V. Interliner Greek-English New Testament(Samuel Bagster and Sons Limited: Marylebone Lane London Wi, 1972), 771.
162) Water T. Conner, The Work of The Holy Spirit, 98-99. 코너는 "의인과 성화는 동시에 일어날 수도 있고 또한 성화는 반드시 점진적인 것만이 아니라 순간적으로도 가능하다"고 했다.
163) Richard B. Gaffin, Jr., 『성령 은사론-Perspectives on Pentecost』, 권성수 역(서울: 사)기독교문서선교회, 2015), 37-38.
164) 사 1:18; 마 6:12, 9:6, 20:28; 막 10:45; 눅 7:47-50; 롬 3:23-25, 5:8-21, 6:1-13; 갈 3:13; 엡 1:7; 골 1:14, 2:13; 딤전 2:5; 딛 2:14; 히 5:7-10, 7:25-28, 9:12; 벧전 2:24; 요일 1:7-9, 2:1-2, 12.
165) Charles C. Ryrie, The Holy Spirit(Chicago: Moody Press, 1979), 98.
166) 본 책자 제2장, 「2. '상징을 통한 성령이해'(p. 24-25)의 내용을 참고할 수 있다.
167) Lewi Pethrus, The Wind Bloweth Where It Listeth(Minnesota: Bethany Fellowship, Inc., 1968), 25. 페쓰루스는 성도가 중생(new birth)의 체험에 만족해서는 안 되고 성령 충만하여야 함을 강조한다. 그는 중생만을 강조하는 위험성을 마 12:43-45의 말씀을 들어 "회개한 마음에 행함의 열매가 없으면 더러운 귀신의 노예가 된다"고 경고한다.
168) Erica Anderson, Albert Schweitzer's Gift of friendship(Seoul publishing co.), 70.
169) 요 14:6; 롬 12:1-2; 갈 5:16, 25; 엡 2:10; 딛 2:14; 요삼 1:11.
170) James H. Mc Conkey, The Three-fold Secret of the Holy Spirit(Chicago: Moody Press, 1897), 53.
171) 행 10:44 딤전 4:4-16; 딤후 3:15-17; 벧후 1:20-21.
172) Jürgen Moltmann, 『정치 신학』, 전경연 역(서울: 종로서적, 1974), 162-184. 위르겐 몰트만의 "희망의 선취"(anticipation) 개념과 관련한 다음의 찬송이 은혜가 된다. ①〈한영 해설 찬송가 56장. 제목 '지난 이레 동안에'〉의 2절 가사 "기쁜 하늘 잔치의 맛(taste of our everlasting feast)을 보게 하소서." ②〈한영 해설 찬송가, 204장 제목. '예수로 나의 구주 삼고'〉의 1절 가사 "하늘의 영광 보리로다"(O what a foretaste of glory Divine). 이 두 곡의 내용은 현재 세상에서의 영생 천국을 미리 맛보는(foretaste) '희망의 선취' 개념과 체험이 나타나 있는 찬송으로 은혜가 된다.
173) Tim LaHaye, 『성령과 기질』, 편집부 역(서울: 생명의 말씀사, 1978), 156-176. 라헤이(Tim LaHaye)는 사람의 기질을 다혈질(sanguine), 담즙질(choleric), 우울질(melancholy), 점액질(phlegmatic)로 분류하여 자세히 설명한다.
174) John Oswald Sanders, 『성령과 그의 은사』, 권혁봉 역(서울: 요한 출판사, 1972), 87.

제8장 성령 충만 그리스도인의 생활양식(주 175-257, pp.159-248)

175) 마 5:48; 롬 8:29; 골 2:6-19; 요일 3:2-3.
176) Ray Rozell, Talks on Sunday Schoo (Michigan: Zondervan Publishing House Grands Rapids, 1961), 13-23. 참고: 마 5:48; 히 6:1-3; 요일 3:2; 엡 4:11-13.

177) 마 5:48; 엡 5:1; 벧전 4:11-13.
178) Ray Rozell, *Talks on Sunday School*, 13-23.
179) 롬 3:23-26, 8:26-30; 엡 4:13; 딛 2:14.
180) William Barclay, *Letter to Hebrew*(Edinburgh: The Saint Andrew Press, 1974), 196.
181) '분노 없다'(None Anger)는 의미의 "N. A. Meeting"이란 명칭으로 만나 분노 조절을 위한 훈련과 경험을 나누었다. 서로 경건 훈련의 성장에 도움이 되었다.
182) Skye Jethani, 『예수님의 진심*What If Jesus Was Serious*』, 정성묵 역(서울: 사단법인 두란노서원, 2020), 80-85.
183) 김영진, 『성서백과 대사전』(서울: 성서교재간행사, 1981), 제10권, p.490. 자기부정(self-denial)은 일반적으로 높은 목표를 위해 사적인 욕망이나 야망을 포기하는 일이다. 예수님을 본으로, 예수님 닮아서 사는 우리 그리스도인들은 자기를 비우고(self-empting, 빌 2:7), 자기를 버리고(self-rejection, 마 16:24; 막 8:34; 눅 9:23), 그리고 자기를 부인하는(self-denial, 막 8:34-35) 십자가의 삶에서 부활의 승리와 천국의 영광을 체험하며 산다.
184) 눅 9:23; 요 14:16, 26, 15:26, 16:7; 행 16:6-7; 롬 8:29-30; 고후 3:17-18; 살전 4:14-17.
185) 홍창의, "병의 선용", 「함춘의 강단」(서울대학교병원 기독봉사회, 1981. 9. 27), 9.
186) 사 56:10-12; 렘 23:25-40; 엡 3:4-5; 살후 2:2-12; 딤전 4:1-2; 계 21:27, 22:18-19.
187) 눅 19:6-8; 요 6:47-48; 행 16:30-34; 골 1:4-10.
188) George Cutting, 『구원의 확신, 그리고 기쁨』, 김영호 역(서울: 종합선교-나침반, 1982), 8.
189) 요 3:16; 눅 19:2-10; 히 9:11-15, 10:15-25.
190) Donard Grey. Barnhouse, *Teaching the word of Truth*(Michigan: Wm. B. Eerdmans Publishing Company, 1979), 95.
191) Leo Tolstoy, 『톨스토이 人生論』, 황문수 역(서울: 삼중당, 1975), 7.
192) 롬 8:29-30; 엡 1:3-14, 2:8-10.
193) John. R. W. Stott, 『오늘날의 성령의 사역』, 119. 스토트는 막 4:28의 말씀을 인용하여 성화의 점진성(漸進性)을 강조하며, "성령께서는 서두르지 않는다. 선행의 인격은 평생의 산물(産物)이다"라고 했다.
194) 류 교수께서는 종종 인간관계에서의 '서로 돕고 서로 성장하는 길'을 말씀하셨다.
195) Timothy Keller & Katherine Leary Alsdorf. *Every good Endeavor: Connecting your Work to God's Work*(New York: penguin.com, 2016), 5-6, 15, 64.
196) Colin W. Williams, *John Wesley's Theology Today*(Nasivile: Abingdon Press, 1979), 126.
197) 본 책자 제3장, '8. 인간을 구원하심'에서 「주」 39, p.41」의 내용, 특히 W. 바클레이의 '의인'에 대한 주석을 참고할 수 있다.
198) 사 1:18; 막 10:45; 히 9:12; 딛 2:14.
199) Donald Grey Barnhouse, *Teaching the word of Truth*, 162-169; 전의남, "마가공동체의 제자상과 오클로스 이해"(The Understanding of the Discipleship and Ochlos of the Markan Community), 연세대학교연합신학대학원 졸업논문(1995년). 1.
200) 롬 8:29; 요일 3:2-3; 골 2:6-19; 히 12:12-13.
201) Suh Jung S. *Discipleship and Community: Mark's Gospel in Sociological Perspective*(Claremont: CAMM School of Theology at Claremont, 1991), 15-16; 서중석, 『복음서 해석』(서울: 대한기독교서회, 1981), 6-8. 서중석 교수의 사회학적 전망에 따른 성서해석이 성서를 바라보는 지평을 넓게 한다. 사회학적 성서해석이 사회 속의 교회와 성도를 이해하는 데 많은 도움이 된다.
202) Blaise Pascal, 『팡세*Pensees*』, 박은수 역(서울: 삼중당, 1975), 177.
203) Andrew Purves, 『부활의 목회*The Resurrection of Ministry*』, 김선일 역(분당: 도서출판 새세대, 2013), 163, 197. 앤드류 퍼브스는 메시아적 허세를 단념하고, 또한 메시아적 사역은 시도도 하지 말라고 권고한다.
204) 전의남, "사회정의 실현과 한국교회의 사회참여"(The Realization of the Social Justice and the Social Responsibility of the Korean Church), 감리교신학대학교 선교대학원 졸업논문(1985년).
205) 출 3:9-13, 6:2-11; 삼상 14:6-16; 삿 6:14-16, 10:1.
206) 신인현, 『새 세대 새 윤리』(서울: 대한기독교서회, 1969), 183.

207) Claude Welch, "Reinhold Niebuhr", *Ten Makers of Modern Protestant Thought*(New York: Association Press, 1958), 79.
208) Reinhold Niebuhr, 『도덕적 인간과 비도덕적 사회*Moral Man and Immoral Society*』, 이병섭 역(서울: 현대사상사, 1974), 264-283.
209) Dietrich Bonhoeffer, 『기독교 윤리』. 손규태 역(서울: 대한기독교서회, 1974), 193.
210) Richard Niebuhr, *The Responsible Self* (New York, Evanston, and London: Haper & Row, 1963), 55-64.
211) '하나님 앞에서'(before God)를 라티어로는 'coram Deo'(코람 데오)라 한다. 'coram'은 … 앞에서(in the presence of, before)의 뜻이고, 'Deo'는 '하나님'(Deus)의 뜻이다. 그리고 '인간 앞에서'는 코람 호미니부스(coram hominibus)이다. 참고로 마틴 루터를 비롯한 종교개혁자들의 다섯 가지 슬로건(slogan, motto)은 다음과 같다. ① sola scriptura(오직 말씀), ② sola fide(오직 믿음) ③ sola gratia(오직 은혜) ④ solus Christus(오직 그리스도) ⑤ soli Deo gloria(오직 하나님께 영광).
212) William Barclay, *letters of James and Peter*(Edinburgh: The saint Andrew Press, 1975), 87.
213) John Bunyan, 『천로역정*The Pilgrim's Progress*』, 오천영 역(서울: 대한기독교서회, 1972), 25.
214) Rudolf Bultmann, *Jesus and the Word*(New York: Charles Scribner's Sons, 1958), 108.
215) 레 8:9; 시 65:11; 잠 1:9; 히 2:7, 9.
216) 욥 23:10; 시 1:1-6, 107:1-43(32절); 전 10:4.
217) 사 57:15-16; 잠 16:18-19; 미 6:8; 고전 16:15-18; 빌 1:18-21, 2:3-8; 벧전 3:8-11, 5:5.
218) 오래전에 본 '성배'(the Holy Grail)라는 영화의 한 장면으로 기억되나 그 내용이 정확하지는 않다. 내용이 교만과 관련된 의미로 기억나서, 전달하는 데는 무리가 없을 것 같아 소개한다.
219) 죄를 히브리어로 '하타트'(חטאת)라고 한다.
220) 마 20:28; 막 10:45; 롬 3:23-25, 5:8-21, 6:9-11; 엡 1:7; 히 9:12; 갈 3:13; 요일 1:7-9, 2:1-2, 12.
221) Andrew Purves, 『부활의 목회*The Resurrection of Ministry*』, 김선일 역(분당: 도서출판 새세대, 2013), 145, 197-198.
222) Ibid., 198.
223) 겔 28:13-19; 사 14:12-20; 벧후 2:4; 유 1:6.
224) Suzanne De Dietrich, 『성서로 본 성서*God's unfolding Purpose*』 신인현 역(서울: 컨콜디아사, 1975), 28.
225) 마귀와 사탄은 동일하게 다룬다(계 12:9, 20:2). 1) 사탄(Satan, σατανᾶς)은 하나님과 인간의 대적자다. 사탄의 명칭을 살핀다. 곧 「무저갱의 사자」(계 9:11), 참소하는 자(계 12:10), 대적(벧전 5:8), 귀신의 왕 바알세불(마 12:24), 벨리알(고후 6:15), 온 천하를 꾀는 자(계 12:9), 큰 붉은 용(계 12:3), 용(계 12:3-4, 7, 16-17, 13:2, 4, 11, 16:13, 20:2), 원수(마 13:28, 39), 악한 자(마 13:19, 38), 거짓의 아비(요 8:44), 공중의 권세 잡은 자(엡 2:2), 이 세상 임금(요 12: 31, 14:30, 16:11), 옛 뱀(계 12:9), 시험하는 자(마 4:3; 살전 3:5)」들이다. 2) 마귀(the Devil)는 헬라어로 디아볼로스(διάβολοσ)라는 용어를 사용하는데 그 뜻은 비방자, 중상자(重傷者), 그리고 고소자이다. 3) 귀신(demons, 마 7:22, 8:16, 31; 고전 10:20-21; 딤전 4:1; 약 2:19)은 헬라어로 다이모니온(δαιμόνιον, *daimonion*)이라 하는데 악한 영, 악마의 뜻이다.

사탄은 하나님의 구원활동을 방해하는 영적 존재로, 하나님을 대적하는(adversary) 악한 세력들의 대표 이름이다. 그는 마귀라고도 불리우는 데 귀신(악귀, 악령)의 도움으로 온갖 죄악을 조장하나 마침내 목적을 달성하지 못하고 불과 유황 못에서 영원히 멸망한다(벧후 2:4; 요일 3:8; 계 20:7-10).
226) Roy. H. Lanier, 『구약 공부』 성경통신교육원 역(서울: 참빛사, 1973), 10.
227) 마 12:28-29; 막 10:45; 고후 5:17; 딛 2:14.
228) John. R. W. Stott, 『오늘날의 성령의 사역』, 33, 63.
229) Campbell Ferenbach, *Preaching Stewardship*(Edinburgh: The Saint Andrew Press, 1970), 13.
230) Ibid.
231) 사 1:18; 요일 2:1-2; 마 6:12; 롬 4:7-8, 4:32; 골 3:13.
232) 격월 잡지, 『한영 다락방』(Wednesday, May 15, 1974). p.21. "Today is the first day of the rest of your life!"
233) 주영훈 MC께서 지혜롭게 진행하는 'CBS 새롭게 하소서'의 간증프로그램의 방송실 벽의 액자에 담긴 내용이다. CBS 프로그램의 간증들이 많은 은혜이다(알베르트 아인슈타인의 명언 참고).

234) "하나님의 성령으로 봉사하며 그리스도 예수로 자랑하고 육체를 신뢰하지 아니하는 우리가 곧 할례파라"(빌 3:3, NIV). 이 NIV 한영성경에서의 "하나님의 성령으로 봉사하며(service)"가 KJV 한국어 권위역에서는 "영 안에서 하나님께 경배(worship)하고"라고 했다. 그리스도인의 신앙생활에서 예배와 봉사(worship-acted)는 함께 간다.
235) Ray Rozell, *Talks on Sunday School*(Michigan: Zondervan Publishing House Grands Rapids, 1961), 13-23.
236) '기도하고 일하라'(pray and work, or pray and labor)는 라틴어로는 '오라 에트 라보라'(Ora et Labora)인데, '기도와 노동'이다.
237) Donard Grey Barnhouse, *Teaching the word of Truth*(Michigan: Wm. B. Eerdmans Publishing Company, 1979), 162-169.
238) 아마겟돈(Armageddon) 전쟁에서 하나님 편에는 하늘의 왕이신 예수님을 대장으로 천군 천사들과 휴거된 성도들이 있고, 세상 왕 적그리스도의 사단 편에는 마귀와 귀신들과 거짓 선지자들이 있다. 하나님 승리 곧 선의 승리로 예수님과 휴거된 성도는 영원무궁토록 영생 천국의 삶을 누리고, 사단과 악의 무리는 영원히 지옥에서 고통받는다(계 13:13-14, 16:12-16, 19:11-21, 20:1-22:21).
239) 유명 무명의 성도가 때론 "죄인 중에 괴수(딤전 1:15)요 소자(마 9:2, 10:42, 18:6)요 무익한 종(눅 17:10)이라" 말하기도 하나 여전히 하나님의 자녀와 그 권능으로 산다(요 1:12). 성도는 여전히 하나님의 은혜 안에서 겸손한 용기로 산다.
240) '한 무리 한 목자 신앙'의 '일상의 은밀한 선한 생활인'을 약자(略字)로 "한한신 일은선생"으로 한다.
241) 요일 1:9; 롬 6:1-13; 고후 5:17.
242) 롬 14:8; 고전 7:23; 고후 8:5, 12:14; 갈 3:13, 4:5
243) 요 1:12; 롬 8:16; 고전 3:16; 빌 3:20-21; 딛 2:14; 벧전 2:9-10, 4:10; 벧후 1:4; 요일 3:2, 5:4-6.
244) 욥 26:13, 33:4; 시 33:6, 104:30.
245) 롬 1:19-20; 엡 1:4-14, 2:1-10; 살전 5:23.
246) 요 1:12, 17:6-9; 롬 8:14-17; 갈 3:26, 4:28; 엡 2:11-22; 벧후 1:4.
247) John P. Milton, 『히브리적 사고와 기독교』, 신성종 역(서울: 컨콜디아사, 1982), 49.
248) 마 10:28; 눅 23:46; 행 7:59; 살전 5:23; 약 2:26; 요삼 1:2.
249) 전의남, 『구원과 교인 생활』(서울: 보령문화사, 1984), 71.
250) 레 25:48-55; 룻 4:10-22; 눅 4:16-19.
251) 시 6:3-4, 39:8, 51:14, 130:7-8; 사 40-55장.
252) 마 8:25, 14:30; 행 27:20-44; 히 11:7.
253) 마 26:28-30; 눅 19:10; 고전 1:18; 고후 2:14-16; 살후 2:7-12.
254) 마 1:21; 눅 1:77, 7:50; 행 5:31; 약 4:12.
255) 막 16:16; 요 3:7, 12:47; 고전 3:15, 5:5; 벧전 4:18.
256) 마 8:11; 눅 13:28-29; 고후 7:10; 약 5:20; 계 21:1-7, 22:1-5.
257) 롬 16:19; 엡 1:7; 골 1:10; 딤후 3:16-17; 히 9:11-15, 10:16-25; 약 5:15; 요일 1:9; 요삼 1:11.

제9장 성령 충만과 인격(주 258-281, pp.249-273)

258) 그중에, 특히 새찬송가 개역개정판 323장(이호운 작사, 이유선 작곡의 '부름 받아 나선 이 몸')을 중심으로 한 간증이다.
259) Alan Walker, *Break Through*(Nashville & New York: Abingdon Press, 1969), 32-33.
260) ① 성령은 곧 하나님이심(창 6:3; 눅 12:10-12; 행 5:3-4; 고전 3:16, 12:8-11; 엡 4:4). ② 성령의 신적 속성: 영원성(창 1:2; 롬 1:4; 히 9:14). 무소부재성(無所不在性, 시 139:7-10; 고전 6:19). 전지성(사 40:14; 고전 2:10; 계 13:18). 선하심(느 9:20; 시 143:10; 마 19:17). 진실성(진리, 행 28:25; 요 14:17, 15:26, 16:13). 주권성(단 4:35; 고전 12:6; 히 2:4). 전능성(욥 33:4; 롬 8:11). 계시성(사 11:12; 요 14:26; 딤전 4:1; 벧전 1:11; 벧후 1:21).

261) Walter. T. Conner, *The Work of the Holy Spirit,* 177-181. 코너는 성령의 인격(personality)의 세 요소를 지성(intelligence)과 도덕적 분별력(moral discrimination)과 의도성(purposiveness)으로 설명한다.
262) 성령의 이지적 활동(사 43:10; 마 22:31; 요 14:26, 16:13; 행 5:9; 롬 8:26; 고전 2:10-13; 요일 2:20).
263) 성령의 감정적 활동(사 63:10; 막 3:29; 롬 15:30; 엡 4:30).
264) 성령의 의지적 활동(느 9:20; 행 16:6-7; 롬 8:9, 27; 고전 12:11; 빌 1:19; 히 2:4).
265) 시 139:1-24; 사 40:13-14; 고전 2:10; 롬 8:9, 27.
266) Norman V. Peale, *Enthusiasm*(New York: Foundation for Christian Living. 1973), 3-4.
267) Ibid., 32.
268) 8단계 중 3번의 '눅 6:38'의 장절 표시는 원문에는 없는, 본인의 추가이다.
269) 사 1:18; 마 6:12; 롬 3:25; 골 1:20-22; 엡 1:7.
270) 2:4, 13, 3:9, 20, 32, 4:1a, b, 36, 5:21, 24, 27, 30, 31, 6:34, 45, 7:14, 17, 33, 8:1, 2, 6a, b, 34, 9:14, 15, 17, 25, 10:1,46, 11:18, 32, 12:12, 37, 41, 14:43, 15:8, 11, 15.
271) 안병무, "예수와 오클로스-마가복음서를 중심으로", NCC 신학연구회편, 『민중과 한국신학』(서울: 한국신학연구소, 1991), 86-103; H. C. Kee, 『새 시대의 공동체』, 서중석 역(서울: 대한기독교출판사, 1982), 147-151, 196; 전의남, "마가공동체의 제자상과 오클로스 이해"(*The Understanding of the Discipleship and Ochlos of the Markan Community*. 연세대학교 연합신학대학원 졸업논문, 1995), 2.
272) 서중석, 『복음서 해석』(서울: 대한기독교서회, 1981), 29. 마가복음서가 기록된 시기는 로마군이 주도권을 잡고 예루살렘을 향해 진격하기 시작한 주후 69년 말부터 70년 초 사이로 추정이 된다. 주후 66-70년 동안 지속된 유대·로마전쟁으로 인한 유대인들이 겪은 국가적 재난의 비참한 상황들이 마가복음서의 역사적, 사회적인 배경이다; H. C. Kee, 「그리스도의 기원에 대한 사회학적 연구」, 서중석·김명수 역(서울: 대한기독교출판사, 1984), 20-35.
273) 전의남, 『구원과 교인생활』(서울: 보령문화사, 1984), 56-57.
274) Blaise Pascal, 『팡세*Pensées*』, 박은수 역(서울: 삼중당, 1975) 202.
275) 막 9:1, 13:13, 26-27, 33, 37.
276) 영적으로 유형 무형교회의 모든 성도는 한한신(한무리 한목자 신앙)의 천국교회 공동체의 일원이란 의미이다(요 10:16; 계 7:15-17). 모든 예수님 믿는 신자는 한한신 천국교회의 한 성도로 존재한다는 신앙과 영적 이해이다.
277) 요 1:12-13; 마 25:34; 갈 4:5-7; 롬 8:16-17, 34-39; 고후 5:17; 벧전 2:9-10; 딛 2:14.
278) D. A. Carson & Jeff Robinson Sr., *Christ Has Set Us Free*(Wheaton: Crossway, 2019), 114.
279) Ibid., 107. "Make me a captive, Lord, and then I shall be free, Force me to render up my sword, and I shall conqu'ror be."
280) 사 51:16, 62:10-12; 렘 31:1; 눅 17:20-21; 빌 3:20-21; 벧전 2:9-10.
281) 딤전 6:12; 딤후 4:7-8; 벧전 5:8-10.

참고도서
(BIBLIOGRAPHY)

Anderson, Erica. *Albert Schweitzer's Gift of friendship.* Seoul publishing co., 1980.
Barclay, William. *The Letters to the Romans.* Edinburgh: The Saint Andrew Press, 1975.
Barclay, William. *Letter to Hebrew.* Edinburgh: The Saint Andrew Press, 1974.
Barclay, William. *Letters of James and Peter.* Edinburgh: The saint Andrew Press, 1975.
Barclay, William. *Crucified and Crowned.* London: SCM Press LTD, 1963.
Barclay, William. 『바울신학개론The Mind of St. Paul』. 박문재 역. 서울: (주)기독교출판 유통, 2004.
Barnhouse, Donard Grey. *Teaching the word of Truth.* Michigan: Wm. B. Eerdmans Publishing Company, 1979
Barth, Karl. *Credo.* New York: Charles Scribner's sons, 1962.
Barth, Karl. 『휴머니즘과 문화』. 박봉조·전경연 역. 서울: 향린사, 1970.
Bonhoeffer, Dietrich. 『기독교 윤리Ethik』. 손규태 역. 서울: 대한기독교서회, 1974.
Brunner, Emil. *our faith.* New York: Charles Scribner's sons, 1962.
Bruner, Fredrick Dale. *A Theology of the Holy Spirit.* Michigan: Eerdmans Publishing Company, 1977.
Bultmann, Rudolf. *Jesus and the Word.* New York: Charles Scribner's Sons, 1958.
Bunyan, John. 『천로역정The Pilgrim's Progress』. 오천영 역. 서울: 대한기독교서회, 1972.
Burtner, Robert W. & Chiles, Robert E. *A Compend of Wesley's Theology.* New York: Abingdon Press, 1956.
Burrows, Millar. 『성서신학 총론An Outline of Biblical Theology』. 유동식 역. 서울: 대한기독교서회, 1967.
Carson, D. A. & Robinson Sr., Jeff. *Christ Has Set Us Free.* Wheaton: Crossway, 2019.
Conner, Walter Thomas. *The Work of the Holy Spirit.* Nashville: Broadman Press, 1949.
Criswell, W. A. *The Baptism, Filling & Gifts of the Holy Spirit.* Michigan: Zondervan Publishing House, 1979.
Cutting, George. 『구원의 확신 그리고 기쁨』. 김영호 역. 서울: 종합선교-나침반, 1982.
Dietrich, Suzanne De. 『성서로 본성서God's unfolding Purpose』. 신인혁 역. 서울: 컨콜디아사, 1975.
Dillard, J. E. 『선한 청지기Good Stewards』. 주성범 역. 서울: 침례회출판사, 1968.
Ferenbach, Campbell. *Preaching Stewardship.* Edinburgh: The Saint Andrew Press, 1970.
Fleming, John & Wright, Ken. 『새로운 선교와 교회구조Structures for A Missionary Congregation』. 김정준·주재용 역. 서울: 대한기독교서회, 1969.
Flynn, Leslie B. *19 Gifts of the Spirit.* Wheaton: SP Publications, 1979.
Gaffin, Jr., Richard B. 『성령 은사론Perspectives on Pentecost』. 권성수 역. 서울: 사)기독교 문서선교회, 2015.
Hammond, T. C. 『간추린 조직신학-지혜에 장성한 사람이 되라In Understanding Be Men-A Handbook of Christian Doctrine』. 나용화 역. 서울: 기독교문서선교회, 1994.
Hobbs, Herschel H. 『신앙의 기본원리Fundamentals of Our Faith』. 도한호 역. 서울: 침례회출판사, 1969.
Hockendijk, J. C. 『흩어지는 敎會The Church Inside Out』. 李桂俊 譯. 서울: 大韓基督敎書會, 1975.
James H. McConkey, *The Three-fold Secret of the Holy Spirit.* Chicago: Moody Press, 1897.
Jethani, Skye. 『예수님의 진심What If Jesus Was Serious』. 정성묵 역. 서울: 사단 법인 두란노서원, 2020.

Kee, H. C. 『그리스도의 기원에 대한 사회학적 연구』. 서중석·김명수 역. 서울: 대한 기독교출판사, 1984.
Kee, H. C. 『새 시대의 공동체』. 서중석 역. 서울: 대한 기독교 출판사, 1982.
Keller, Timothy & Alsdorf, Katherine Leary. *Every Good Endeavor: Connecting Your Work to God's Work*. New York: penguin.com, 2016.
Kierkegaard, Søren. *Works of Love*. Howard and Edna Hong 역. New York: Harper and Row Publishers, 1964.
Kuhlman, Kathryn. 『성령의 은사 Gifts of the Holy Spirit』. 김병수 역. 서울: 은혜출판사, 2018.
LaHaye, Tim. 『성령과 기질 Spirit-Controlled Temperament』. 서울: 침례회출판사, 1969.
LaHaye, Tim. 『성령과 기질 Spirit-Controlled Temperament』. 편집부 역. 서울: 생명의 말씀사, 1978.
Lanier, Roy. H. 『구약공부』. 성경통신교육원 역. 서울: 참빛사, 1973.
Lloyd-Jones, D. M. 『성령세례 The Baptism with the Holy Spirit』. 정원태 역. 서울: 사) 기독교문서선교회, 2004.
Luther, Martin. 『크리스천의 자유』. 지원용 역. 서울: 컨콜디아사, 1970.
McConkey, James H. *The Three-fold Secret of the Holy Spirit*. Chicago: Moody Press, 1897.
Milton, John P. 『히브리적 사고와 기독교』. 신성종 역. 서울: 컨콜디아사, 1982.
Moltmann, Jürgen. 『정치 신학 Politische Theologie』. 전경연 역. 서울: 종로서적, 1974.
Murphy, Nordan C., editor. *Teaching and preaching Stewardship*. New York: Commission on Stewardship, 1985.
Nee, Watchman. 『혼의 잠재력 Latent Power of the Soul』. 강귀봉 역. 서울: 생명의 말씀사, 1974.
Niebuhr, Helmut Richard. *The Responsible Self*. New York, Evanston, and London: Haper & Row, 1963.
Niebuhr, Karl Paul Reinhold. 『도덕적 인간과 비도덕적 사회 Moral Man and Immoral Society』. 이병섭 역. 서울: 현대사상사, 1974.
Parker, Percy Livingstone. *The Journal of John Wesley*. Chicago: Moody Press, 1965.
Pascal, Blaise. 『팡세 Pensées』. 박은수 역. 서울: 삼중당, 1975.
Peale, Norman Vincent. *Enthusiasm*. New York: Foundation for Christian Living, 1973.
Pethrus, Lewi. *The Wind Bloweth Where It Listeth*. Minnesota: Bethany Fellowship, Inc., 1968.
Purves, Andrew. 『부활의 목회 The Resurrection of Ministry』. 김선일 역. 분당: 도서출판새세대, 2013.
Purves, Andrew. 『십자가의 목회 The Crucifixion of Ministry』. 안정인 역. 분당: 도서출판새세대, 2016.
Rad, Gerhard Von. 『폰 라드의 구약신학』. 김정준 역. 서울: 대한기독교서회, 1973.
Ramsey, Arthur Michael. *Introducing the Christian Faith*. Norwick: SCM Press, 1970.
Rhodes, Arnold B. 『통독을 위한 성서해설 The Mighty Acts of God』. 문희석, 황성규 역. 서울: 대한기독교서회, 1977.
Ryrie, Charles Caldwell. *The Holy Spirit*. Chicago: Moody Press, 1979.
Salm, C. Luck. F. S. C., *Studies in Salvation History*. New Jersey: Prentice-Hall, Inc., 1975.
Sanders, J. Oswald. 『성령과 그의 은사 The Holy Spirit and His Gifts』. 권혁봉 역. 서울: 요단 출판사, 1975..
SBC청지기위원회편. 『청지기 성경연구 Stewardship Scripture Studies』 1-5권, 김선기 외 2인 공역. 서울: 침례교출판사, 1986.
Scofield, C. L. 『스코필드 성서연구』. 서울: 성지사, 1977.
Stokes, Mack B. 『감리교인은 무엇을 믿는가』. 남기철 역. 서울: 감리교총리원교육국, 1977.
Stott, John. R. W. 『오늘날의 성령의 사역』. 조병수 역. 서울: 개혁주의 신행협회, 2002.
Stott, John. R. W. 『현대 기독교 선교』. 김명혁 역. 서울: 성광 문화사, 1982.
Suh Jung S. *Discipleship and Community: Mark's Gospel in Sociological Perspective*. Claremont: CAMM School of Theology at Claremont, 1991.
Thurneysen, Edward. 『목회학 실천론』. 박근원 역. 서울: 서울 한국신학 연구소 출반부, 1977.
Tillich, Paul. 『영원한 지금 The Eternal Now』. 김경수 역. 서울: 대한기독교서회, 1973.
Tolstoy, Leo. 『톨스토이 人生論』. 황문수 역. 서울: 삼중당, 1975.
Underwood, B. E. 『성령과 아홉 은사 The Gifts of the Spirit』. 정용섭 역. 서울: 보이스사, 1982.
Walker, Alan. *Break Through*. Nashville & New York: Abingdon Press, 1985.

Welch, Claude. "Reinhold Niebuhr," *Ten Makers of Modern Protestant Thought*. New York: Association Press, 1958.
Wiersbe, Warren W. *Be Skillful*. Colorado: Chariot Victor Publishing, 1995.
Williams, Colin W. *John Wesley's Theology Today*. Nasivile: Abingdon Press, 1979.
The R.S.V. Interliner Greek-English New Testament. Samuel Bagster and Sons Limited: 72 Marylebone Lane London Wi, 1972.), 771.
김영선, 『존 웨슬리와 감리교신학』. 서울: 대한기독교서회, 2002.
김영진, 『성서백과 대사전』(제7권, 제10-11권). 서울: 성서교재간행사, 1981.,
박장균, "웨슬레의 은총론", 『신학과 선교』. 창간호: 서울신학대학 출판부, 1972.
서중석, 『복음서 해석』. 서울: 대한기독교서회, 1981.
손기철, 『알고 싶어요 성령님』. 서울: 규장, 2019.
송홍국, 『웨슬리 신학과 구원론』. 서울: 대한기독교서회, 1975.
신인현, 『새 세대 새 윤리』. 서울: 대한기독교서회, 1969.
원세호. 탁성환, 『청지기론』. 서울: 국종출판사, 1981.
이요한, 『행복에의 길』. 서울: 한국가정문서선교회, 1973.
임택진, 『목회자가 쓴 청지기직』. 서울: 대한예수교장노회 총회교육부, 1976.
유동식, 『한국종교와 기독교』. 서울: 대한기독교서회, 1972.
유동식, 『한국무교의 역사와 구조』. 서울: 연세대학교출판부, 1981.
전의남, 『구원과 교인생활』. 서울: 보령문화사, 1984.
전의남, "마가 공동체의 제자상과 오클로스 이해", 연세대학교 연합신학대학원 졸업논문, 1995.
전의남, "사회정의실현과 한국교회의 사회참여", 서울 감리교신학대학교 선교대학원 졸업논문, 1975.
정순국. 『교리성구사전』. 진주: 복음문화사, 1991.
최대광, 『하나님의 창조 안에 거닐다』, 서울: 신앙과지성사, 2023.
홍창의, "병의 선용", 『함춘의 강단』. 서울: 서울대학교병원 기독봉사회, 1981. 9. 27.

인명 색인

류문기 174(주 194)
서중석 180(주 201)
송홍국 132(주 155)
신인현 185(주 206)
유동식 140(주 159, 160)
이호운 253, 254
이유선 253
이익모 252, 253
전의남 164, 265(주 273)
정순국 33(주 34)
최대광 20(주 29)
홍창의 135(주 157, 158), 167(주 185)

게르하르트 V. 라드 110, 111(주 129)
노만 빈센트 필 82(주 99), 260
도날드 G. 반하우스 130(주 152), 172, 177(주 199), 229
디트리히 본회퍼 186
D. A. 카슨 & J. 로빈슨 Sr. 270, 271
라인홀드 니버 185
레슬 B. 플린 54, 62-64, 69, 84, 92, 93
르위 페쓰루스 149
레오 톨스토이 125, 173(주 191)
레이 로젤 160(주 176), 161, 225(주 235)
로이 H. 라니에르 212(주 226)
로이드 존스 120(주 138)
루돌프 불트만 189(주 214)
리차드 B. 개핀 58(주 73), 147(주 163)
리차드 니버 187(주 210)
마틴 루터 18, 118, 177
맥 B. 스톡스 115(주 135)
블레즈 파스칼 135, 167, 181, 182, 265(주 274)
빈센트 V. 고흐 127

성 어거스틴 126
수잔 D. 디트리히 210
쇠렌 키르케고르 124, 125(주 147)
스카이 제서니 164, 165(주 182)
씨워드 힐트너 218
알란 워커 85(주 104), 258(주 259)
알렉산더 포프 177
알렉산드르 S. 푸시킨 247
알베르트 슈바이처 150(주 168)
에드워드 트루나이젠 86, 87(주 106)
에리카 앤더슨 150(주 168)
에밀 브루너 15, 16(주 13)
앤드류 퍼브스 70(주 86), 71, 183(주 203), 199, 200(주 221, 222)
우찌무라 간조 219
위렌 W. 위어스비 74(주 92)
윌리엄 바클레이 41(주 39), 132(주 154), 162(주 180), 188(주 212)
위르겐 몰트만 155(주 172)
월터 T. 코너 17(주 26), 18(주 27), 55(주 66), 127(주 148), 147(주 162), 258(주 259), 259(주 261)
J. 오스왈드 샌더스 156(주 174)
J. C. 호켄다이크 127(주 149)
조지 커팅 172(주 188)
존 번연 188, 189(주 213)
존 R. W. 스토트 71(주 87), 174(주 193), 216(주 228)
존 웨슬리 46, 78, 83(주 100), 117, 118(주 137), 119, 132, 134, 135, 229
찰스 C. 라이리 24(주 31), 148, 149(주 165)
칼 바르트 86, 122(주 141)
켐벨 페렌바흐 125(주 147), 218
캐트린 쿨만 28(주 32), 65, 97, 104
티모시 켈러 122(주 140), 175, 176(주 195), 223, 225, 247
팀 라헤이 155(주 173)
폴 틸리히 43(주 45)
허셀 H. 홉스 43(주 44), 124(주 144)

성구 색인

창세기
1:2 p.14(주 3), 19, 25, 34, 179, 208, 259(주 260)
2:7 p.19, 34, 236, 238
3:1-6 p.39(주 36), 41(주 38), 208, 212, 262
6:5-7 p.156, 157
11:1-9 p.194
18:1-15 p.237
22:2, 12 p.213, 262

출애굽기
14:13-14 p.231
35:31-32, 35 p.35, 56, 57, 105

레위기
11:1-47 p.57, 125
25:54-55 p.271

신명기
28:7 p.213

여호수아
1:9 p.232

사무엘상
12:23-24 p.151

열왕기상
19:11-12 p.235, 252

욥기
26:13 p.24, 25, 34, 55

시편
25:6 p.81
30:5 p.219, 269
46:10 p.232
51:1-12, 17 p.36
68:19 p.133, 242
104:30 p.25, 34, 101, 149, 179
119:65-72 p.52, 85, 95, 97

잠언
11:2 p.203
12:16 p.163
16:9 p.140
16:23-24 p.74
16:32 p.163
29:11 p.163
29:23 p.190, 203

전도서
7:14 p.232

아가
2:16 p.258

이사야
14:12 p.39, 208
53:5 p.166
57:15 p.83, 203
61:1-3 p.19, 27, 110, 180, 190

예레미야
23:32 p.169

예레미야애가
3:23 p.218

에스겔
28:1-19 p.39, 210
37:14 p.35

요엘
2:28-32 p.108, 114

스바냐
2:3 p.203

마태복음
5:7 p.81
5:16 p.28, 57, 100, 161, 188, 189, 190
6:1-4 p.80, 136, 225, 245
7:7-8 p.138, 141
10:16 p.78
12:38-42 p.89
12:43-45 p.149, 207, 211, 212
23:23 p.142
25:21, 23 p.133
26:67-68 p.256
27:26-30 p.256, 257
28:19-20 p.19, 50, 109, 123

마가복음
1:15 p.69, 117, 124
1:16-20 p.264
4:26-32 p.235
4:28 p.130, 153, 154, 171, 225, 231, 235, 244
5:25-34 p.181
10:45 p.16(주 17), 17(주 22), 83(주 101, 102), 148(주 164), 161, 177(주 198), 196(주 220), 213(주 227), 245, 265
13:26 p.267
14:28 p.267
14:36 p.139
14:50 p.266
14:58 p.268
15:37-39 p.268
15:40-41 p.266
16:1 p.266

16:7 p.267
16:15-16 p.109(주 127)
16:19-20 p.110, 139

누가복음
4:1-12 p.212, 262
4:13 p.214
4:16-20 p.111
6:38 p.261
9:22-23 p.144, 166
10:17-18 p.216
10:20 p.210, 215
12:42 p.78, 216, 217
18:8 p.115
19:8 p.42

요한복음
1:29 p.268
3:16 p.45
5:16-17 p.227
8:31-32 p.126, 180, 270-2
10:16 p.124(주 146), 130, 234, 268(주 276)
12:24 p.230, 235
14:16-17 p.236
14:25-26 p.21, 51, 109(주 128), 110
15:8 p.143
15:14-15 p.128, 142, 206
16:7 p.21
16:12-16 p.21
16:14 p.28, 114
16:33 p.262
20:22 p. 50, 53, 108, 120
20:29 p.116

사도행전
1:4 p.16(주 19), 51, 109, 152
1:9-11 p.43
2:38-39 p.51, 52
2: 46 p.106

4:23-31 p.53
13:2, 4 p.42(주 42), 112, 124
15:28 p.113, 123
16:6 p.113
16:7 p.16(주 16), 19, 108, 112, 113
20:35 p.137
21:11 p.113

로마서
1:19-20 p.15(주 10), 39, 237(주 245)
5:20 p.178, 196
8:1-2 p.39, 272
8:16-17 p.19, 52, 111, 178, 269(주 277)
8:29-30 p.167(주 184), 170, 174(주 192), 227, 244
12:3 p.79, 80, 228, 247, 262
12:3-9 p.60
12:6 p.65, 68
12:8 p.73, 80, 81
12:15-19 p.76, 137
14:10 p.244
14:10-12 p.203
16:19-20 p.209, 211

고린도전서
1:23-24 p.52, 170
3:7-9 p.243, 246
3:8-9 p.54
3:9 p.54
3:13-15 p.132, 243
7:7, 17 p.56, 121
10:31 p.227, 228, 246, 252
12:3-4 p.250
12:11 p.53, 80, 102, 108(주 126), 120, 259(주 264)
12:13 p.15(주 6, 9), 108, 120

13:1-8 p.103
13:11 p.105, 149, 178
13:13 p.106
15:9-11 p.196
15:57-58 p.131, 141, 144, 262
16:22 p.22(주 30)

고린도후서
1:3-4 p.74
3:17 p.19, 40, 180, 272
5:17 p.15(주 11), 16, 52, 99, 103, 149, 157, 179, 197, 213(주 227), 234(주 241), 262, 269(주 277)
5:20 p. 46(주 53), 48
6:9-10 p.233
10:3 p.132

갈라디아서
2:20 p.41, 70, 151, 153
3:1 p.18
3:28-29 p.128, 129
4:4-7 p.272
5:1 p.142, 180, 206, 207, 270, 272
5:22-23 p.42, 54, 57
5:25 p.148, 149, 152, 177, 246
6:10 p.229
6:14-15 p.166

에베소서
1:3-14 p.16, 196
1:4-6 p.198, 241
1:13 p.19, 29, 36
1:22-23 p.99
2:4-6 p.39
2:10 p.20, 45, 80, 95, 99, 105, 131, 226, 241, 244
2:20 p.67
3:4-5 p.169(주 186)

4:4　p.259(주 260)
4:7-16　p.59
4:15　p.99
4:27　p.149, 211, 212, 214, 215
4:31　p.166
5:18　p.119, 147
6:10-24　p.215
6:11-12　p.209

빌립보서
1:3-6　p.202
1:6　p.41, 96, 97, 105, 131, 171, 199, 226, 244
1:6-7　p.172
1:18　p.64, 100
1:19　p.18, 19, 40, 51
2:3　p.203
2:4　p.228
2:6-9　p.87(주 108)
2:12-13　p.121, 142
2:16　p.27, 134, 248
3:10-16　p.248
3:12　p.151, 170, 233
3:16　p.150, 153, 175
3:20-21　p.47, 48
4:13　p.82, 202, 261
4:18-20　p.134

골로새서
1:10　p.45, 171
1:14　p.68
2:6-7　p.115

데살로니가전서
1:3　p.153, 154
2:13　p.48
4:14-17　p.43, 44, 167
5:23-24　p.236, 238, 239

데살로니가후서
2:2-4　p.198

2:13-14　p.68, 143

디모데전서
4:13-16　p.72
6:12　p.207, 215
6:18-19　p.246

디모데후서
1:9　p.40, 41, 47
2:20-21　p.81, 140
3:15-17　p.37, 45, 47, 153, 211, 245

디도서
1:16　p.176
2:7　p.176
2:14　p.45, 86, 95, 104, 119, 135, 161, 211, 219, 226, 234, 246, 272
3:4-8　p.52, 59, 103, 197, 225, 226
3:8　p.45, 75, 104, 136, 228, 231, 244, 245

히브리서
5:8-9　p.152
12:1-4　p.116, 162, 195, 225, 272
13:2　p.79
13:8　p.17, 144

야고보서
1:17　p.31, 186
2:20-22　p.140, 150, 189
4:6　p.204
4:7　p.86, 207

베드로전서
1:2　p.15
1:12　p.19, 64, 68, 109
2:4　p.129
2:9　p.47, 178

2:20-21　p.100, 161
4:7　p.270
4:10　p.58, 102, 105, 137, 201, 216, 217, 273
5:5-6　p.190, 204
5:8　p.86, 121, 157, 211, 215

베드로후서
1:2-4　p.156
1:5-7　p.156
1:11　p.121
1:21　p.37, 38, 45, 51, 67
3:8　p.269

요한일서
2:16　p.212, 262
3:8　p.209
4:1-4　p.85, 207, 215
4:1-6　p.210, 240
5:4　p.83(주 102)
5:15　p.138

요한삼서
1:2　p.240(주 248)
1:11　p.80, 136, 148, 157, 245

유다서
1:6　p.208(주 223)

요한계시록
7:17　p.124(주 146), 268, 269
21:2　p.18, 25, 34, 55
21:5　p.111
21:27　p.169(주 186)
22:12　p.22, 134, 143
22:18-19　p.66
22:20-21　p.22, 200, 273

주요 단어 색인

NA 미팅 163(주 181)
worship-acted, 예배와 봉사의 220(주 234)
wwJd 신학(예수님 모방신앙) 70
5대 강령(슬로건), 종교개혁의 187(주 211)
가현설 87(주 109)
개구리와 학(예화) 192
개명(간증), 전용남(全咨男)의 p.163
개인구원 182, 183, 187, 189
거듭남(중생) 4, 16(주 21), 30, 45, 52(주 63), 148, 149, 153
겸손한 용기 202, 233
교각살우 260
교두보(아포르메) 132
구원 성령 54
구원 3단계(의인, 성화, 영화) 5, 88
구원의 확신과 기쁨 4, 54, 57, 172, 173
굳건한 믿음 115, 121, 122, 142, 157, 207, 209
귀신 축출(간증) 205, 213
그리스도의 대리사역 71
그리스도의 대속(구속, 사죄, 속죄) 16, 17, 74, 83, 99, 148(주 164), 151, 161, 172, 173, 177, 196(주 220), 197, 211, 219, 234, 245, 246(주 257), 263
그리스도는 영원한 대제사장 16
그리스도인의 신분과 상태 177
그리스도 중심 신앙- 그리스도 실천 생활 182
기다리는 모임 50, 109, 123, 152
기도하고 일하고(오라 에트 라보라)의 227, 228
기복중심 신앙 140(주 160)
기브 앤 테이크 137, 228
기술의 은사 6, 56

나그네와 행인 126, 188, 269
노 페인 노 게인 161
노 크로스 노 크라운 162
누룩과 밀알 224, 225, 229-231, 233, 269
단번에 16, 197
단장한, 성령의 25, 32, 34, 44, 55, 101
대단한 인물, 41(주 39)
대도 41
대리인의 행동 186, 187
더하기표와 십자가(예화) 230
도상의 존재 188
도성인신 185
루시퍼 208
류문기 교수와 성장(간증) 174
마귀, 대적하는 것이 상책인 206, 214
마귀, 잇고 사는 209, 213
마귀적인 행태 209
마귀 축출자 86
마라나타 22(주 30), 273
만만한 사람 76
메시아적 사역 및 환상 183, 200
모호한 185, 186, 190
몸 150(주 168), 170, 175, 176, 201, 220-226, 235-241, 250
무공공간의 위험 149(주 167), 211-214
무당 종교 140
무덤에서 나온 성도 111
무술 영화(예화), 성룡 주연의 200
무형교회 99, 124
묵도와 '바로!' (예화) 226
미국 세미나(간증), 사회 구원 과의 182
믿음의 분량 228, 229, 247, 262
밀알교회의 선물(예화), 추석 선물의 230

반복되지 않는 사건, 거듭남(중생)의 16, 40, 52, 149, 153
반역 행위, 창조주 하나님께 대한 38(주35), 194, 195, 208
받은 은사 56, 57, 60, 63, 66, 67, 72, 94-97, 104, 105, 217, 228, 247, 262
보혜사 성령 16-18, 21, 51, 110, 114, 263, 269

복낙원 42
복음 라인 성도 142, 221, 270
복음의 진보 171, 176
복음의 현실화 109, 179
복음에 합당한 생활 86, 88, 118, 143, 171, 172, 176, 178, 221
봉사 성령 56
불신지옥 - 무공무상 133, 149(주 167)
비폭력의 방법 183
빚진 자의 자세, 하나님 앞에 서의 116, 199-202, 263
사랑의 역사 51, 54, 124(주 147. 키르케고르), 125, 127
사랑의 실험실, 지상교회의 124(주 147)
사신(使臣) 46
사적 계시와 예언 66, 67
사회구원 182, 183, 185, 187, 189
사회복지사의 봉사(예화), 복음라인의 221
사회학적 전망 180
사훈(예화), 하남시 한 회사의 184
삼위일체의 하나님 3, 5, 14-16, 19, 20, 50, 54, 87, 108, 110, 120, 187, 208, 250
상부상조 80, 137, 138, 228
새로운 존재 43, 179, 260, 263, 269
새로운 피조물 15, 16, 99, 103, 149, 157, 197, 211, 220, 227, 234, 239, 246, 262, 263, 269
서원 기도(간증), 자녀 장래와 139
설교 작성의 단계 71(주 87)
성경, 사회학적 해석 180
성도, 다양한 호칭의 57 (주 69)
성령 계시, 알란 워커의 85, 258
성령과 성령 충만한 일상과의 역동적 관계 234
성령 세례 30, 108, 120, 121
성령시대, 성령 주역 시대의 15, 20
성령의 역사 - 사랑의 역사, W. T. 코너의 127
성령 체험(간증), 목회 초기의 252
성령 체험 99(주 120), 250
성무선악설 156
성배(영화) 193

성삼위 하나님의 목회 44, 47, 72, 131, 179, 241
성서의 주선율 46
성선설, 성악설 156
성육신 14, 85, 86, 87(주 109)
성한 눈 87(주 106)
세미한 소리, 성령의 235, 251, 252
수적천석 219
시험과 시련 262
시효 지난 감정 218
신인공동구원설 115(주 135)
실과 실패(예화) 154
실낙원 42
아마겟돈 전쟁, 그날 사탄과 231(주 238), 269, 272
아오리스트시제 99(주 120)
양육사역, 성령의 15
어린 자녀와 부모와의 노동 (예화) 199
얼마 동안, 귀신들 침투의 211, 214
에클레시아 122
예수 그리스도 중심신앙 71(주 87), 86, 87(주 106), 88, 118
열정, 노만. V. 필의 260
영광의 관(冠, crown), 선행의 189
영원하신 대제사장 16, 17
영원한 지금 48, 243
영지주의 87(주 109)
예수님 승천 선물, 성령의 114, 117
예수천국 - 공로보상 133
예정론 115(주 135)
원시복음 197, 207
원주 선언문 183
오산리 금식 기도원(간증) 221
오클로스 공동체, 12제자와 264-268
왕자의 신분과 상태(예화), 성도의 177
윈-윈 137, 138, 228
유명 무명의 성도 223, 233, 255, 267
유무상통 80, 138, 176
유앙겔리온 47(주 56), 68(주 82)
유일한 성령을 한번 받음, 중생 곧 거듭남의 153
유형교회 109, 124

율법 라인 성도 142
의식화 교육 183
의인(義認) 38(주 36)
이신득의 38
이원론 85, 239
이행(移行)행동, R. 로젤의 225
인간의 위기, 곧 하나님의 기회임 213
인간 전 존재(통전적 존재) 88, 224, 236, 240, 241
인간 전 존재의 영적 결단과 행동, 영과 혼과 몸의 235, 240, 241
인간화 181
인격적 특성과 장점 262, 263
인생론, 톨스토이의 173 (주 191)
인지위덕 162
일곱빛깔무지개, 인격과 간증의 169, 262, 263
일상의 순환 스케줄(예화), 슈바이처의 150(주 168)
일은선생, 곧 일상의 은밀한 선한 생활인 176, 234, 255, 273, 275
일일일선(예화), 중학교 일기장의 226
입신 신자의 모습(예화), 단장과의 101
자기 비움 127
자산의 복 228
자유 19, 40, 50, 58, 108, 121, 126, 128, 142, 143, 180-182, 190, 206, 208, 221, 236, 238, 270, 271, 272, 274
자유의지론 115(주 135)
자칭 예수(예화), 계룡산의 192
장인(匠人)과 디자이너, 은사의 56, 57, 95, 105
적그리스도의 영 215, 240
적극적 사고방식, 노만. V. 필의 82
전사 132, 141, 184, 207, 209, 213, 215, 225, 269, 273
전환점 118, 191
제재초복 140
조직검사와 염증(간증) 98
존 웨슬리 회심 117-119
종말론적 존재 5, 45(주 50), 48
종말의 그날 29, 42(주 43)-44, 179, 231

죄(원죄) 38(주 35)-40, 90, 190, 191, 194, 197, 208, 238
주술신앙 140
주전과 주후(B. C. and A. D.) 87(주 109)
중생성선설 157
지경관, 지혜로운 경영관리의 6, 77(주 96), 79, 97, 104, 136, 138, 150, 229, 247
지식과 지혜, 75, 202, 229
지지고 볶고 사는 일상 227
지하철 객실(간증) 76
지혜와 순결, 복음선포와 봉사의 78, 79
진정한 친구(예화) 128
책임적 자아 187(주 210)
천로역정 순례자 176, 188, 225, 246, 247, 269, 275
초신자(초심) 190, 191
충성의 순례자 266
카리스마 55-57
카리스마 그리스도인 57, 105
케리그마 47(주 56), 68(주 82)
코람 데오 136, 187(주 211)
크로노스와 카이로스 45(주 51)
크리스천 엑소시스트 86, 213, 215
다고닌 재능 228, 247, 262
파라클레토스 17
파스칼의 메모지, 회심의 167(주 185)
포로(찬송가 가사), 예수님의 271
푸시킨의 시(예화) 247
프뉴마 18, 24, 50
하기오스 57
하나님의 경책, 213, 214
하나님의 본질, 속성, 그리고 역할 14, 16(주 17)
하나님을 알만한 요소(접촉점) 198
하나님의 구속사(구원사, 구원 역사) 15, 44, 87, 110, 111(주 129), 250
하나님의 목회 44, 47, 71, 72, 131, 175, 179, 241
하나님의 삼중원적 섭리, 존 웨슬리의 78
하나님의 전신갑주 141, 214
하나님 활동에 대한 리사이틀 46(주 52)
하나님 앞에서 21, 72, 87, 88, 91, 97, 108,

120, 136-138, 152, 178, 184, 187(주 211), 191, 198-200, 224, 228, 233, 239, 240, 243-245, 252, 255, 260
하늘 보좌 생명책, 지금 여기 일상의 5, 48, 154, 155, 175, 246
하마르티아 38(주 35)
하타트 194(주 219)
한 번에 하나씩 219
한얼산기도원(간증) 168
한한신, 곧 한 무리 한 목자 신앙의 124(주 146)-126, 176, 179, 268(주 276)
한한신 일은선생 6, 176, 234(주 240), 273, 275
한한신 천국교회 124(주 146), 125, 179, 268(주 276), 269
헬라적 사고 88, 239
화중득구 132
황금률 127
휴거 43, 44, 231(주 238)
회귀 불능점 191
희망의 선취 155(주 172)
희비쌍곡선상의 인생, 새로운 피조물인 성도의 262
히브리적 사고 88, 239, 240(주 247)

부록

1. 전도가 - "일어나 전도하라"
2. 아프리카 애창곡 (Su Tu족, Yoruba족)※
3. 종말론 도표

※ 2번의 두 곡은 본인이 1989년 2월 한 달, 싱가포르 하가이 지도자 훈련 시에 참가 회원 중 자기 부족(部族)의 애창곡을 소개하여 그곳에서 회원들과 함께 종종 불렀던 곡이다.

예수님 사랑

Su Tu족 애창곡, S. Africa
전의남 작사, 편곡
1990, 서울

Emi Yoo Yin

Yoruba족 애창곡, W. Africa
1989, 싱가폴

예수 그리스도의 재림과 최후심판

태초
천지창조
(창 1:1-3)

천국
(창 1:1-2, 26)
(욥 38:7)
(사 6:1-3)
(슥 1:16)

타락한 천사
(사 14:12-20)
(겔 28:11-19)
(벧후 2:4)
(유 1:6)

아브라함
1900 B.C.

선지자시대
구약시대
율법시대
(눅 16:16)

예수출생
A.D.
4 B.C.

예수시대
신약시대
복음시대
(마 1:1)
(막 1:1)
(눅 2:1-7)

예수의
죽음과
부활
(벧전 3:19-20)

A.D. 30

오순절성령

성령시대
복음시대
교회시대
은혜시대
(행 1:8-15; 2:38-47)

천년왕국시대
무천년설
(요 5:21-29; 11:23-27; 12:20-36)

천상 - 천년동안 성도들이 왕 노릇 (계 20:4-6)
지상 - 천년동안 사단의 결박 (계 20:1-3)

대환난

재림
(살전 5:1-3)
(빌 1:1:2)
(살후 3:2)

공중재림
(살전 4:17)
휴거
(살전 4:13-17)
모든 죽은 자들이
부활
(사 66:1-24)
(단 12:1-3)
(요일 3:2)
악인 - 영광의 부활
악인 - 저주의 부활

천년동안 사단의 때
대환란
대배도
적그리스도의 출현
대정조
(마 24:1-31)
(눅 21:25-28)
(살후 2:1-12)
아마겟돈 전쟁
(계 16:12-16)

최후심판
힌 보좌심판
(계 20:11-15)
어린양의
혼인잔치
(계 19:7-10)
(마 25:31-46)
(고전 3:13-15)
(살후 1:7-12)
(계 21:9-14)

천국
(마 7:21; 8:11; 16:19)
천국
(역상 8:32)
(대하 30:27)
낙원
(눅 23:43)
(고후 12:4)
(계 2:7)
아브라함의 품
(눅 16:22-23)
거룩한 성
새 예루살렘
(계 21:2, 10)

지옥
(막 5:22; 18:9)
구덩이 (벧후 2:4)
무저갱 (계 20:3)
불못
(계 20:10-15)
게헨나
무덤
하데스

전의남 교수 1998.5.14

성령 충만 그리스도인

지은이 전의남
펴낸이 최병천

펴낸날 2023년 8월 15일(초판1쇄)

펴낸곳 신앙과지성사
      출판등록 제9-136 (88. 1. 13)
      주소 | 서울시 서대문구 연희로 177 옥산빌딩 2층
      전화 | 335-6579·323-9867·(F) 323-9866
      E-mail | miral87@hanmail.net
      홈페이지 | http://www.miral.co.kr

ISBN 978-89-6907-317-4   03230

값 15,000원

※ 펴낸이의 허락 없이 이 책의 전체나 부분을 어떤 수단으로도 이용할 수 없습니다.